吕氏春秋

（战国）吕不韦◎著

任娟霞◎解译

全鉴

中国纺织出版社

内 容 提 要

　　《吕氏春秋》是先秦的一部重要典籍，杂家的代表作之一。全书分为十二纪、八览、六论三个部分，共计一百六十篇文章，其内容融合了儒、道、墨、法、兵、农、纵横、阴阳等各家思想，是研究先秦文化极其珍贵的资料。本书萃取了整本书最精彩的篇章，在原典下加注释和译文，力求以全新的解读方式和通俗易懂的语言去接近《吕氏春秋》，以便于您更好地品读国学精萃，感知先贤智慧。

图书在版编目（CIP）数据

　　吕氏春秋全鉴 /（战国）吕不韦著；任娟霞解译. —北京：中国纺织出版社，2015. 1（2019.12 重印）

　　ISBN 978 – 7 – 5180 – 1062 – 2

　　Ⅰ. ①吕… Ⅱ. ①吕… ②任… Ⅲ. ①杂家 ②《吕氏春秋》—译文 Ⅳ. ①B229. 22

　　中国版本图书馆 CIP 数据核字（2014）第 229135 号

解译人员：余长保　迟双明　杨敬敬　孙红颖　任娟霞　陈金川
　　　　　　李向峰　朱雅婷　蔡　践　罗　苏　陈　美　党　博
　　　　　　庞莉莉　任　哲　张志英　张凌翔

策划编辑：曹炳镝　　　　责任印制：储志伟

中国纺织出版社出版发行

地址：北京市朝阳区百子湾东里 A407 号楼　邮政编码：100124

销售电话：010—67004422　传真：010—87155801

http://www.c-textilep.com

E-mail：faxing@ c-textilep.com

中国纺织出版社天猫旗舰店

官方微博 http://weibo.com/2119887771

佳兴达印刷（天津）有限公司印刷　　各地新华书店经销

2015 年 1 月第 1 版　2019 年 12 月第 4 次印刷

开本：710×1000　1/16　印张：20

字数：289 千字　定价：38.00 元

前言

在中国古代历史上，春秋战国是思想和文化最为辉煌灿烂、群星闪烁的时代。这一时期出现了诸子百家彼此诘难，相互争鸣的盛况空前的学术局面。到了战国末期，经过激烈的社会变革，封建制国家纷纷出现，新兴地主阶级便要求在政治上、思想上的统一。在这种呼声下，学术思想上出现了把各派思想融合为一的杂家，杂家的产生，大体上反映了战国末期学术文化融合的趋势。

侧耳倾听，伴着这一历史车轮呼啸而来的，是经典回响的声音。《吕氏春秋》——作为杂家的代表作之一，以及战国百家争鸣高亢谢幕的余音，宛如珍珠般在华夏的阳光下闪耀。

《吕氏春秋》，亦称《吕览》，是先秦的一部重要典籍，其成书在战国末年（公元前293年前后）秦始皇统一中国的前夕，由秦国丞相吕不韦召集门下宾客、儒士编纂而成，基本上实现了融合百家之言而集大成，涵盖了当时社会生活的各个方面，是一部包罗万象的百科全书。

《吕氏春秋》是一部结构体系十分完备的著作，这在先秦著作中是绝无仅有的。全书共二十六卷，分为十二纪、八览、六论三个部分。"十二纪"是全书的纲领和主旨所在。《序意》说："凡十二纪，所以纪乱世存亡也，所以知寿夭吉凶也。"说明"十二纪"记录一年四季的时令物候、行政措施和人事纲纪等。"十二纪"是按春、夏、秋、冬十二个月来划分的，如春分三纪，孟春、仲春、季春。每纪包括五篇文章，总共六十篇。"览"意为观览、观看，用于书籍则有阅览之意。"八览"皆以首篇题卷，阐明全书的宗旨和基本思想。八览之下，每览八篇，八八六十四篇（第一览有始览缺一篇，现有六十三篇）。"六论"在"纪""览"的基础上进行扩展和发挥，杂论各家学说，除最后论农业的四篇之外，政论性都较强。六论之下，每论六篇，六六三十六篇。加上《序意》，即全书的序言（今本已残缺）一篇，放在十二纪后边。总括起来《吕氏春秋》全书共一百六十篇，结构完整，自成体系。

《吕氏春秋》融合了儒、道、墨、法、兵、农、纵横、阴阳等各家思想，同时此书还蕴含了丰富的哲学、军事、教育、农业思想等，几乎包含了先秦学术领域的各个方面，对后世产生了深远的影响。下面就《吕氏春秋》所反映的哲学思想和政治思想作一重点评析。

从哲学思想的角度来看，《吕氏春秋》具有朴素的辩证法的性质。它明显地受到道家思想的影响，同时又摒弃了道家思想中某些唯心的成分，对道家思想进行了较大的改造。《吕氏春秋》不相信鬼神，不承认天命。它认为人的生死具有一定的客观必然性，而并不是什么命中注定。它说："凡生于天地之间，其必有死，所不免也。"关于宇宙本源的认识——这一战国时期各家学派争论的焦点而言，《吕氏春秋》继承并发挥了唯物主义的精气说，认为宇宙的本源为一种极其精微的物质，即"精气"，这种精气又称作"太一"，也即"道"。正是由于这种精气或太一或道的运动和结合而产生千姿百态、性质迥异的天地万物。早在两千多年前，《吕氏春秋》就已经能够认识到宇宙是由物质的精气构成，是非常难能可贵的。《吕氏春秋》对天道的认识也具有唯物的性质。它认为天并非有意志的万物的主宰，而是由精气构成的自然的天。它认为"类同相召，气同则合，声比则应"，即自然界中同类事物之间都有一种客观的联系，并非超物质的意识在起作用。《吕氏春秋》还流露了对事物辩证的认识。它认为事物是相互依存和转化的关系，并且这种转化是以一定的条件为前提的，否则，转化就无法发生。

从古代思想的角度来看，《吕氏春秋》所体现的是以儒家思想为主导，以经过改造的道家思想为基础，兼采各家对它有用的成分融合而成的吕氏思想。

具体表现为：首先，《吕氏春秋》主张以道家"法天地"为基础，它认为，只有顺应天地自然的本性，才能达到清平盛世。因此，虚君实臣、民本思想是《吕氏春秋》的思想核心。它认为人类应该按照天、地之间的关系来建立君、臣之间的关系。天无形而万物以成，君主就好比天一样，没有具体的形象，是空灵无为的。君主要保真养性，以实现无为而治。其次，《吕氏春秋》还提出了一套以民本思想为基础、以仁政德治为核心的治国方略。它认为，民众是国家安与危、存与亡的根本，它说："人主有能以民为务者，则天下归之矣。"治天下的要务在于赢得民心，赢得民心，就需要切实地为百姓攘除灾祸，创造福祉。再次，在民本思想这一基础上，《吕氏春秋》提出了以德治为主、赏罚为辅的方针。它认为，用德政治国，百姓就会亲附于他的君主，就会为君主效死力。同时，它认为在施行德政的前提下，赏罚可以作为一种辅助手段，但仅仅是一种辅助手段罢了，不能没有，也不能专恃。它反对以赏罚代替德治，它说："严刑厚赏，此衰世之政也。"第四，在《吕氏春秋》的德政思想中，教育和音乐占有特别突出的地位。比如在三夏纪中详细阐述了教育和音乐对治国的重要作用；《劝学》《尊师》等篇章不仅鼓励人们加强学习，认为学习可以使人们知晓理义，做到忠孝，而且专门论述老师的重要作用以及为师的原则与方法。《吕氏春秋》说："凡音乐通乎政，而移风平俗者也。"又说："治世之音安以乐，其政平也；乱世之音怨以怒，其政乖也；亡国之音悲以哀，其政险也。"可见，音乐有潜移默化、移风易俗的功效，在以德治国中占有十分突出的位置。最后，作为德政的补充，《吕氏春秋》还主张顺应民心的义兵，诛暴君以赈济百姓于水深火热之中。这种思想是与秦国准备动用战争来平定六国、统一天下的目的相吻合的。

　　《吕氏春秋》也取得了较高的文学成就。从整体来看，该书虽然出于众人之手，风格并不完全统一，但是其中有不少文章短小精练，文风平实畅达，用事说理颇为生动，实为优秀的散文。如《大乐》篇讲音乐的产生、本质和功用等，有《老子》的文风，语言简洁流畅。又如《重己》篇讲自己的生命如何重要，先从人不爱偏之指而爱己之指、人不爱昆山之玉而爱己之玉说起，层层深入，语言朴素恳切。《吕氏春秋》在文学上的另一个突出成就是创作了丰富多彩的寓言故事。据初步统计，全书中的寓言故事总共达两百多则。这些寓言大多从化用中国古代的神话传说而来，还有一些为作者自己的创造，在中国寓言史上占据着相当重要的地位。在寓言的创作和运用上，《吕氏春秋》很有自己的特色。它往往先提出论点，而后引述一至多个寓言来进行有力的论证。如《察今》篇为了说明"因时变法"的主张，后面连用"荆人涉雍""刻舟求剑"和"引婴儿投江"三个寓言。《当务》篇先提出"辨""信""勇""法"四者不当的危害，之后连用"盗亦有道""楚有直躬者""齐人之勇"和"太史据法"四个寓言来透彻地阐明道理。此书中寓言生动简练，中心突出，结尾处往往点明寓意，一语破的。有好多寓言故事至今仍脍炙人口，富有教育意义。

《吕氏春秋》具有较高的史学价值。司马迁称它"备天地万物古今之事"。在《报任安书》中，甚至把它与《周易》《春秋》《国语》《离骚》等相提并论。东汉高诱在给它作注时说它"大出诸子之右"。秦始皇统一天下之后，对前代文献进行了大规模的清理，即"焚书坑儒"，大量典籍文献毁于劫火。《吕氏春秋》因为书系丞相吕不韦编纂而幸免于难，保存了许多原始资料。该书记载了不少古史旧闻、古人遗语、古籍轶文以及一些古代天文历法、医药等科学知识，其中不少内容是其他书中没有的。因此，《吕氏春秋》便成为研究先秦人文、历史极为珍贵的资料。

本书是《吕氏春秋》选译本，萃取了整本书最精彩的篇章，在原典下加注释和译文，力求以全新的解读方式和通俗易懂的语言去接近《吕氏春秋》，以便于您更好地品读国学精萃，感知先贤智慧。衷心希望本书能成为您全方位感受和理解《吕氏春秋》这部传世名作的良师益友！

解译者

2014 年 6 月

目录

卷一·十二纪

卷二·八览

卷三·六论

卷一·十二纪

孟春纪第一

本生

【原典】

二曰：

始生之者，天也；养成之者，人也。能养天之所生而勿撄①之谓天子。天子之动也，以全天为故者也，此官之所自立也。立官者，以全生也。今世之惑主，多官而反以害生，则失所为立之矣。譬之若修兵者，以备寇②也。今修兵而反以自攻，则亦失所为修之矣。

【注释】

①撄（yīng）：触犯。②备寇：防御敌寇。

【译文】

第二：

最初创造出生命的，是天；养育生命并使它成长的，是人。能够养育上天创造的生命而不去触犯它，像这样的人就被称作天子。天子的要务是为了保全天所创造的生命，这就是职官设立的原因。设立职官，正是为了保全生命。当世那些昏庸无能的君主，大量设立官职却反而妨害了生命，这就失去了设立职官的本来意义。这就好比练兵，是为了防备敌人的。可现在练兵却反而用来自相残杀，这也就失去了练兵的本来意义。

【原典】

夫水之性清，土者抇①之，故不得清。人之性寿，物者抇之，故不得寿。物也者，所以养性也，非所以性养也。今世之人，惑者多以性养物，则不知轻重也。不知轻重，则重者为轻，轻者为重矣。若此，则每动无不败。以此为君，悖^②；以此为臣，乱；以此为子，狂。三者国有一焉，无幸必亡。

【注释】

①扣（gǔ）：搅乱。②悖：迷惑。

【译文】

水本来是清澈的，泥土使它浑浊，因此无法保持清澈。人本来是可以长寿的，外物使他迷乱，所以无法达到长寿。外物本是用来供养生命的，而不是用生命来供养的。如今世上糊涂的人，多损耗生命去追求外物，这便是不知轻重了。不知轻重，就会把重的当作轻的，把轻的当作重的。如果是这样，那无论做什么，没有不失败的。持这种态度做君主，就会惑乱糊涂；做臣子，就会败乱纲纪；做儿子，就会狂妄无礼。这三种情况，国家只要有其中一种，就必定不可幸免地灭亡。

【原典】

今有声于此，耳听之必慊^①已，听之则使人聋，必弗听。有色于此，目视之必慊已，视之则使人盲，必弗视。有味于此，口食之必慊已，食之则使人瘖^②，必弗食。是故圣人之于声色滋味也，利于性则取之，害于性则舍之，此全性之道也。世之贵富者，其于声色滋味也，多惑者。日夜求，幸而得之则遁焉。遁焉，性恶^③得不伤？

【注释】

①慊（qiè）：满足，满意。②瘖（yīn）：哑。③恶（wū）：安，何。

【译文】

如果有一种声音在这里。耳朵听了后必会满足，但听了就会使人耳聋，人们一定不会去听。如果有一种颜色在这里，眼睛看了必会满足，但看了就会使人眼瞎，人们一定不会看。如果有一种滋味在这里，嘴上尝过就一定满足，但吃了就会使人声哑，人们一定不会去吃。因比，圣人对于声音、颜色、滋味所持的态度是，有利于生命的就取用，有害于生命的就舍弃，这是保全生命的方法。如今世上的富贵之人，对于声音、颜色、滋味的态度大多是糊涂的。他们不分昼夜地追

求这些东西，有机会得到就放纵流逸不能自禁。不能自禁，生命怎么能不受伤害呢？

【原典】

万人操弓共射一招^①，招无不中。万物章章，以害一生，生无不伤；以便一生，生无不长。故圣人之制万物也，以全其天也。天全，则神和矣，目明矣，耳聪矣，鼻臭矣，口敏矣，三百六十节皆通利矣。若此人者，不言而信，不谋而当，不虑而得；精通乎天地，神覆乎宇宙；其于物无不受也，无不裹^②也，若天地然；上为天子而不骄，下为匹夫而不惛^③。此之谓全德之人。

【注释】

①招：箭靶。②裹：包容。③惛（mèn）：通"闷"，烦闷。

【译文】

一万个人拿起弓箭，共同射向一个目标，目标不可能不被射；世间万物繁盛，如果用来伤害一个生命，生命不可能不被伤害；如果用来养育一个生命，生命就没有不长寿的。所以圣人制约万物，是用来保全天所赋予的生命的。生命得到保全，那么精神和畅，耳聪目明，鼻子灵敏，口齿伶俐，全身的筋骨也就通畅舒展了。像这样的人，不用说话就有信义，不用谋划也会得当，不用思考便有所得。他们的精神与天地相通，意识覆盖了整个宇宙。他们对于外物无不承受，无不包容，就像天地一样。这样的人，做了天子也不骄傲，做了百姓也不烦闷。这样的人，称得上是德操完美的人。

【原典】

贵富而不知道，适足以为患，不如贫贱。贫贱之致物也难，虽欲过之，奚由？出则以车，入则以辇，务以自佚①，命之曰"招蹶②之机"。肥肉厚酒，务以自强，命之曰"烂肠之食"。靡曼③皓齿，郑卫之音，务以自乐，命之曰"伐性之斧"。三患者，贵富之所致也。故古之人有不肯贵富者矣，由重生故也；非夸以名也，为其实也。则此论之不可不察也。

【注释】

①佚（yì）：通"逸"，逸乐。②蹶（jué）：足病。③靡曼皓齿：指美色。靡曼，指肌肤细腻。

【译文】

富贵但却不通晓养生之道，就会招致祸患，与其这样，还不如贫贱。贫贱的人获得外物很艰难，即使想要过分沉迷于物质享受之中，又从何而来呢？出门乘车，进门坐辇，只追求自身的安逸舒畅，这样的车辇就叫做"招致脚病的机具"；肥美的肉，醇香的酒，极力勉强自己吃喝，企图用此来强健身体，这种酒肉可以称作"腐烂肠子的食物"；贪恋美色，陶醉于淫靡之音，只为自己尽情享乐，这种美色、音乐应该叫做"伐乱心性的利斧"。这三种祸患都是富贵安逸招致而来的。所以古人有的不肯招致富贵，这是重视生命的缘故，并不是以轻视富贵钓取虚名来夸耀自己，而确实是为了养生的目的。既然这样，那么以上这些道理是不可不明察的。

重己

【原典】

三曰：

倕①，至巧也。人不爱倕②之指，而爱己之指，有之利故也。人不爱昆山之玉、江汉之珠，而爱己一苍璧小玑③，有之利故也。今吾生之为我有，而利我亦大矣。论其贵贱，爵为天子，不足以比焉；论其轻重，富有天下，不可以易之；论其安危，一曙④失之，终身不复得。此三者⑤，有道者之所慎也。

【注释】

①倕（chuí）：传说中的巧匠。②之：通"其"。③苍璧小玑：苍璧，为石多玉少的玉石。小玑，是小而不圆的珍珠。④一曙：一旦。⑤三者：指贵贱、轻重、安危之理。

【译文】

第三：

倕是最巧的工匠。可人们不爱惜他的手指，却爱惜自己的手指，这是因为自己的手指对自己有利。人们不爱惜昆山的美玉，江汉的夜明珠，却爱惜自己的一颗劣质玉石，一颗小而不圆的珍珠，这是玉石和珍珠属于自己且对自己有利的缘故。现在我的生命由我支配，而带给我的利益也是极大的。就生命的贵贱而论，即使贵为天子，也不足以同它相比；就生命轻重而言，即使富有天下，也不能同它交换；就生命的安危而论，一旦失去就永远都无法再得到。这三个方面，正是有道之人所谨慎对待的。

【原典】

有慎之而反害之者，不达乎性命之情也。不达乎性命之情，慎之何益？是师①者之爱子也，不免乎枕之以糠；是聋者之养婴儿也，方雷而窥之于堂。②有殊弗知慎者？

【注释】

①师：即盲乐师。②有：通"又"。

【译文】

有的人对待生命非常谨慎小心，实际上却是在损害它，这是不通晓生命天性的缘故。不通晓生命的天性，即使对待生命非常谨慎小心，又有什么益处呢？这正如盲人爱子，竟免不了将他枕卧在谷糠里；又如聋子养育婴儿，正当雷鸣闪电之时，却抱着他从厅堂上向外张望。这与那些不知道小心谨慎的人相比，其实际效果又有什么不同？

【原典】

夫弗知慎者，是死生存亡可不可未始有别也。未始有别者，其所谓是未尝是，其所谓非未尝非。是其所谓非，非其所谓是，此之谓大惑。若此人者，天之所祸也。以此治身，必死必殃；以此治国，必残必亡。

【译文】

不知道小心爱惜生命的人，他们对生死存亡应该与不应该从来没有辨别过。像这样的人，他们向来认为正确的却反而是错误的，他们向来认为错误的却反而是正确的。他们把错误的东西当作是正确的，把正确的东西当作是错误的，这就是糊涂。像这样的人，正是上天要降祸的对象。持这种态度修身，必定使自己死亡或遭殃；持这种态度治理国家，必定使国家残破或灭亡。

【原典】

夫死殃残亡，非自至也，惑召之也。寿长至常亦然。故有道者不察所召，而察其召之者，则其至不可禁矣。此论不可不熟。

【译文】

死亡或遭殃、残破或灭亡并不是自己找上门来的，而是惑乱所招致的。长寿的到来也是如此。所以，有道之人不去考察招致的结果，而考察招致它们的原因，这样，他们所要到达的效果就没有什么可以阻止得了。这个道理不可不深知。

【原典】

使乌获①疾引牛尾，尾绝力勯②，而牛不可行，逆也。使五尺竖子引其棬③，而牛恣所以之，顺也。世之人主贵人，无贤不肖，莫不欲长生久视，而日逆其生，欲之何益？凡生之长也，顺之也；使生不顺者，欲也。故圣人必先适欲。

【注释】

①乌获：战国时期大力士。②勯（dān）：同"殚"，尽，绝。③棬（quān）：同"桊"，牛鼻环。

【译文】

假使叫古代的大力士乌获用力拽牛尾，即使把力气用尽，把牛尾拽断，但是牛还是不肯走，这是违背了牛的习性的缘故；如果叫一个小孩牵着牛鼻环，牛就会任他拉到哪里，这是顺应了牛的习性的缘故；世间的君主、贵人，不论愚贤，没有不想长寿的。但是他们每日都在做违背生命天性的事，即使想要长寿，又怎能达到呢？大凡生命长久都是顺着它天性的缘故。使生命不顺的是欲望，所以圣人一定要先节制欲望，使之适度。

【原典】

室大则多阴，台高则多阳；多阴则蹷①，多阳则痿②。此阴阳不适之患也。是故先王不处大室，不为高台，味不众珍，衣不燀③热。燀热则理塞，理塞则气不达；味众珍则胃充，胃充则中大鞔④，中大鞔而气不达。以此长生可得乎？昔先圣王之为苑囿园池也，足以观望劳形而已矣；其为宫室台榭也，足以辟燥湿而已矣⑤；其为舆马衣裘也，足以逸身暖骸而已矣；其为饮食酏醴⑥也，足以适味充虚而已矣；其为声色音乐也，足以安性自娱而已矣。五者，圣王之所以养性也，非好俭而恶费也，节乎性也。

【注释】

①蹷（jué）：此处指一种手足逆冷的病症。②痿（wěi）：一种肢体萎缩或失去机能的病症。③燀（dǎn）：通"亶"，实在，诚然。④鞔（mèn）：通"懑"，闷胀。⑤辟：同"避"。⑥酏醴（yílǐ）：用黍粥酿成的甜酒。一说指酒浆。

【译文】

房屋过大，阴气就会过盛；台过高，阳气就会过盛。阴气过盛就会引发脚部疾病，阳气过盛就会引发痿病。这是阴阳不适度带来的祸患。因此，古代帝王不住大房，不筑高台，饮食不求丰盛珍异，衣服不求过分暖和。衣服过分暖和，经脉就会被阻塞，经脉阻塞气就会不顺畅；饮食丰盛珍异胃就会过满，胃过满胸腹就会闷胀，胸腹闷胀气就会不顺畅。在这种状态下求长生，能行吗？以前的圣王建造园林、池塘，规模足够用来游览、活动就可以了；他们修筑宫室台榭，大小高低只要足以避开干燥和潮湿就可以了；他们制作车马衣裘，只要足以安身暖体就可以了；他们置备饮食酒浆，只要足以可口，吃饱肚子就可以了；他们欣赏音乐歌舞，只要使自己性情安乐就行了。这五个方面是圣王用来养生的。他们之所以要这样，并不是喜好节俭，厌恶糜费，而是为了调节性情使之适度啊。

贵公

【原典】

四曰：

昔先圣王之治天下也，必先公。公则天下平矣。平得于公。尝试观于上志①，有得天下者众矣，其得之以公，其失之必以偏。凡主之立也，生于公。故《鸿范》②曰："无偏无党，王道荡荡。无偏无颇，遵王之义。无或作好，遵王之道。无或作恶，遵王之路。"

【注释】

①上志：古记，指古代典籍。②《鸿范》：《尚书》中的一篇。

【译文】

第四：

以前圣王治理天下，一定把公正无私放在首位。做到公正无私，天下自然就安定了。天下获得安定是由于公正无私所获得的。试着考察一下古代的记载，能够得到天下的人很多，他们能这样是凭借公正的原因，相对地，他们失去天下是出于有失偏颇。凡是君主地位的确立，都是出于公正无私。所以《鸿范》中说："不要偏私，不要结党，王道多么平坦宽阔；不要偏私，不要倾侧，遵循先王的法则；不要施行小恩小惠，遵循先王的正道；不要胡作非为，遵循先王的正路。"

【原典】

天下非一人之天下也，天下之天下也。阴阳之和，不长一类；甘露时雨，不私一物；万民之主，不阿一人。

【译文】

天下，不是某一个人的天下，而是天下人的天下。阴阳调和，不止长养某一种物类；甘露时雨，不偏私某一种生物。万民之主，不偏袒某一个人。

【原典】

伯禽①将行，请所以治鲁。周公②曰："利③而勿利③也。"

【注释】

①伯禽：周公之子。②周公：姓姬，名旦，武王之弟，成王之叔，辅助成王。③利：前一"利"为施利，后一"利"为谋利。

【译文】

伯禽将去鲁国，临行前请示治理鲁国的方法。周公说："施利给百姓而不要谋取私利。"

【原典】

荆①人有遗弓者，而不肯索，曰："荆人遗之，荆人得之，又何索焉？"孔子闻之曰："去其'荆'而可矣。"老聃②闻之曰："去其'人'而可矣。"故老聃则至公矣。

【注释】

①荆：古代楚国的别称。②老聃（dān）：即老子。

【译文】

有个楚国人将弓丢失了，却不肯去寻找，他说："楚国人丢失了它，反正还被楚国人捡到，又何必寻找呢？"孔子听到这件事，说："他的话中去掉'楚国'二字就好了。"老子听到后说："再去掉'人'字就好了。"像老子这样的人，可以称得上是达到公的最高境界了。

【原典】

天地大矣，生而弗子，成而弗有，万物皆被其泽，得其利，而莫知其所由始。此三皇五帝之德也。

【译文】

天地是多么伟大啊，生育了人民却不把他们作为自己的子孙，哺育了万物却不将它们据为己有。万物都蒙受它的润泽，得到它的厚恩，然而却没有哪一个知道这些是从哪里来的。这也正是三皇五帝的品德啊。

【原典】

管仲有病，桓公往问之，曰："仲父之病矣。渍①甚，国人弗讳，寡人将谁属②国？"管仲对曰："昔者臣尽力竭智，犹未足以知之也；今病在于朝夕之中，臣奚能言？"桓公曰："此大事也，愿仲父之教寡人也。"管仲敬诺，曰："公谁欲相？"公曰："鲍叔牙可乎？"管仲对曰："不可。夷吾善鲍叔牙。鲍叔牙之为人也，清廉洁直；视不己若者，不比于人；一闻人之过，终身不忘。""勿已，则隰朋③其可乎？""隰朋之为人也，上志而下求，丑④不若黄帝，而哀不己若者。其于国也，有不闻也；其于物也，有不知也；其于人也，有不见也。勿已乎，则隰朋可也。"

【注释】

①渍：病。②属（zhǔ）：托付。③隰朋：春秋时齐国大夫。④丑：意动用法，以……为羞耻。

【译文】

管仲生病了，齐桓公前去探问他的病情，说："您的病相当严重了。万一病情危急，发生国人无法避讳的事，我将把国家托付给谁呢？"管仲回答说："以前我竭尽所能尽心尽力思考，都不能知道可以选谁，如今有病而且危在旦夕，又怎么能谈论它呢？"桓公说："这是大事啊，希望您能教导我。"管仲恭敬地答应了，说："您打算拜谁为国相？"桓公说："鲍叔牙可以吗？"管仲回答说："不行。我非常了解鲍叔牙。鲍叔牙的为人，清白廉正；他看到比不上自己的人，就不跟这些人打交道；一旦听说别人的过失，便终生不忘。"桓公问："不得已的话，那么隰朋可以吗？"管仲回答说："隰朋的为人，既能记识上世贤人而效法他们，又能不耻下问。自愧其德不如黄帝，又怜惜不如自己的人。他对于国政，不该管的就不去打听；他对于事务，不需要了解的就不去过问，他对于别人，无关大节的就装作没看见。不得已的话，那么隰朋还行。"

【原典】

夫相，大官也。处大官者，不欲小察，不欲小智，故曰：大匠不斫，大庖不豆^①，大勇不斗，大兵不寇。

【注释】

①豆：古代摆设祭祀用的食器。此处为名词动用。

【译文】

国相，是一种很高的官职。居于高位的人，不要在小处苛求，不要耍小聪明。所以说，技艺高超的木匠不去亲自动手砍削，手艺高超的厨师不去亲自排列食器，大勇之人不去亲自参加格斗，正义之师不去从事寇贼做的事。

【原典】

桓公行公去私恶，用管子而为五伯^①长；行私阿所爱，用竖刀^③而虫出于户。

【注释】

①五伯（bà）：即五霸。通行的说法，五霸指齐桓公、晋文公、秦穆公、宋襄公、楚庄王，此书《当染》等篇将齐桓、晋文、楚庄、吴阖闾、越勾践称作春秋五霸。②竖刀（diāo）：即竖刁，齐桓公的近侍。

【译文】

桓公行事公正，排除私仇，起用管仲而成为五霸之首；后来他行了偏私，庇护所爱，任用竖刀而导致死后国家大乱，尸体不得安葬，尸虫爬满室内外。

【原典】

人之少也愚，其长也智。故智而用私，不若愚而用公。日醉而饰^①服，私利而立公，贪戾而求王，舜弗能为。

【注释】

①饰：通"饬（chì）"，整顿。

【译文】

人在年少时愚昧，长大了就变得聪明了。如果聪明而用私，不如愚昧而行公。天天醉醺醺的却要整饬丧纪，有私利之心却要谋取公正，贪婪残暴却要称王天下，即使像虞舜这样的首领也无法做到。

仲春纪第二

贵生

【原典】

二曰：

圣人深虑天下，莫贵于生。夫耳目鼻口，生之役也。耳虽欲声，目虽欲色，鼻虽欲芬香，口虽欲滋味，害于生则止。在四官者不欲，利于生者则弗为。由此观之，耳目鼻口不得擅行，必有所制。譬之若官职，不得擅为，必有所制。此贵生之术也。

【译文】

第二：

圣人深思熟虑天下的事，认为没有什么比生命更宝贵。眼、耳、口、鼻是为生命服务的。耳朵虽然想听乐音，眼睛虽然想看彩色，鼻子虽然想嗅芳香，口舌虽然想品尝滋味，但如果这些危害到生命就应该停止。对于这四种器官来说，即使是本身不想做的，但只要有利于生命就应该去做。这样看来，耳、眼、鼻、口不能任意独行，一定要有所抑制。这就像各种职官，不能擅自做任何事，一定要有所约束一样。这便是珍爱生命的方式。

【原典】

尧以天下让于子州支父①，子州支父对曰："以我为天子犹可也。虽然，我适有幽忧之病，方将治之，未暇在天下也。"天下，重物也，而不以害其生，又况于他物乎？惟不以天下害其生者也，可以托天下。

【注释】

①子州支父（fǔ）：古代贤人，帝尧的老师，尧、舜都曾想让位给他。

【译文】

尧要把天下让给子州支父，子州支父说："让我做天子还是可以的，虽是这样，但我现在患有忧郁病，正要治疗，没有空暇顾及天下的事。"拥有天下是一件非常重大的事，可是圣人不因它而妨害自己的生命，又何况其他事物呢？只有那些不因天下而妨害自己生命的人，才可以把天下托付给他。

【原典】

越人三世杀其君①，王子搜②患之，逃乎丹穴③。越国无君，求王子搜而不得，从之丹穴。王子搜不肯出。越人薰之以艾，乘之以王舆。王子搜援绥登车④，仰天而呼曰："君乎！独不可以舍我乎？"王子搜非恶为君也，恶为君之患也。若王子搜者，可谓不以国伤其生矣。此固越人之所欲得而为君也。

【注释】

①三世杀其君：据《竹书纪年》载，三个被杀的越王是不寿、翳（yì）、无余。②王子搜：战国时期越王无颛（zhuān）。③丹穴：采丹的矿井或山洞。④绥（suí）：车绥，上车时挽手所用的绳子。

【译文】

越国人连续杀了自己的三代国君，王子搜对此很忧惧，于是逃到了采丹砂的山洞中。越国人没有国君，找不到王子搜，于是一路追随他的踪迹到他藏身的那个山洞。王子搜不肯出来，越国人就用燃着的艾草熏他出来，并让他坐上君王的马车。王子搜拉着登车的绳子上车，仰天长叹："国君啊，国君啊！为什么偏偏让我来担任这个职位啊！"王子搜并不是厌恶做国君，而是厌恶做国君招致的祸患。像王子搜这样，可以说是不因为拥有国家而妨害自己生命的人了。这也正是越国人一定要找他做国君的原因。

【原典】

鲁君闻颜阖①得道之人也，使人以币先焉。颜阖守闾②，鹿布之衣，而自饭牛。鲁君之使者至，颜阖自对之。使者曰："此颜阖之家耶？"颜阖对曰："此阖之家也。"使者致币，颜阖对曰："恐听缪③而遗④使者罪，不若审之。"使者还反审之，复来求之，则不得已。故若颜阖者，非恶富贵也，由重生恶之也。世之人主多以富贵骄得道之人，其不相知，岂不悲哉？

【注释】

①颜阖（hé）：战国鲁哀君时鲁国的隐士。②闾：古代二十五家为一闾。此处代指住所。③缪（miù）：通"谬"，错。④遗（wèi）：加，给予。

【译文】

鲁国国君听说颜阖是一个德才兼备的人，想要请他出来做官，就派人带着礼物先去致意。颜阖住在陋巷，穿着粗布衣服，并且亲自喂牛。鲁君的使者来了，颜阖就亲自接待他。使者问："这是颜阖的家吗？"颜阖回答说："这是我的家。"使者奉上礼物，颜阖说："怕您把名字听错了，反而会给您带来处罚，不如先问清楚再说。"使者回去查问清楚后再来找颜阖，却找不到了。像颜阖这样的人，并不是本来就厌恶富贵，而是由于看重生命才厌恶它。世上的君主，大多凭借富贵傲视有才学的人，他们竟如此地不了解有道之人，这难道不是很可悲吗？

【原典】

故曰：道之真，以持身；其绪余①，以为国家；其土苴②，以治天下。由此观之，帝王之功，圣人之余事也，非所以完身养生之道也。今世俗之君子，危身弃生以徇③物，彼且奚以此之也？彼且奚以此为也？

【注释】

①绪余：剩余，残余。②土苴（jū）：泥土草芥，比喻微贱之物，渣滓。③徇：通"殉"，为某种目的而牺牲生命。

【译文】

所以说：道的实质用来保全身体，其余的才是用以治理国家，其中轻贱之物才用来治理天下。由此看来，帝王的功业是圣人闲暇之余的事，而并非用来保全身体、修养生命的方式。如今世俗所谓的君子，不惜以危害身体甚至抛弃生命为代价，去追求身外之物，他们这样做想要达到什么目的呢？他们又将采用什么方法达到目的呢？

【原典】

凡圣人之动作也，必察其所以之与其所以为。今有人于此，以随侯之珠①弹千仞之雀，世必笑之。是何也？所用重，所要轻也。夫生，岂特随侯珠之重也哉！

【注释】

①随侯之珠：传说中大蛇为报恩送给随侯的明珠。

【译文】

大凡圣人有所行动时，一定会明确所要达到的目的和需要采取的方法。假如有这样一个人，用随侯的宝珠去弹射高空中的飞鸟，世人必定会取笑他。这是什么原因呢？因为他所耗费的太贵重，所追求的太轻微了啊。至于生命，其价值贵重岂止是随侯的宝珠所能与之相比的！

【原典】

子华子①曰："全生②为上，亏生③次之，死④次之，迫生⑤为下。"故所谓尊生者，全生之谓；所谓全生者，六欲皆得其宜也。所谓亏生者，六欲分得其宜也。亏生则于其尊之者薄矣。其亏弥甚者也，其尊弥薄。所谓死者，无有所以知，复其未生也。所谓迫生者，六欲莫得其宜也，皆获其所甚恶者。服是也，辱是也。辱莫大于不义，故不义，迫生也。而迫生非独不义也，故曰迫生不若死。奚以知其然也？耳闻所恶，不若无闻；目见所恶，不若无见。故雷则掩耳，电则掩目，此其比也。凡六欲者，皆知其所甚恶，而必不得免，不若无有所以知。无有所以知者，死之谓也，故迫生不若死。嗜肉者，非腐鼠之谓也；嗜酒者，非败酒之谓也；尊生者，非迫生之谓也。

【注释】

①子华子：古代道家人物。传说为战国时魏人。②全生：保全生命，顺应生

命的天性。③亏生：生命的天性受到一定程度的损伤。④死：此处指为坚守自己的志向而舍弃生命。⑤迫生：压抑天性，苟且偷生。

【译文】

子华子说："全生保性为上，委曲求全次之，死亡又次之，苟且偷生为最下等。"因此，所谓珍惜生命，指的就是全生保性。所谓全生保性，是指人的各种生理欲望都得到了一定的满足。所谓委曲求全，是指人的各种生理欲望只有部分得到了满足。委曲求全，生命的天性就会削弱。委曲求全的程度越厉害，生命的天性削弱得也就越厉害。所谓死亡，是指没有办法知道生、死、耳、目、口、鼻的欲望，回复到生命还没有出生时的状态。所谓苟且偷生，是指生、死、耳、目、口、鼻的欲望没有一样得到满足，生、死、耳、目、口、鼻所得到的都是它们十分厌恶的东西。屈服属于这一类，耻辱属于这一类。没有什么耻辱比不义更大的了。所以，行不义之事就是苟且偷生。但苟且偷生并非只是不义，它连死都不如。根据什么知道是这样呢？比如，耳朵听到讨厌的声音，就不如什么也没听到；眼睛看到讨厌的东西，就不如什么也没见到。所以人们在打雷时就会捂住耳朵，闪电时就会遮上眼睛，苟且偷生类似于这种情形。生、死、耳、目、口、鼻都知道自己十分厌恶的东西是什么，如果这些东西一定不可避免，那么就不如根本没有办法知道生、死、耳、目、口、鼻的欲望。没有办法知道生、死、耳、目、口、鼻的欲望就是死。因此，苟且偷生连死都不如。嗜好吃肉，不是说连腐臭的老鼠也吃；嗜好喝酒，不是说连变质的酒也喝。珍惜生命，并非愿苟且偷生地活着。

情欲

【原典】

三曰：

天生人而使有贪有欲。欲有情，情有节。圣人修节以止欲，故不过行其情也。故耳之欲五声，目之欲五色，口之欲五味，情也。此三者，贵贱、愚智、贤不肖欲之若一，虽神农①、黄帝②，其与桀、纣同。圣人之所以异者，得其情也。

由贵生动，则得其情矣；不由贵生动，则失其情矣。此二者，死生存亡之本也。

①神农：传说为华夏太古三皇（其他两位为伏羲、女娲）之一，古又称炎帝、烈山氏。②黄帝：传说中的远古帝名，姬姓，号轩辕氏，被尊为中华人文始祖。古人将神农、黄帝看作圣王的代表。

【译文】

第三：

天地诞生了人，并使他拥有贪婪、欲望。欲望产生感情，感情需要节制。圣人懂得用节制之道来遏制欲望，所以不会放纵自己的感情。耳朵想听乐音，眼睛想看色彩，口舌想尝美味，这是人之常情。这三方面，不论是富贵或卑贱、愚笨或智慧、贤明或不肖的人都具有。即使是神农、黄帝，他们跟桀、纣也是一样的。圣人之所以不同于一般人，是因为他们具有适度的感情。从尊生出发，就会具备适度的感情；不从尊生出发，就会失掉适度的感情。这两者是决定一个人死生存亡的根本。

【原典】

俗主亏情，故每动为亡败。耳不可赡，目不可厌，口不可满；身尽府种①，筋骨沈滞②，血脉壅塞，九窍③寥寥，曲④失其宜，虽有彭祖⑤，犹不能为也。其于物也，不可得之为欲，不可足之为求，大失生本；民人怨谤，又树大雠；意气易动，蹻⑥然不固；矜势好智，胸中欺诈；德义之缓⑦，邪利之急。身以⑧困穷。虽后悔之，尚将奚及？巧佞之近，端直之远，国家大危，悔前之过，犹不可反。闻言而惊，不得所由。百病怒起，乱难时至。以此君⑨人，为身大忧。耳不乐声，目不乐色，口不甘味，与死无择。

【注释】

①府种：通"浮肿"。②沈（chén）滞：亦作"沉滞"。积滞，郁积。③九窍：包括阳窍七（眼耳口鼻）、阴窍二（大小便处）。寥寥：空虚的样子。④曲：此处指周遍。⑤彭祖：相传为上古帝王颛顼（zhuān xū）的四世孙。⑥蹻（jué）然：流行急速、不坚固的样子。⑦德义之缓：等于说"缓德义"，下文"邪利之急"、"巧佞之近，端直之远"与此句式同。⑧以：通"已"。⑨君：给……做君。

【译文】

世俗的君主缺乏适度的感情，所以每次变动就是亡败的时候。他们耳朵的欲望不能满足，眼睛的欲望不能满足，口舌的欲望不能满足，以致全身浮肿，筋骨积滞，血脉阻塞，九窍空虚，全都丧失了它们正常的机能。到了这种地步，即使有彭祖那样长寿的人在也无能为力了啊。世俗的君主对于外物，总是想追求不可以获得的东西，追求不能满足的欲望，这就大大丧失生命的根本，百姓也会怨恨指责，给自己树起大敌；他们意志容易动摇，很不坚定；他们夸耀权势，好弄权术，胸中怀有欺诈之心；置道德正义于不顾，却争相追逐邪恶私利，最后身陷穷困之境，到了这种地步，即使悔恨，还怎么来得及呢？他们亲近口蜜腹剑的人，疏远正直忠心的人，致使国家处于极其危险的境地，到了这种地步，即使后悔之前犯下的过错，也已是覆水难收了。听到自己将要灭亡的话才惊醒，却还是不知道这种结局缘何而至。各种疾病暴发出来，反叛内乱时发不断。如果这样去治理百姓，只能给自身带来极大的忧患。到了这种地步，耳听乐音而不觉得快乐，眼看彩色而不觉得高兴，口食美味而不觉得香甜，这实际上跟死没有什么两样了。

【原典】

古人得道者，生以寿长，声色滋味能久乐之，奚故？论①早定也。论早定则知早啬②，知早啬则精不竭。秋早寒则冬必暖矣，春多雨则夏必旱矣。天地不能两③，而况于人类乎？人之与天地也同。万物之形虽异，其情一体也。故古之治身与天下者，必法天地也。

【注释】

①论：这里指贵生的信念。②啬（sè）：爱惜。③两：这里指两全的意思。

【译文】

古代通晓天地之道的人，生命长寿，乐音、彩色、美味能长久地享受，这是为什么呢？这是尊生的信念及早就确立的原因啊！尊生的信念及早确立，就可以知道爱惜生命，知道爱惜生命，精力就不会竭尽。秋天早寒那么冬天一定暖和了，春天多雨的话夏天一定干旱了。天地尚且不能两全，更何况人呢？从这方面来看，人跟天地也是一样的。万物形态虽然各异，但它们的本性是一样的。所以，古代修身与治理天下的方法，一定是效法大自然的。

【原典】

尊①，酌者众则速尽。万物之酌大贵之生者众矣。故大贵之生②常速尽。非徒万物酌之也，又损其生以资天下之人，而终不自知。功虽成乎外，而生亏乎内。耳不可以听，目不可以视，口不可以食，胸中大扰，妄言想见③，临死之上，颠倒惊惧，不知所为。用心如此，岂不悲哉？

【注释】

①尊：今作"樽"，酒器。②大贵之生：指君主的生命。③想见：这里指因病胡思乱想而见到各种幻影。

【译文】

杯中的酒，喝的人多了，就很快被饮尽。万物消耗君主生命的太多了，所以君主的生命常常很快就会被耗尽。不仅万物消耗它，君主自己又损耗它来为天下人操劳，而自己始终并没有察觉。虽然在外成就功名，可是自身却已亏损了生命。以致耳朵不可以听清声乐，眼睛不可以看见事物，嘴里不可以吃进美味，心中受到很大困扰，口说胡话，幻影频现，临死之前，神经错乱，内心惊栗，行为失常。耗费心力到了这个地步，难道不可悲吗？

【原典】

世人之事君者，皆以孙叔敖①之遇荆庄王为幸。自有道者论之则不然，此荆

国之幸。荆庄王好周游田②猎，驰骋弋③射，欢乐无遗，尽傅④其境内之劳与诸侯之忧于孙叔敖。孙叔敖日夜不息，不得以便生为故，故使庄王功迹著乎竹帛，传乎后世。

【注释】

①孙叔敖：名敖，字孙叔，春秋楚人，楚庄王时为楚国令尹，以贤能闻名于世。②田：今作"畋（tián）"，打猎。③弋：以绳系箭而射。④傅：付。

【译文】

世上侍奉君主的人，都以孙叔敖能遇到楚庄王为幸运之事。但是来自有道之人的评论却并非如此。他们认为这是楚国的幸运。楚庄王喜好四处游玩打猎，骑马射箭，尽情享乐，而把治国的辛苦和作为诸侯应有的忧劳都推给了孙叔敖。孙叔敖日夜操劳不止，无暇顾及养生之事。这样才使楚庄王的功绩被记于竹帛史书，流传后世。

功名（一作由道）

【原典】

五曰：

由其道，功名之不可得逃，犹表①之与影，若呼之与响。善钓者，出鱼乎十仞②之下，饵香也；善弋者，下鸟乎百仞之上，弓良也；善为君者，蛮夷③反舌殊俗异习皆服之，德厚也。水泉深则鱼鳖归之，树木盛则飞鸟归之，庶草茂则禽兽归之，人主贤则豪杰归之。故圣王不务归之者，而务其所以归。

【注释】

①表：表木。在道旁竖一木杆，上横一短木，表示可以向君王提意见。后转为装饰之物。②仞：古代以七尺或八尺为一仞，此处指水深。③蛮夷：此处泛指四方各少数民族。

【译文】

第五：

道循一定的正规途径去求取功名，功名就不会逃脱。就像日影无法摆脱测日影用的标杆，回声必然伴随呼声一样。善于钓鱼的人能在七十尺的水下钓到鱼，这是因为钓饵香美；善于射猎的人能把鸟从七百尺的空中射下来，这是因为弓箭好；善于做君主的人能够使四方各族归附于他，这是因为恩德崇厚。水泉深邃，鱼鳖就会游向那里；树木繁茂，飞鸟就会飞向那里；百草丰盛，禽兽就会奔向那里；君主贤明，义士、豪杰就会归附于他。因此，圣明的君主不致力于使人们归附，而致力于创造使人们归附的条件。

【原典】

强令之笑不乐；强令之哭不悲；强令之为道也，可以成小，而不可以成大。

【译文】

强制命令的笑不快乐，强制命令的哭不悲哀。强制命令这种做法，只可以浪得虚名，而不能成就大业。

【原典】

缶醯①黄，蜹②聚之，有酸；徒水则必不可。以狸致鼠，以冰致蝇，虽工，不能。以茹鱼③去蝇，蝇愈至，不可禁，以致之之道去之也。桀、纣以去之之道致之也，罚虽重，刑虽严，何益？

【注释】

①醯（xī）：醋。②蜹（ruì）：蚊类。③茹鱼：腐臭的鱼。

【译文】

瓦器中的醋变黄了，蚊子之类就聚在那里了，这是因为有酸味。如果仅仅只有水，就一定不会招来它们。用猫招引老鼠，用冰招引苍蝇，纵然做法再巧妙，也不能达到目的；用臭鱼驱除苍蝇，苍蝇会越来越多，无法禁止，这是因为用招引它们的方法去驱除它们。夏桀、商纣企图用残暴驱民的方法来招引人民，惩罚即使再重，刑法即使再严，又有什么益处呢？

【原典】

大寒既至，民暖是利①；大热在上，民清是走②。是故民无常处，见利之聚，无之去。欲为天子，民之所走，不可不察。今之世，至寒矣，至热矣，而民无走者，取则行钧也③。欲为天子，所以示民，不可不异也。行不异乱，虽信令，民犹无走。民无走，则王者废矣，暴君幸矣，民绝望矣。故当今之世，有仁人在焉，不可而不此务；有贤主，不可而不此事。

【注释】

①民暖是利：即"利民暖"，下句"民清是走"即"民走清"。②走：奔向。
③取：通"趣"，趋向，奔赴。

【译文】

严寒到了，人民就趋向温暖之处；酷暑降临，人民就奔向清凉之地。因此，人民没有固定的居处，他们常常就会聚集在对自己有利的地方，离开那些没有利益的地方。想要成为天子，对于人民之所以奔走的原因不可不仔细察辨。当今之世，寒冷到极点了，炎热到极点了，而人民都没有奔走，是因为要去的地方君主的行为都是一样的残酷啊！因此，想要成为天子，用来显示给人民的不可不与此相区别。如果君主的所作所为与行凶作乱的暴君没有什么不同，那么，即使下命令，人民也不会趋附于他；如果人民不趋附于谁，那么，成就王业的人就不会出现了，暴君就因没被废除而得到幸运了，人民就绝望了。因此，当今之世，如果有仁义之人存在，就不可勉力从事施行仁义这件事；如果有贤明的君主存在，就不可不致力于施行仁义这件事。

【原典】

贤不肖不可以不相①分②，若命之不可易，若美恶之不可移。桀、纣贵为天子，富有天下，能尽害天下之民，而不能得贤名之。关龙逢、王子比干能以要领之死争其上之过，而不能与之贤名。名固不可以相分，必由其理。

【注释】

①不相："不"字误衍。②分：给予，分给。

【译文】

贤与不贤的名声全由自己的言行而定，不能由别人给予，这就如同命数不可以扭转一样，就如同美好和丑恶不可以互换一样。夏桀、商纣贵为天子，富有天下，能够害遍天下的百姓，但不能得到贤德的名声；关龙逢、王子比干能以死谏诤其君的过错，但不能给他们争得贤德的名声。名声本来就不能由别人给予，只能由自己遵循一定的正规途径获得。

季春纪第三

尽数

【原典】

二曰：

天生阴阳、寒暑、燥湿、四时之化、万物之变，莫不为利，莫不为害。圣人察阴阳之宜，辨万物之利以便生，故精神安乎形，而年寿得长焉。长也者，非短而续之也，毕其数①也。毕数之务，在乎去害。何谓去害？大甘、大酸、大苦、大辛、大咸，五者充形则生害矣。大喜、大怒、大忧、大恐、大哀，五者接神则生害矣。大寒、大热、大燥、大湿、大风、大霖、大雾，七者动精则生害矣。故凡养生，莫若知本，知本则疾无由至矣。

【注释】

①数：指寿数，人的自然寿命。

【译文】

第二：

天生出阴阳、寒暑、燥湿、四时的更替、万物的变化，没有不借助它而得到好处的，没有不因它而致害的。圣人能洞察阴阳变化的合宜之处，能辨识万物中有利的一面来方便自己生存，因此，精、神安守在形体之中，生命就能够长寿。所说的长寿，并不是指生命原本短促而使它延续，而是能够使寿命终其天年。终其天年的要务在于避开危害。什么叫避开危害呢？过甜、过酸、过苦、过辣、过咸，这五种味道充斥身体，生命就受到危害了；过喜、过怒、过忧、过恐、过哀，这五种情绪和精神交接，生命就受到危害了；过冷、过热、过燥、过湿、过多的风、过多的雨、过多的雾，这七种气象扰动了人的精气，生命就受到危害了。因此，凡是养生，没有比通晓这个根本更重要的了，通晓了这个根本，疾病就无从产生了。

【原典】

精气之集也，必有入也。集于羽鸟，与为飞扬；集于走兽，与为流行；集于珠玉，与为精朗；集于树木，与为茂长；集于圣人，与为夐明①。精气之来也，因轻而扬之，因走而行之，因美而良之，因长而养之，因智而明之。

【注释】

①夐（xiòng）明：聪明睿智。夐：远。

【译文】

精气聚集在一起，一定要有所寄托。聚集在飞禽上，便表现为飞翔；聚集在走兽上，便表现为行走；聚集在珠玉上，便表现为精美；聚集在树木上，便表现为繁茂；聚集在圣人身上，便表现为聪明睿智。精气到来，依附在轻盈的形体上就使它飞翔，依附在可以跑动的形体

上就使它行走，依附在具有美好特性的形体上就使它精美，依附在具有生长特性的形体上就使它繁茂，依附在具有智慧的形体上就使它聪明。

【原典】

流水不腐，户枢不蝼①，动也。形气亦然。形不动则精不流，精不流则气郁。郁处头则为肿、为风，处耳则为挶②、为聋，处目则为䁾③、为盲，处鼻则为鼽④、为窒，处腹则为张、为疛⑤，处足则为痿⑥、为蹷。

【注释】

①户枢不蝼（lóu）：同"户枢不蠹（dù）"。②挶（jú）：耳重听的疾病。③䁾（miè）：眼睛分泌物。④鼽（qiú）：鼻子不通畅。⑤张：同"胀"，腹胀。疛（zhǒu）：小腹痛。⑥痿（wěi）：身体某部分萎缩或失去机能的病。

【译文】

流动的水不会腐臭，经常转动的门轴不会被虫蛀，这是不断运动的缘故。人的形体、精气也是这样。形体不活动，体内的精气就不运行，精气不运行，气就滞积。滞积在头部就造成肿痛、头风，滞积在耳部就造成重听、耳聋，滞积在眼部就会有眼屎、看不见东西，滞积在鼻部就造成鼻子不通畅、窒息，滞积在腹部就造成腹胀、小腹痛，滞积在脚部就造成脚麻、脚痛。

【原典】

轻水所，多秃与瘿①人；重水所，多尰②与躄③人；甘水所，多好与美人；辛水所；多疽④与痤⑤人；苦水所；多尪⑥与伛人。

【注释】

①瘿（yǐng）：颈部生的囊状瘤。②尰（zhǒng）：脚肿病。③躄（bì）：不能行走。④疽（jū）：一种毒疮。⑤痤（cuó）：痈。毒疮深厚者为疽，浮浅者为痈（yōng）。⑥尪（wāng）：脊背骨骼弯曲。

【译文】

水中含盐分及其他矿物质过少的地方，多有头上无发和颈上生瘤的人；水中含盐分及其他矿物质过多的地方，多有脚肿和脚麻无法行走的人；水味甜美的地方，多有美丽和健康的人，水味辛辣的地方；多有生长疽疮和痈疮的人；水味苦涩的地方，多有患鸡胸和驼背的人。

【原典】

凡食，无强厚，烈味重酒，是之谓疾首。食能以时，身必无灾。凡食之道，无饥无饱，是之谓五藏之葆①。口必甘味，和精端容，将②之以神气，百节虞③欢④，咸进受气。饮必小咽，端直无戾。

【注释】

①葆：安。②将：养。③百节：周身关节，此处指全身。④虞：舒适。

【译文】

凡饮食，不要食用味道浓烈、厚重的食物，因为厚味烈酒是招致疾病的根源所在。饮食能有节制，身体必然不会有病灾。饮食的原则，要保持不饥不饱的状态，这样五脏就能得到安适。一定要吃味道可口的食物，进食的时候，精神要和谐，端正仪容，精气要饱满，这样，全身就能处于舒适愉快的状态，都受到了精气的滋养。饮食务必小口下咽，坐要端正，不要歪斜。

【原典】

今世上①卜筮祷祠，故疾病愈来。譬之若射者，射而不中，反修于招②，何益于中？夫以汤止沸，沸愈不止，去其火则止矣。故巫医毒药，逐除治之，故古之人贱之也，为其末也。

【注释】

①上：尚，崇尚。②招：箭靶。

【译文】

如今世道崇尚占卜祈祷，所以疾病反而越来越多。这就像射箭的人没有射中箭靶，不纠正自己的毛病，反而去修正箭靶的位置，这对射中箭靶能有什么帮助呢？用滚开的水阻止水的沸腾，沸腾就越无法阻止了，抽出下面的柴火，沸腾自然就止住了。巫医、药物只能起到驱鬼治病的作用，所以古人轻视这些做法。这些做法对于养生而言只是细枝末节啊。

先己

三曰：

汤问于伊尹曰："欲取①天下，若何？"伊尹对曰："欲取天下，天下不可取；可取，身将先取。"凡事之本，必先治身，啬②其大宝。用其新，弃其陈，腠理③遂通。精气日新，邪气尽去，及其天年。此之谓真人。

【注释】

①取：治理。②啬（sè）：爱惜。③腠（còu）理：肌肤上的纹理。

【译文】

第三：

汤问伊尹说："要治理天下，应该怎样做？"伊尹回答说："一心只想治理天下，天下是不可能治理好的；如果想治理好天下，那首先得从端正修养自身开始。"大凡做事的根本，一定要先修养自身，爱惜自己的身体。不断吐故纳新，肌理就会保持畅通。精气日益增长，邪气完全驱除，就会终其天年。这就是所谓存养本性的得道之人。

【原典】

昔者，先圣王成其身而天下成，治其身而天下治。故善响①者不于响于声，善影者不于影于形，为天下者不于天下于身。《诗》曰："淑人君子，其仪不忒②。其仪不忒，正是四国。"言正诸身也。

【注释】

①响：回声。②忒（tè）：差错。

【译文】

古代的圣明君主成就了自身，治理天下的大业自然成就；端正了自身，天下自然太平安定。因此，改善回声的，不致力于回声，而致力于产生回声的声音；改善影子的，不致力于影子，而致力于产生影子的形体；治理天下的，不致力于天下，而致力于修养自身。《诗》中说："那个贤明而高尚的君子，他的仪容很端庄。他的仪容很端庄，给这四方各国做出榜样。"这说的正是端正修养自身啊。

【原典】

故反其道而身善矣；行义则人善矣；乐备①君道而百官已治矣，万民已利矣。三者之成也，在于无为。无为之道曰胜天，义曰利身，君曰勿身。勿身督②听，利身平静，胜天顺性。顺性则聪明寿长，平静则业进乐乡，督听则奸塞不皇③。

【注释】

①备：通"服"，实施。②督：正，此处指使……正的意思。③皇：通"惶"，惶惑。

【译文】

因此，回心向道，自身就能够达到美好的境界了；行为得当，就会赢得他人的赞许了；乐施君道，就可以治理好百官了，就可以使百姓获得好处了。这三方面的成功，都在于顺乎自然、达到无为。无为之道就是要顺应天意，无为的本意是保养自身，无为之君就是凡事不要亲自去办。不亲自去办就不会偏听，保养自身就会平和恬静，顺应天意就会理顺心性。理顺心性就会聪明长寿；平和恬静就会使事业发展，百姓乐于归顺，不偏听就能使奸佞阻塞，不会惶恐不安。

【原典】

故上失其道，则边侵于敌；内失其行，名声堕于外。是故百仞之松，本伤于下而末槁于上；商、周之国，谋失于胸，令困于彼。故心得而听得，听得而事得，事得而功名得。五帝先道而后德，故德莫盛焉；三王先教而后杀，故事莫功①焉；五伯先事而后兵，故兵莫强焉。当今之世，巧谋并行，诈术递用，攻战不休，亡国辱主愈众，所事者末也。

【注释】

①功：本指器物精好，此处引申为美、善。

【译文】

因此，如果君王失去了为君之道，边境就会遭受外敌侵扰，就会在国内丧失德行，在国外的名声败坏。所以说，非常高大的松树，如果下面的根受到损伤，

上面的枝叶就会枯萎。商、周两代末世，国君胸中没有谋略，政令在百姓间难于推行。因此，心有所得，听就会有所得；听有所得，政事就会处理得当；政事处理得当，功名自然就会成就。五帝把道放在首位，而把德放在其次，所以没有比五帝的德行更高尚的了。三王把教化放在首位，而把刑罚放在其次，所以没有比三王的功业更杰出的了。五霸把功业放在首位，而把武力征伐放在其次，所以没有比五霸的军队更强大的了。当今之世，各种诡计一齐实施，欺诈层出不穷，攻战不止，灭亡的国家、受辱的君主越来越多，其根源就在于他们不致力治国的根本却注重细枝末节啊。

【原典】

夏后相①与有扈战于甘泽而不胜。六卿请复之，夏后相曰："不可。吾地不浅，吾民不寡，战而不胜，是吾德薄而教不善也。"于是乎处不重席，食不贰味②，琴瑟不张，钟鼓不修，子女不饬③，亲亲长长，尊贤使能。期年④而有扈氏服。故欲胜人者，必先自胜；欲论人者，必先自论；欲知人者，必先自知。

卷一·十二纪

【注释】

①夏后相：疑为"夏后启"之讹。启：禹的儿子，姒姓。后：君。②贰味：重味，多种菜肴。③饬：通"饰"，修饰打扮。④期年：满一年。

【译文】

夏代的君主启与有扈氏在甘泽开战没有胜利，六卿请求再战，夏君启说："不能再战了。我的土地并不小，我的人民也不少，但与有扈氏在甘泽开战没有胜利，这是因为我的恩德太少、教化不好啊！"于是夏君启居处不用两层席，吃饭不用多种菜肴，不陈设琴瑟，不整治钟鼓，子女不佩戴饰物，亲近亲族，敬爱长辈，尊重贤良的人，任用有才干的士人，一年之后，有扈氏就归附了。所以，想要制服别人，就一定先要克制自己；想要评论别人，就一定先要反省自身；想要了解别人，就一定先要了解自己。

【原典】

《诗》曰："执辔①如组。"孔子曰："审此言也，可以为天下。"子贡曰："何其躁也！"孔子曰："非谓其躁也，谓其为之于此，而成文②于彼也。"圣人组修其身而成文于天下矣。故子华子曰："丘陵成而穴者安矣，大水深渊成而鱼鳖安矣，松柏成而途之人已荫矣。"

【注释】

①执辔（pèi）如组：所引之诗见《诗经·郑风·大叔于田》。辔：牲口的缰绳。组：编织。②文：花纹。

【译文】

《诗经·郑风·大叔于田》中说："手执缰绳赶马就如同编织花纹一样。"孔子说："审度清楚这句话就可以治理天下。"子贡说："依照《诗经·郑风·大叔于田》中所说的去做，举止未免太急躁了吧！"孔子说："这句话不是说赶马者动作急躁，而是说丝线在手中编织，而花纹却在手外成形。"圣人修养自身，而大业成就于天下。所以子华子说："丘陵形成了，穴居的动物就可以安身了；大水深渊形成了，鱼鳖就可以安身了；松柏茂盛了，行人就可以在树荫下乘凉了。"

【原典】

孔子见鲁哀公，哀公曰："有语寡人曰：'为国家者，为之堂上而已矣。'寡人以为迂言也。"孔子曰："此非迂言也。丘闻之，得之于身者得之人，失之于身者失之人。不出于门户而天下治者，其唯知反于己身者乎！"

【译文】

孔子谒见鲁哀公，哀公说："有人告诉我说：'治理国家的人，在朝堂之上治理就可以了。'我认为这是迂腐而不切合实际的言论。"孔子说："这并非迂腐而不切合实际的言论。我听说，自身有所得的人，在别人那里也会有所得；自身有所失的人，在别人那里也会有所失。不出门却把天下治理得很好，这大概只有那些通晓自身修养的君主才做得到吧！"

论人

【原典】

四曰：

主道约，君守近。太上反诸己，其次求诸人。其索之弥远者，其推之弥疏①；其求之弥强者，失之弥远。

【注释】

①推：此处指离开、远离的意思。

【译文】

第四：

为君的方法在于简约无为，为君的操守在于自身。首要的是向自身求得，其次是向别人寻求。越向远处寻求的，离开它就越远；越花力气寻求的，失掉它就越远。

【原典】

何谓反诸己也？适耳目，节嗜欲，释智谋，去巧故①，而游意乎无穷之次②，事心乎自然之涂③。若此则无以害其天矣。无以害其天则知精，知精则知神，知神之谓得一④。

【注释】

①巧故：伪诈。②次：泛指所在之处。③自然之涂：指无为的境界。涂：同"途"，路。④一：指道。道家把"一"看作数之始，物之极，故称"一"为道。

【译文】

什么叫向自身求得呢？就是要使自己耳目适度，节制嗜好欲望，舍弃算计人的阴谋，去除虚伪奸诈，让意识遨游在无穷无尽的空间，让思想立于无为之境。像这样，就没有什么可以危害自己的天性了。没有什么危害自己的天性，就可以通晓精微的道理了，通晓精微的道理，就能够领悟事理的玄妙，领悟事理的玄妙就可以称得上是得道了。

【原典】

凡彼万形，得一后成。故知知一，则应物变化，阔大渊深，不可测也；德行昭美，比于日月，不可息也，豪士时之，远方来宾①，不可塞也；意气宣通②，无所束缚，不可收也。故知知一，则复归于朴，嗜欲易足，取养节薄，不可得也③；离世自乐，中情洁白，不可量也④；威不能惧，严不能恐，不可服也。故知知一，则可动作当务⑤，与时周旋，不可极也；举错以数⑥，取与遵理，不可惑也；言无遗者，集于肌肤⑦，不可革也。谗人困穷，贤者遂兴，不可匿也。故知知一，则若天地然，则何事之不胜？何物之不应？譬之若御者，反诸己，则车轻马利⑧，致远复食而不倦。

【注释】

①宾：归顺。②宣：疏通。③得：此处指被人占有、支配。④量：疑为"墨"字之讹，染黑。⑤当（dàng）务：与事合宜。⑥错：通"措"，安放。数：礼数，礼仪。⑦集：通"接"。⑧利：疾，快。

【译文】

所有那些有形的事物，得道之后才能生成。因此，通晓了得道的方法，就可随应万物的变化而变，博大精深，不可测度；德行就会昭彰美好，可与日月比肩，不会终止；豪杰贤士就会随时到来，从远方归附，无法遏制；精气就会畅通，无所束缚，不受拘禁。因此，通晓了得道的方法，就可以返璞归真，嗜好和欲望就容易得到满足，有节制并少量地取用养身之物，并不占有它，这样就会超脱世俗，自得其乐，心中的情感洁白无暇，不会污染；威吓、严厉就不能使他恐惧，严厉不能使他害怕，不可以收服他。因此，通晓了得道的方法，就会举动与事合宜，随着时势应酬交际，不会走上穷途末路；举止就会依照礼数，合乎常理，不会迷乱；言语就会得体，不吞吞吐吐，使人的肌肤有所感触，不会随便更改；奸人就会穷困潦倒，贤者就会显达，谀佞贤能都不可以遮掩。因此，通晓了得道的方法，就会像天地一样，那么，还有什么事情不能解决、什么事物不能应对的呢？这就像驾驭马车的人，反过来要求自己，就会车轻马快，即使跑很远的路再吃饭，中途也不会疲倦。

【原典】

昔上世之亡主，以罪为在人，故日杀僇而不止，以至于亡而不悟。三代之兴王，以罪为在己，故日功而不衰，以至于王。

【译文】

过去，古代亡国的君主把亡国的过错推在别人的身上，所以每天杀戮不停，以至于亡国仍不知醒悟。夏、商、周三代开国贤君，把罪过担当在自己身上，所以每天勤于功业而从未松懈，以至于成就了王者大业。

【原典】

何谓求诸人？人同类而智殊①，贤不肖异，皆巧言辩辞以自防御，此不肖主之所以乱也。凡论人，通则观其所礼，贵则观其所进，富则观其所养，听则观其所行，止则观其所好，习则观其所言，穷则观其所不受，贱则观其所不为。喜之以验其守，乐之以验其僻，怒之以验其节，惧之以验其特②，哀之以验其人③，苦之以验其志。八观六验，此贤主之所以论人也。论人者，又必以六戚四隐④。何谓六戚？父、母、兄、弟、妻、子。何为四隐？交友、故旧、邑里、门郭。内则用六戚四隐，外则用八观六验，人之情伪、贪鄙、美恶无所失矣。譬之若逃雨污，无之而非是。此圣王之所以知人也。

【注释】

①殊：不同。②特：品行。③人：通"仁"，仁爱。④四隐：此处指四种关系亲近的人。隐：私。

【译文】

什么叫向别人寻求？人同类而智慧不同，贤愚相异，用花言巧语来进行自我防范，这是昏君惑乱的原因。大凡衡量、评定人：当他显达时，要观察他礼遇的是什么人；当他尊贵时，要观察他举荐的是什么人；当他富有时，要观察他赡养的是什么人；当他奉命行事时，要观察他所采取的是什么行动；当他空闲时，要观察他的喜好是什么；当他学习时，要观察他说的是什么；当他生活窘迫时，要观察他不接受的是什么；当他地位低下时，要观察他不做的是什么。使他高兴，通过这种方式来检验他的操守；使他快乐，通过这种方式来检验他的癖好；使他发怒，通过这种方式来检验他的气度；使他恐惧，通过这种方式来检验他的品行；使他悲哀，通过这种方式来检验他的爱心；使他困苦，通过这种方式来检验他的志向。以上八种观察和六项检验，就是贤明的君主用以衡量、评定人的方法。衡量、评定别人一定还要凭借六戚、四隐。什么叫六戚？就是父亲、母亲、哥哥、弟弟、妻子、孩子六种亲属。什么叫四隐？就是朋友、熟人、乡邻、亲信四种亲近的人。观察一个人的内在就用六亲四隐的方法，观察一个人的外在就用八观六验的方法，这样人们的真伪、贪鄙、美恶就能完全知晓，不会有所疏漏。就像是避雨一样，所往之处无一处没有雨水，无所逃避。这是古代圣贤的君王能了解、识别他人的原因。

孟夏纪第四

劝学（一作观师）

【原典】

二曰：

先王之教，莫荣于孝，莫显于忠。忠孝，人君人亲之所甚欲也；显荣，人子人臣之所甚愿也。然而人君人亲不得其所欲，人子人臣不得其所愿，此生于不知理义。不知理义，生于不学。

【注释】

①人亲：指父母。

【译文】

第二：

在先代圣王的政教中，没有什么比孝更荣耀的了，也没有什么比忠更显达的了。忠孝是君主、父母十分希望得到的东西，显荣是子女、臣子十分愿意获得的东西。然而，君主、父母却得不到他们所希望的忠孝，子女、臣子却得不到他们所向往的显荣，这是由于不懂得理义造成的。不懂得理义，是由于不学习造成的。

【原典】

学者师达而有材①，吾未知其不为圣人。圣人之所在，则天下理焉②。在右则右重，在左则左重，是故古之圣王未有不尊师者也。尊师则不论其贵贱贫富矣。若此则名号显矣，德行彰矣。

【注释】

①师：指老师。②理：此处特指政治清平安定。

【译文】

从师学习的人，如果他的老师通达而自己又有才能，我没听说过这样的人成不了圣人的。圣人存在的话，天下就太平安定了。圣人在这个地方，这个地方就受到尊重；圣人在那个地方，那个地方就受到尊重，所以，古代贤能的君主没有不尊重老师的。尊重老师就不去计较他们的贵贱、贫富了。像这样，就会使名声显达，使品德行为彰明了。

【原典】

故师之教也，不争轻重尊卑贫富，而争于道。其人苟可，其事无不可。所求尽得，所欲尽成，此生于得圣人。圣人生于疾学①。不疾学而能为魁士名人者②，未之尝有也。

【注释】

①疾学：努力学习。疾：力。②魁士：贤能之士。

【译文】

所以，老师对学生的教化，不在于对学生贫贱、富贵看轻或看重，而看重他们是否能够接受理义。他们倘若能够接受理义，对他们的教化就会无不得当。所要办的事都可完成，所希望的都可达成，这种情况只有在得到圣人之后才会发生。圣人来自于努力学习，我还没听说过不努力学习却能成为才华出众的名人这种事。

【原典】

疾学在于尊师。师尊则言信矣，道论矣。故往教者不化，召师者不化；自卑者不听，卑师者不听。师操不化不听之术，而以强教之，欲道之行、身之尊也，不亦远乎？学者处不化不听之势，而以自行，欲名之显、身之安也，是怀腐而欲香也，是入水而恶濡也。

【译文】

努力学习的关键在于尊重老师。老师受到尊重，言语就会被人信从，他的道术也会被传论。因此，应召去教的老师不可能教化他人，呼唤老师来教的人不可能受到教化，自卑的老师不会有人听信他，看不起老师的学生不会听从老师的教化。老师采用不能教化、不被听从的方法而勉强教学生，尽管想使自己的道义得以施行，使自身得以尊贵，不也相差太远了吗？学生处在不被教化、不听从教化的情况中，自己随意行事，尽管想使自己名声显赫、自身平安，这就如同怀揣腐臭的东西却希望芳香、进入水中却厌恶被沾湿一样，是不可能办到的。

【原典】

凡说者，兑之也①，非说之也。今世之说者，多弗能兑，而反说之。夫弗能兑而反说，是拯溺而硾之以石也②，是救病而饮之以堇也③。使世益乱、不肖主重惑者，从此生矣。

【注释】

①兑：通"悦"，喜悦，使动用法，使人喜欢。②硾（zhuì）：使物下沉。③堇（jǐn）：药草名，有毒。

【译文】

大凡说教，在于使对方心情舒畅，而不是生硬地说教。如今世上说教的人，大多不能使对方心情舒畅，却反去生硬地说教。不能使对方心情舒畅，反去生硬地说教，这就如同拯救溺水的人却在他身上系上石头使他沉下去，如同治病却给病人喝下毒药一样，只会适得其反。社会越来越混乱，不贤明的君主越来越迷惑就由此产生了。

【原典】

故为师之务，在于胜理①，在于行义。理胜义立则位尊矣，王公大人弗敢骄也，上至于天子，朝之而不惭。凡遇合也，合不可必。遗理释义，以要不可必，而欲人之尊之也，不亦难乎？故师必胜理行义然后尊。

【注释】

①胜：依循。

【译文】

所以，老师的职责在于依循事理，在于推行道义。依循事理，道义就会得到推行，那么老师的地位就尊贵了，王公大人也对他们不敢怠慢，即使上至于天子，朝拜这样的老师也不会感到羞愧。凡君主与老师相遇并能互相知遇的事，不一定能实现；倘若遗弃事理，抛掉道义，去追求不一定实现的东西，却又想得到别人的尊重，这不也很困难吗？所以，老师一定要依循事理，推行道义，然后才能受到尊重。

【原典】

曾子曰："君子行于道路，其有父者可知也，其有师者可知也。夫无父而无师者，余若夫何哉①！"此言事师之犹事父也。曾点使曾参，过期而不至，人皆见曾点曰："无乃畏邪②？"曾点曰："彼虽畏，我存，夫安敢畏？"孔子畏于匡③，颜渊后，孔子曰："吾以汝为死矣。"颜渊曰："子在，回何敢死？"颜回之于孔子也，犹曾参之事父也。古之贤者与④，其尊师若此，故师尽智竭道以教。

【注释】

①余：其他的。②畏：遭遇意外而死亡。③畏：通"围"，被围困。④与：语气词，表停顿。

【译文】

曾子说："君子在道路上行走，其中父亲还在的可以看出来，其中有老师的也可以看出来。对于那些目中无父亲、老师的人，其他人又能怎么样呢？"这就是说对待老师要如同对待父亲一样。曾点派他的儿子曾参外出，过了期限曾参还没有回来，人们都来看望曾点说："恐怕是遇难了吧？"曾点说："即使他要死，我还活着，他怎么敢遭祸而死？"孔子被围困在匡地，颜渊最后才到，孔子说："我以为你死了。"颜渊说："先生在这儿，我怎么敢死？"颜回对待孔子如同曾参侍奉父亲一样。古代圣贤的人，他们尊重老师达到如此地步，所以老师竭尽才智方法来教化他们。

尊师

【原典】

三曰：

神农师悉诸，黄帝师大挠，帝颛顼师伯夷父，帝喾师伯招，帝尧师子州支父，帝舜师许由，禹师大成贽，汤师小臣①，文王、武王师吕望、周公旦，齐桓公师管夷吾，晋文公师咎犯、随会，秦穆公师百里奚、公孙枝，楚庄王师孙叔敖、沈尹巫，吴王阖闾师伍子胥、文之仪，越王勾践师范蠡、大夫种。此十圣人、六贤者未有不尊师者也。今尊不至于帝，智不至于圣，而欲无尊师，奚由至哉？此五帝之所以绝，三代之所以灭。

【注释】

①小臣：指伊尹，商王朝的开国功臣。

【译文】

第三：

神农以悉诸为师，黄帝以大挠为师，帝颛顼以伯夷父为师，帝喾以伯招为师，帝尧以子州生父为师，帝舜以许由为师，禹以大成贽为师，汤以伊尹为师，文王、武王以吕望、周公旦为师，齐桓公以管夷吾为师，晋文公以咎犯、随会为师，秦穆公以百里奚、公孙枝为师，楚庄王以孙叔敖、沈尹巫为师，吴王阖闾以伍子胥、文之倪为师，越王勾践以范蠡、文种为师。这十位圣人、六位贤能之士，没有不尊重老师的。如今，人们没有帝王那样尊贵的地位，也没有圣人那样过人的才智，反而想不尊重老师，这怎么能达到帝、达到圣的境界呢？这正是此后没有再出现五帝这样的圣明的人，乃至三代盛世消失的原因啊。

【原典】

且天生人也，而使其耳可以闻，不学，其闻不若聋；使其目可以见，不学，其见不若盲；使其口可以言，不学，其言不若爽①；使其心可以知，不学，其知不若狂。故凡学，非能益也，达天性也。能全天之所生而勿败之，是谓善学。

【注释】

①爽：与"喑"同义，不能说话的意思。

【译文】

况且，天造就人，使人类的耳可以听声音，如果不学习，耳有所闻反还不如耳聋听不见好；使人的眼可看见物体，如果不学习，目有所见反还不如眼瞎看不见好；使人的口可以说话，如果不学习，口有所言反还不如口有病说不出话好；使人的心可以认知事物，如果不学习，心有所知反还不如狂乱无知好。所以凡是学习，并非能够给人增加好处，而是使人通达天性。只是能够保全上天所赐予的本能而不败坏它们，这就叫作善于学习。

【原典】

子张，鲁之鄙家也；颜涿聚，梁父之大盗也；学于孔子。段干木，晋国之大驵①也，学于子夏。高何、县子石，齐国之暴者也，指于乡曲②，学于子墨子。索卢参，东方之巨狡也，学于禽滑黎。此六人者，刑戮死辱之人也。今非徒免于刑戮死辱也，由此为天下名士显人，以终其寿，王公大人从而礼之，此得之于学也。

【注释】

①驵（zǎng）：牙侩，古代集市贸易中为买卖双方撮合从中而取得佣金的人。②乡曲：乡里。

【译文】

子张，本是鲁国庸俗的小人；颜涿聚，本是梁父山上的大盗；后来跟从孔子学习。段干木，本是晋国市场上的大牙侩，后来跟从子夏学习。高何、县子石，本是齐国性情暴戾的人，被乡里人所斥责，后来跟从墨子学习。索卢参，本是东方有名的狡诈之人，后来跟从禽滑黎学习。这六个人，本是该受刑、被杀、被辱骂的人。如今，由于从师学习，他们不仅幸免于受刑、被杀、被辱骂，而且成为天下的知名而显达的人，得以终其天年，王公大人信服并礼遇他们，这些都是得益于学习啊。

【原典】

凡学，必务进业，心则无营①。疾讽诵，谨司闻，观驩②愉，问书意，顺耳目，不逆志，退思虑，求所谓，时辨③说，以论道，不苟辨，必中法，得之无矜，失之无惭，必反其本。

【注释】

①营：通"荧"，惑乱。②驩（注：见中华书局版本《吕氏春秋》第111页正文第一行）（huān）：同"欢"。③辨：通"辩"。

【译文】

大凡学习，务求使学业进步，这样心中就没有疑惑了。要努力诵习诗文，谨慎听取老师教授的内容。在老师愉悦的时候去请教书中的意旨，要顺适老师的指导，不违背老师的心志，回来认真思考、探求老师所讲的道理，要时时研讨分析，以求阐明老师所讲的道理，不苟且巧辩，一定要合乎法度，有所得不自夸，有所失不惭愧，一定要回到自己的本性上来。

【原典】

生则谨养，谨养之道，养心为贵；死则敬祭，敬祭之术，时节为务。此所以尊师也。治唐圃①，疾灌寖②，务种树；织葩屦③，结罝网，捆蒲苇；之田野，力耕耘，事五谷；如山林，入川泽，取鱼鳖，求鸟兽。此所以尊师也。视舆马，慎驾御；适衣服，务轻暖；临饮食，必蠲④絜；善调和，务甘肥；必恭敬，和颜色，审辞令；疾趋翔⑤，必严肃。此所以尊师也。

【注释】

①唐圃：场圃，是种瓜、果、蔬菜的园地。唐：通"场"。②寖：今作"浸"，灌溉。③葩屦：麻鞋。④蠲（juān）：清洁。絜（jié）：同"洁"。⑤趋翔（qiàng）：步行有节奏的样子。翔：通"跄"。

【译文】

老师活着的时候就要谨慎小心地侍奉，侍奉的方法，以使老师心情欢愉为贵；老师亡逝了就应恭敬地拜祭，拜祭的方法，以合于四时之节为要，这是尊重老师的做法。为老师修整园地，尽心灌溉，积极种植；织麻鞋，结兽网，编蒲苇；到田野里，努力耕耘，种好五谷；进山林，入河泽，捕鱼鳖，猎鸟兽，这是尊重老师的做法。为老师看管好车马，小心地为老师赶车；使老师所穿的衣服适宜，务求轻暖；备办饮食，一定要清洁卫生；调和五味，务必使其丰富可口；问候老师，一定要恭恭敬敬，和颜悦色，言辞审慎；力求行步快慢有节奏，一定要严肃庄重。这是尊重老师的做法。

【原典】

君子之学也，说义必称师以论道，听从必尽力以光明。听从不尽力，命之曰背；说义不称师，命之曰叛。背叛之人，贤主弗内①之于朝，君子不与交友。

【注释】

①内：通"纳"，接纳。

【译文】

君子学习，在谈论道义时，务必要称引老师的话来阐明它，听从老师的教诲，务必竭尽全力使其发扬光大。听从老师的教诲而不竭尽全力去发扬它，这种行为叫作"背"；谈论道义而不称引老师的话去阐明它，这种行为叫作"叛"。有背叛行为的人，贤明的君主是不会接纳他们在朝为臣的，君子是不会跟他们交往为友的。

【原典】

故教也者，义之大者也；学也者，知①之盛者也。义之大者，莫大于利人，利人莫大于教；知之盛者，莫大于成身②，成身莫大于学。身成则为人子弗使而孝矣，为人臣弗令而忠矣，为人君弗强而平矣，有大势可以为天下正矣。故子贡问孔子曰："后世将何以称夫子？"孔子曰："吾何足以称哉？勿已者，则好学而不厌，好教而不倦，其惟此邪！"天子入太学③祭先圣，则齿④尝为师者弗臣，所以见敬学与尊师也。

【注释】

①知：才智。②成身：指自我道德修养的完善，成为君子。③太学：这里指明堂。明堂是古代帝王宣明政教的地方。④齿：并列。

【译文】

因此，教书育人是一件非常仁义的事，学习是一件非常明智的事。没有比仁义的事给人带来利益更大的了，而给人带来利益最大的，没有什么能超过教书育人了。明智的事没有比完善自我道德修养更大的了，而完善自我道德修养最重要的，没有什么能超过学习。如果自我道德修养已得到完善，那么，做子女的不用支使就会孝顺，做臣子的不用命令就会忠诚，做君主的不用勉强就会公正，只要条件达到的就可以做天下的君主。所以，子贡问孔子说："后代将会以什么方式称道您呢？"孔子说："我哪里值得称道呢？如果一定要说的话，那就是喜好学习而不觉厌烦，勤于教诲而不觉疲倦，大概仅此而已！"天子进入明堂祭祀先代圣王，与曾经做过自己老师的人并排站立，不把他们当作臣子看待，这是用以显示敬重学习和尊重老师啊！

用众（一作善学）

【原典】

五曰：

善学者，若齐王之食鸡也，必食其跖①数千而后足；虽不足，犹若有跖。物固莫不有长，莫不有短。人亦然。故善学者，假②人之长以补其短。故假人者遂有天下。无丑不能③，无恶不知。丑不能，恶不知，病矣。不丑不能，不恶不知，尚④矣。虽桀、纣犹有可畏可取者，而况于贤者乎？

【注释】

①跖（zhí）：鸡爪掌。②假：凭借。③丑：用作意动，以……为耻。下句"无恶不知"的"恶"用法与此同。④尚：上。

【译文】

第五：

善于学习的人，就如同齐王吃鸡一样，一定要吃数千只鸡爪掌后才会感到足够，即使不够，仍然有鸡爪掌可供取食。自然界的一切事物都各有其长，各有其短。人也是这样。所以，善于学习的人，能吸取别人的长处来弥补自己的短处。因此，善于博采众长的人就能拥有天下。不要因自己没有才能而感到羞耻，不要因自己无知而感到是一种耻辱。把没有才能看作羞耻，把无知看作耻辱，就会陷入困境。不把没有才能看作羞耻，不把无知看作耻辱，这才是最高妙的。即使像桀、纣那样的暴君尚且有值得敬畏、可取的地方，更何况贤能的人呢？

【原典】

故学士曰：辩议不可为。辩议而苟可为，是教也。教，大议也。辩议而不可为，是被褐①而出，衣锦②而入。

【注释】

①被褐：兽毛或粗麻制成的短衫，古代为贫贱的人所穿。此处比喻愚昧无知。②锦：华美的丝织衣服，古代为富贵的人所穿。此处比喻贤明通达。

【译文】

所以有学问的人说：求学者不得对老师有所辩争。如果说辩争可以使用的话，这是针对施教者而言。施教才是需要大讲辩争的。求学者不使用辩争就可以由无知变为贤达，这就像披破衣出门，着华服归来一样。

【原典】

戎人生乎戎①、长乎戎而戎言，不知其所受之；楚人生乎楚、长乎楚而楚言，不知其所受之。今使楚人长乎戎，戎人长乎楚，则楚人戎言，戎人楚言矣。由是观之，吾未知亡国之主不可以为贤主也，其所生长者不可耳。故所生长不可不察也。

【注释】

①戎：古代泛指位于我国西部的少数民族。

【译文】

戎人生在戎地，长在戎地，讲戎人的语言，不知道自己从哪里学来的。楚人生在楚地，长在楚地，讲楚人的语言，不知道自己从哪里学来的。现在让楚人在戎地生长，让戎人在楚地生长，那么楚人就讲戎人的语言，戎人就讲楚人的语言了。这样看来，我不相信亡国的君主不可能成为贤明的君主，他们所生长的环境不可以使他们这样而已。所以说，对于人们所生长的环境不可不注意考察啊！

【原典】

天下无粹白之狐，而有粹白之裘，取之众白也。夫取于众，此三皇五帝之所以大立功名也。凡君之所以立，出乎众也。立已定而舍其众，是得其末而失其本。得其末而失其本，不闻安居。故以众勇无畏乎孟贲①矣，以众力无畏乎乌获②矣，以众视无畏乎离娄③矣，以众知无畏乎尧、舜矣。夫以众者，此君人之大宝也。

【注释】

①孟贲：战国时卫国的勇士，据说可以生拔牛角。②乌获：战国时秦国的大力士。③离娄：传说为黄帝时期视力最好的人，"能见针末于百步之外"。

【译文】

天下没有纯白的狐狸，却有纯白的狐裘，这是从许多白狐狸的皮中取来而制成的。善于吸取众人的长处，这正是三皇五帝成就大业的原因。大凡君主的确立，都是出自众人的拥举。君位一经确立就舍弃众人，这是得到细枝末节而抛弃了根本。凡是得到细枝末节而抛弃了根本的君主，从未听说过他们将国家治理得太平安定的。所以，依靠众人的勇敢就不用惧怕孟贲了，依靠众人的力气就不用惧怕乌获了，依靠众人的眼力就不用惧怕离娄了，依靠众人的智慧就不用惧怕赶不上尧、舜了。依靠众人的力量，这便是君主治国的法宝。

【原典】

田骈①谓齐王曰："孟贲庶②乎患术③，而边境弗患。"楚、魏之王辞言不说，而境内已修备矣，兵士已修用矣，得之众也。

【注释】

①田骈：战国时齐人，道家。②庶：庶几，几乎。③术：策略，办法。

【译文】

田骈对齐王说："即使像卫国的孟贲这样的大力士，对于众人的力量也感到忧惧而无计可施，因而齐国的边境就不用担心了。"楚国、魏国的君主不贵言辞，而国内备战的各种设施已经修整完备，兵士已经训练有素，可以用来御敌，这都是依靠了众人的力量啊！

仲夏纪第五

大乐

【原典】

二曰：

音乐之所由来者远矣。生于度量①，本于太一。太一出两仪②，两仪出阴阳。阴阳变化，一上一下，合而成章。浑浑沌沌，离则复合，合则复离，是谓天常。天地车轮，终则复始，极则复反，莫不咸当。日月星辰，或疾或徐，日月不同，以尽其行。四时代兴，或暑或寒，或短或长，或柔或刚。万物所出，造于太一，化于阴阳。萌芽始震，凝寒③以形。形体有处，莫不有声。声出于和，和出于适。和适先王定乐，由此而生。

【注释】

①度量：古代把音律分成三等分，增或减一分，便产生新的旋律。度量：指音律度数的增减。太一：指道。②两仪：天地。③寒（注：见中华书局版本《吕氏春秋》第132页正文倒数第三行）：同"寒"，凝冻。

【译文】

第二：

音乐的由来相当久远了，它产生于音律度数的增减，以道为本源。道生天地，天地生阴阳。阴阳变化，一上一下，会合而产生天地万物。天地最初形成时，混沌不分明，分离了又会合，会合了又分离，这就叫作自然的永恒规律。天地像车轮一样转动，到尽头又重新开始，到终极又返回，无不恰到好处。日、

月、星、辰的运行，有的快，有的慢。日、月
轨道不同，却都周而复始地按各自的速度运
行。春、夏、秋、冬四季交替出现，有的季节
炎热，有的季节寒冷；有的季节白天短，有的
季节白天长；有的季节属柔，有的季节属刚。
万物的产生，从道开始，由阴阳二气化育而
来。因阳气变动而萌芽活动，因阴气变动而凝
冻成形。万物的形体各占一定的空间，无不发
出声音。声音产生于和谐，和谐来源于合度。
先王制定音乐，正是从这个原理出发的。

【原典】

天下太平，万物安宁。皆化其上，乐乃可
成。成乐有具①，必节嗜欲。嗜欲不辟②，乐
乃可务。务③乐有术，必由平出。平出于公，
公出于道。故惟得道之人，其可与言乐乎！

【注释】

①具：具备，这里指条件。②辟：放纵。
③务：从事。

【译文】

天下太平，万物安宁，万物都顺应正道，
音乐才可以创作完成。制成音乐是有条件的，必须节制嗜欲。只有嗜欲不放纵，
才可以专注地从事音乐创作。从事音乐创作要有方法，必须从平和出发。平和产
生于公正，公正产生于道。所以只有得道的人，大概才可以跟他谈论音乐吧！

【原典】

亡国戮民，非无乐也，其乐不乐。溺者非不笑也，罪人非不歌也，狂者非不
武①也，乱世之乐有似于此。君臣失位，父子失处②，夫妇失宜，民人呻吟，其
以为乐也，若之何哉？

【注释】

①武：通"舞"，手舞足蹈。②失处：丧失各自的本分。

【译文】

被灭亡的国家和惨遭屠戮的人民，不是没有音乐。只是他们的音乐并不表达欢乐。即将被淹死的人不是不笑，即将被处死的犯人不是不唱，精神错乱的人不是不手舞足蹈，但是他们的笑、他们的唱、他们的舞蹈没有丝毫欢乐。乱世的音乐就像这种情况。君臣之位颠倒，父子本分沦丧，夫妻关系失调，人民痛苦呻吟，在这种情况下创作音乐，该会怎样呢？

【原典】

凡乐，天地之和、阴阳之调也。始生人者，天也，人无事焉。天使人有欲，人弗得不求；天使人有恶，人弗得不辟①。欲与恶，所受于天也，人不得与焉，不可变，不可易。世之学者，有非乐者矣②，安由出哉？

【注释】

①辟：同"避"。②非乐者：指墨家学派《墨子》中有《非乐》篇。

【译文】

凡音乐，都是天地和谐、阴阳调和的产物。最初生育人民的是天，人自身并未参与其事。天使人有了欲望，人不得不追求；天使人有了憎恶，人不得不躲避。欲望和憎恶，是从天那里秉承下来的，人自身并未参与其事，这不能更改，不可移易。世上的学者有反对音乐的，他们的主张是根据什么产生的呢？

【原典】

大乐①，君臣、父子、长少之所欢欣而说也。欢欣生于平，平生于道。道也者，视之不见，听之不闻，不可为状。有知不见之见、不闻之闻、无状之状者，则几于知之矣。道也者，至精也，不可为形，不可为名，强为之，谓之太一。

【注释】

①大乐：盛乐，指完美的音乐。

【译文】

盛大的音乐是君臣、父子、长幼所欢欣而喜悦的。欢欣产生于平和，平和产生于道。所谓道，是看不见，听不到，又不能描绘其形状的东西。有谁能够通晓在不见中包含着见、在不闻中包含着闻、在无形中包含着形，那他就差不多通晓道了。道这个东西是最精妙的，无法描绘出它的形状，无法给它命名，勉强给它起个名字，就叫它"太一"吧。

【原典】

故一①也者制令，两②也者从听③。先圣择④两法⑤一，是以知万物之情。故能以一听政者，乐君臣，和远近，说黔首，合宗亲；能以一治其身者，免于灾，终其寿，全其天；能以一治其国者，奸邪去，贤者至，成大化；能以一治天下者，寒暑适，风雨时，为圣人。故知一则明，明两⑥则狂。

【注释】

①一：即"太一""道"。②两：指由"一"派生出的、非本原的东西。③从听：即听从。④择：通"释"，放弃。⑤法：取法、效法。⑥明两：指尊臣以拟君，君臣无别。明，指尊显。狂：乱。

【译文】

因此，"一"处于制约、支配的地位，"两"处于服从、听命的地位。先代圣人弃"两"用"一"，因此知道万物生成的真谛。因此，懂得用"一"来处理政事，可以使君臣欢乐，远近和睦，百姓愉悦，兄弟和谐；懂得用"一"来修养身心，可以免于灾害，终其天年，保全天性；懂得用"一"来治理国家，可以使奸邪远离，贤人来归，实现大治；懂得用"一"来治理天下，可以使寒暑适宜，风雨适时，成为圣人。因此，懂得用"一"就聪明，持"两"就惑乱。

适音（一作和乐）

【原典】

四曰：

耳之情欲声，心不乐，五音在前弗听；目之情欲色，心弗乐，五色在前弗视；鼻之情欲芬香，心弗乐，芬香在前弗嗅；口之情欲滋味，心弗乐，五味在前弗食。欲之者，耳目鼻口也；乐之弗乐者，心也。心必和平然后乐。心必乐，然后耳目鼻口有以欲之。故乐之务在于和心，和心在于行适。

【译文】

第四：

耳朵的天性是想要听声音，如果心情不愉快，即使再美妙的音乐在耳边不去听；眼睛的天性是想要看色彩，如果心情不愉快，即使再绚烂的色彩在眼前不去看；鼻子的天性想要嗅芳香，如果心情不愉快，即使再迷人的香气在身边也不去嗅；口的天性想要品尝美味，如果心情不愉快，即使再美味的佳肴在嘴边也不去吃。有各种欲望的是耳、眼、鼻、口，而决定愉快或不愉快的是心情，心情必须平和然后才能愉快。心情愉快了之后，耳、眼、鼻、口才会随之产生各种欲望。所以，愉快的关键在于心情平和，心情平和的关键在于行为合宜适中。

【原典】

夫乐有适，心亦有适。人之情：欲寿而恶夭，欲安而恶危，欲荣而恶辱，欲逸而恶劳。四欲得，四恶除，则心适矣。四欲之得也，在于胜理①。胜理以治身，则生全以②；生全则寿长矣。胜理以治国，则法立；法立则天下服矣。故适心之务在于胜理。

【注释】

①胜理：依循事物的规律。②以：通"矣"。

【译文】

愉快有适中的问题，心情也有适中的问题。人之常情是：希望长寿而厌恶夭折，希望安全而厌恶危险，希望荣誉而厌恶耻辱，希望安逸而厌恶劳累。如果以上四种愿望能够获得满足，四种厌恶都能够被排除，那么心情就适中了。四种愿望的满足，在于依循事物的规律。依循事物的规律来修身养性，天性就保全了；天性得以保全，人就可以长寿了。依循事物的规律来治理国家，就能使法制确立了，法制得以确立，天下就服从了。所以，使心情适中的关键在于依循事物的规律。

【原典】

夫音亦有适：太巨则志荡，以荡听巨则耳不容，不容则横塞，横塞则振；太小则志嫌①，以嫌听小则耳不充，不充则不詹②，不詹则窕③；太清则志危，以危听清则耳谿④极，谿极则不鉴，不鉴则竭；太浊则志下，以下听浊则耳不收，不收则不抟⑤，不特则怒。故太巨、太小、太清、太浊，皆非适也。何谓适？衷，音之适也。何谓衷？大不出钧⑥，重不过石，小大轻重之衷也。黄钟⑦之宫，音之本也，清浊之衷也。衷也者，适也。以适听适则和矣。乐无太，平和者是也。

【注释】

①嫌（qiàn）：通"慊"，不满足。②詹：通"赡"，满足。③窕：不充满。④谿（xī）：山谷，空虚。⑤抟（zhuān）：专一。⑥钧：通"均"，古代度量钟音律的器具。⑦黄钟：标准音。

【译文】

音乐也有适中的问题。声音过大就会使人心志摇荡，如果在心志摇荡的情况下去听过大的声音，那么耳朵就难以容纳得下，难以容纳得下就会被充溢阻塞，被充溢阻塞，心志就会更加摇荡。声音过小就会使人心志得不到满足，在心志未能得到满足的情况下去听微小的声音，那么耳朵就觉得不充实，不充实就会感到不足，不足心志就会更加不充实。声音过清就会使人心志高扬，在心志高扬的情况下去听轻清的声音，耳朵就会空虚疲困，空虚疲困就会听不清，听不清，心志就会衰竭。声音过浊就会使人心志消沉，在心志消沉的情况下去听重浊的声音，耳朵就无法收聚声音，无法收聚声音就专一不了，专一不了就会怒形于色。所以，音乐的声音过大、过小、过清、过浊都不合宜。何谓合宜？声音适中就是所谓的合宜。何谓适中呢？钟音律度最大不超过均所发出的声音，钟的重量最重不超过一石，这就是所谓的适中。黄钟律的宫音是乐音的本源，是清浊的基准。合乎基准就是合宜。以适中的心情听适中的声音就和谐了。音乐各方面都不要过分，平正和谐才合宜。

【原典】

故治世之音安以乐，其政平也；乱世之音怨以怒，其政乖也；亡国之音悲以哀，其政险也。凡音乐，通乎政而移风平俗者也。俗定而音乐化之矣。故有道之世，观其音而知其俗矣，观其政而知其主矣。故先王必托于音乐以论其教。清庙之瑟，朱弦而疏越①，一唱而三叹，有进乎音者矣。大飨之礼，上玄尊而俎生鱼，大羹②不和，有进乎味者也。故先王之制礼乐也，非特以欢耳目、极口腹之欲也，将教民平好恶、行理义也。

【注释】

①疏越（huó）：镂刻的小孔。②大（tài）羹：古代祭祀时所用的带汁的肉。

【译文】

所以，太平盛世的音乐安宁而愉悦，是因为它的政治安定平稳；动荡乱世的音乐怨恨而愤怒，是因为它的政治乖戾反常；濒临灭亡的国家的音乐悲痛而哀伤，是因为它的政治危急险恶。大凡音乐，与政治相通，同时起着移风易俗的作用。风俗的形成便是音乐潜移默化的结果。因此，政治清明的时代，考察它的音乐就可以知晓它的风俗了，考察它的风俗就可以知晓它的政治了，考察它的政治就可以知晓它的君主了。所以，先王一定要通过音乐来宣扬他们的教化。宗庙里演奏的琴瑟，用安着朱红色的弦和底部雕刻的小孔来奏出美妙的旋律；宗庙之乐，只由一人领唱，三人应和，其意义已经超出音乐本身了。天子祭祀先王时，只献上盛水的酒器，俎中盛着生鱼，大羹不调和五味，其意义已经超出美味本身了。因此，先王制定礼乐的目的，并非仅仅是用来使耳目欢愉、尽力满足口腹的欲望，而是要用来教化百姓分辨好坏、推行理义啊。

季夏纪第六

音初

【原典】

三曰：

夏后氏孔甲田①于东阳萯②山。天大风，晦盲，孔甲迷惑，入于民室。主人方乳③，或曰："后来，是良日也，之子是④必大吉。"或曰："不胜⑤也，之子是必有殃。"后乃取其子以归，曰："以为余子，谁敢殃之？"子长成人，幕⑥动坼橑⑦，斧斫斩其足，遂为守门者。孔甲曰："呜呼！有疾，命矣夫！"乃作为《破斧》之歌，实始为东音。

【注释】

①田：打猎。②东阳萯（fù）山：古地名。③乳：生子。④是：通"实"。⑤不胜：经受不住。⑥幕：帐幕。⑦橑（liáo）：屋椽。

【译文】

第三：

夏君孔甲在东阳萯山打猎的时候，突然刮起了大风，天色昏昏沉沉的，他迷了路，来到一家老百姓的屋子里。这家房子的主人正在生孩子。有人说："君主的到来是吉祥的好日子啊，这个孩子必定会大吉大利。"有人说："怕是享受不了这种福分吧？这个孩子要遭殃了。"夏君就把这个孩子带了回去，说："让他做我的儿子，看谁敢让他受灾？"孩子长大后，有一次，帐幕突然掀动，屋椽裂开，斧子掉下来砍断了他的脚，于是只好让他做了一名看门人。孔甲叹息说：

"哎！遭受这样的疾患，恐怕是命中注定的吧！"于是创作了《破斧》歌。这是最早的东方音乐。

【原典】

禹行功，见涂山之女。禹未之遇而巡省南土。涂山氏之女乃令其妾候禹于涂山之阳。女乃作歌，歌曰"候人兮猗"，实始作为南音。周公及召公取风焉，以为《周南》《召南》。

【译文】

夏禹巡视治水的情况，途中娶了涂山氏之女。禹没未来得及与她举行婚礼就到南方巡视去了。涂山氏之女就叫她的侍女在涂山南面迎候夏禹，她自己于是创作了一首歌，歌中唱道："候望人啊。"这是最早的南方音乐。周公和召公时曾到那里去采风，后人便将其命名为《周南》《召南》。

【原典】

周昭王亲将征荆。辛余靡长且多力，为王右。还反涉汉，梁败，王及蔡公抎①于汉中。辛余靡振王北济，又反振蔡公。周公乃侯之于西翟②，实为长公。殷整甲徙宅西河，犹思故处，实始作为西音。长公继是音以处西山，秦缪③公取风焉，实始作为秦音。

【注释】

①抎（yǔn）：坠落。②西翟：西方。③缪：通"穆"。

【译文】

周昭王亲自率领军队征伐荆国。辛余靡身材魁梧而有力，被任命为昭王的骖乘。在军队返回渡汉水的途中，桥突然坍塌了，昭王和蔡公都坠入汉水中。辛余靡把昭王救送到北岸，又返回救了蔡公。周公于是封他为西方的诸侯，封号长公。当初，商王殷迁徙到西河居住，心中尚念故土，于是创作了最早的西方音乐。长公辛余靡在西山继承了这一音乐。秦穆公时曾到那里去采风，开始将它作为秦国的音乐。

【原典】

有娀氏有二佚女，为之九成之台，饮食必以鼓。帝令燕往视之，鸣若谥隘①。二女爱而争搏之，覆以玉筐。少选，发而视之，燕遗二卵，北飞，遂不反。二女作歌，一终②曰"燕燕往飞"，实始作为北音。

【注释】

①谥隘：象声词，像燕子鸣叫之声。②一终：鼓乐章以奏诗一篇为一终。

【译文】

有娀氏有两位容貌美丽的女子，为她们建造了九层高台，用膳时必定会有鼓乐相伴。天帝命令燕子去看看她们。燕子去了，发出"谥隘"的鸣叫声。那两位女子特别钟爱燕子，便争着去扑它，捉住后用玉筐罩在了里面。过了一会儿，揭开筐看它，燕子留下两枚蛋后便向北飞去，再没回来过。那两位女子于是作了一首歌，歌中唱道："燕于燕子展翅飞。"这是最早的北方音乐。

【原典】

凡音者，产乎人心者也。感于心则荡乎音，音成于外而化乎内。是故闻其声而知其风，察其风而知其志，观其志而知其德。盛衰、贤不肖、君子小人皆形于乐，不可隐匿。故曰：乐之为观也，深矣。

【译文】

所有的音乐都是从人的内心生发而出的。心中若有所感触，就会用音乐表露出来，音乐表现于外而化育于内。因此，听到某一地区的音乐就可以了解它的风俗，考察它的风俗就可以知晓它的志趣，观察它的志趣就可以推知它的德行。兴盛或衰亡、贤明或不肖、君子或小人都会以音乐的方式表现出来，这是无法隐藏的。所以说：音乐作为一种观察的手段，意义是相当深远的。

【原典】

土弊则草木不长，水烦则鱼鳖不大，世浊则礼烦而乐淫。郑卫之声、桑间之音①，此乱国之所好，衰德之所说。流辟、诮越②、慆滥③之音出，则滔荡之气、邪慢之心感矣；感则百奸众辟从此产矣。故君子反道以修德，正德以出乐，和乐以成顺。乐和而民乡④方矣。

【注释】

①桑间之音：桑间在濮水之上。传说殷纣亡国，殷纣的乐官延在桑间投濮水自杀，后春秋时晋国乐官涓经过此地，听到水面上飘扬着音乐声，便记载下来，这就是桑间之音。后人用它来代表亡国之音、靡靡之音。②诮越：声音飞荡。③慆（tāo）滥：放荡过分。④乡：通"向"。

【译文】

土质恶劣，草木就难以生长；水流浑浊，鱼鳖就难以长大；世道混乱，就会礼仪烦乱、音乐淫邪。郑卫之声、桑间之音是淫乱的国家、道德衰败的君主所喜好的。只要淫邪、轻佻、放纵的音乐产生，放荡无羁的风气、邪恶轻慢的思想感情就要影响人了，受到这种影响后各种各样的邪恶就会在人们的心中滋生了。所以，君子以道为根本修养品德，端正品德以创作音乐，音乐和谐而后使事理通达。音乐和谐了，百姓就向往道义了。

制乐

【原典】

四曰：

欲观至乐，必于至治。其治厚者其乐治厚，其治薄者其乐治薄，乱世则慢以^①乐矣。

【注释】

①以：通"已"，已经。

【译文】

第四：

想要欣赏美妙的音乐，就一定得在政治开明的时代。国家治理美善的，它的音乐就美善；国家治理粗疏的，它的音乐就粗疏；国家处于混乱的世道时，音乐就已经流于轻慢了。

【原典】

今室闭户牖，动天地，一室也。

【译文】

乐于治理天下的，虽然关门闭户，不出这间屋子，他的作为也会感天动地。

【原典】

故成汤之时，有谷生于庭，昏而生，比旦而大拱。其吏请卜其故。汤退卜者曰："吾闻祥者福之先者也，见祥而为不善，则福不至。妖者祸之先者也，见妖而为善，则祸不至。"于是早朝晏退，问疾吊丧，务镇抚百姓。三日而谷亡。故祸兮福之所倚，福兮祸之所伏。圣人所独见，众人焉知其极？

【译文】

所以在成汤时，庭中生出一棵奇异的谷子，傍晚时分刚萌发出来，等到第二天天亮时就已经有两手合围那么粗了。汤的臣下请求占卜弄清其缘故，汤辞退占卜之人，说："我听说吉祥的事物是福气的先兆，如果看见吉祥的征兆后还不做好事，那么福气就不会降临了；怪异的事物是祸殃的先兆，如果看见怪异的事物后立即就去做好事，那么祸殃就不会落到自己头上了。"于是成汤早上朝，晚退朝，关心群臣的疾苦，勤于安抚百姓。三天过后，庭中的异谷竟然自己消亡了。所以说，祸是福所倚存的东西，福是祸所隐藏的处所。这个道理只有圣人才能认识到，一般人哪里会知晓事物变化的终极呢？

【原典】

周文王立^①国八年，岁六月，文王寝疾五日而地动，东西南北不出国郊。百吏皆请曰："臣闻地之动，为人主也。今王寝疾五日而地动，四面不出周郊，群臣皆恐，曰'请移之'。"文王曰："若何其移之也？"对曰："兴事动众，以增国城，其可以移之乎！"文王曰："不可。夫天之见妖也，以罚有罪也。我必有罪，故天以此罚我也。今故兴事动众以增国城，是重吾罪也。不可。"文王曰："昌也请改行重善以移之，其可以免乎！"于是谨其礼秩、皮革，以交诸侯；饬其辞令、币帛，以礼豪士；颁其爵列、等级、田畴，以赏群臣。无几何，疾乃止。文王即位八年而地动，已动之后四十三年，凡文王立国五十一年而终。此文王之所以止殃翦^②妖也。

【注释】

①立：莅临。②翦：灭除。

【译文】

周文王即位八年了，这年六月，文王卧病在床五天发生了地震，而震动范围没超出周朝的国土。百官都请求说："我们听说，地震正是因为君主您啊。如今大王您卧病五天就发生了地震，而震动范围没超出周朝的国土，群臣们都非常害怕，说'请大王把灾祸移走'。"文王说："怎么迁移走呢？"百官回答说："征发徭役，动员百姓，来增筑国都的城墙，大概就可以把灾祸移走了吧。"文王说："不能这样做。上天显现怪异是借以惩罚有罪的人。我必定有罪，所以天用地震来惩罚我。如今特为此征发徭役，动员百姓，来增筑国都城墙，这是加重我的罪过。不可以这样。我请求改掉过去的行为、增加自身的道德修养来移走灾祸，或许这样就可以免除灾祸了吧。"于是文王慎重对待礼法、聘问，用以结交诸侯；改正自己的言辞，增加钱物，用以礼贤下士；颁布爵位、等级、田地，用以赏赐群臣。没过多久，文王的疾病就痊愈了。文王即位的第八年发生了地震，地震之后又在位四十三年，文王共莅临王位五十一年后去世。这是文王免除灾祸、消灭怪异的方法。

【原典】

宋景公之时，荧惑^①在心^②，公惧，召子韦而问焉，曰："荧惑在心，何也？"子韦曰："荧惑者，天罚也；心者，宋之分野也。祸当于君。虽然，可移于宰相。"公曰："宰相，所与治国家也，而移死焉，不祥。"子韦曰："可移于民。"

公曰："民死，寡人将谁为君乎？宁独死！"子韦曰："可移于岁。"公曰："岁害则民饥，民饥必死。为人君而杀其民以自活也，其谁以我为君乎？是寡人之命固尽已，子无复言矣。"子韦还走，北面载拜曰："臣敢贺君。天之处高而听卑。君有至德之言三，天必三赏君。今夕荧惑其徙三舍，君延年二十一岁。"公曰："子何以知之？"对曰："有三善言，必有三赏，荧惑有三徙舍。舍行七星，星一徙当一年，三七二十一，臣故曰'君延年二十一岁'矣。臣请伏于陛下以伺候之。荧惑不徙，臣请死。"公曰："可。"是夕荧惑果徙三舍。

【注释】

①荧惑：指火星。②心：心宿，天上的十二星宿之一。

【译文】

宋景公在位的时候，火星出现在心宿的位置。景公感到惧怕，就召子韦来询问："火星出现在心宿的位置，这是怎么回事呢？"子韦说："火星代表上天的惩罚，心宿是宋国的分野，这灾祸就应在君王您身上。虽然如此，也可以把灾祸转移到宰相身上。"景公说；"宰相是帮助我治理国家的人，如今却要把灾祸转嫁到他身上，这不吉祥啊。"子韦说："也可以把灾祸转移到百姓身上。"景公说；"假如我的百姓死了，我又做谁的君王呢？我宁肯独自去死！"子韦说；"还可以把灾祸转移给年成。"景公说："年成受损，百姓就要遭受饥荒，饥荒就必定会死亡。给百姓当国君，却以杀害自己百姓的方式来达到自己祛祸的目的，那谁还会把我当作国君呢？这是我的命本该尽绝了，你不要再说了！"子韦立刻离开所立之处，恭敬地朝北拜了两次，说："臣向您道贺！天居于高处却可以听到地上的一切，您有符合最高尚道德的三句话，天必定给您三次赏赐，今夜火星将从心宿后退三舍，您可以延寿二十一年。"景公说："你是依据什么知道的呢？"子韦回答说："您有三句美善之言，就一定有三次赏赐。因此，火星一定后退三舍。迁移一舍要经过七颗星，一颗星代表一年，三七二十一年，所以我说'您可延寿二十一年'。我请求跪伏在您面前等待这种情况的出现。火星如不后退，我甘愿一死。"景公说："好吧。"当夜火星果然后退了三舍。

孟秋纪第七

荡兵（一作用兵）

【原典】

二曰：

古圣王有义兵而无有偃①兵。兵之所自来者上矣，与始有民俱。凡兵也者，威也；威也者，力也。民之有威力，性也。性者，所受于天也，非人之所能为也。武者不能革，而工者不能移。

【注释】

①偃：止息。

【译文】

第二：

古代的圣王主张正义的战争，从来没有废止过战争。战争由来已久，和人类一同产生。一切战争靠的都是威势，而威势是力量的体现。具有威势和力量是人的天性。这种天性是上天赋予的，非人力所能左右。勇武的人不能使它改变，机巧的人不能使它移易。

【原典】

兵所自来者久矣。黄、炎①故用水火矣，共工氏②固次作难矣，五帝固相与

争矣。递兴废，胜者用事。人曰"蚩尤作兵"，蚩尤非作兵也，利其械矣。未有蚩尤之时，民固剥林木以战矣，胜者为长。长则犹不足治之，故立君。君又不足以治之，故立天子。天子之立也出于君，君之立也出于长，长之立也出于争。争斗之所自来者久矣，不可禁，不可止。故古之贤王有义兵而无有偃兵。

【注释】

①黄、炎：指黄帝、炎帝。炎帝：传说中的古帝，姜姓，因以火德称王，故称炎帝。用水火：传说炎帝与黄帝争战，炎帝燃起大火，黄帝用水灭之。②共工氏：传说中古代部族首领，与颛顼争为帝，失败被杀。次：通"恣"，恣意。

【译文】

战争由来已久。黄帝、炎帝已经使用水火争战了，共工氏已经能够恣意发动战争了，五帝之间已经互相争斗了。他们一个接一个地兴起、灭亡，谁取胜谁就统治天下。人们说"蚩尤第一个制造了兵器"，其实，兵器并不是由蚩尤创造出来的，他只不过是把兵器改造得更锋利罢了。在蚩尤之前，人类就已经开始砍削林木作为战争使用的武器，取胜的一方就是首领，只有首领还不足以治理好百姓，才设置君主。君主仍不足以治理好百姓，于是设置天子。天子在君主的基础上产生，君主在首领的基础上产生，首领在争斗的基础上产生。争斗由来已久，不可禁止，不可平息。所以，古代的贤王主张正义的战争，从未有废止战争的。

【原典】

家无怒笞，则竖子①、婴儿之有过也立见；国无刑罚，则百姓之相侵也立见；天下无诛伐，则诸侯之相暴也立见。故怒笞不可偃于家，刑罚不可偃于国，诛伐不可偃于天下，有巧有拙而已矣。故古之圣王有义兵而无有偃兵。

【注释】

①竖子：童仆。

【译文】

家中如果没有斥责、鞭笞，童仆、小孩犯过错的事就会立刻出现；国中如果没有刑罚，百姓互相侵夺的事会立刻出现；天下如果没有征伐，诸侯互相侵犯的事也会立刻出现。所以，不能在家中废止斥责、鞭笞，不能在国中废止刑罚，也不能使天下的征伐废止，只不过在使用方式上有高明、笨拙之别而已。所以，古代的圣王主张正义的战争而从不去废止战争。

【原典】

夫有以饐①死者，欲禁天下之食，悖；有以乘舟死者，欲禁天下之船，悖；有以用兵丧其国者，欲偃天下之兵，悖。夫兵不可偃也，譬之若水火然，善用之则为福，不能用之则为祸；若用药者然，得良药则活人，得恶药则杀人。义兵之为天下良药也亦大矣。

【注释】

①饐：通"噎"。

【译文】

如果因为发生了吃饭噎死人的事，就想要禁止天下人吃饭，这是荒谬的；如果因为发生了乘船淹死人的事，就想要废止天下的一切船只，这是荒谬的；如果因为发生了因战争而亡国的事，就想要废止天下的一切战争，这同样是荒谬的。战争不能废止。战争就如同水和火一样，善于利用它们就会造福于人类，不善于利用它们就会酿成灾祸；战争又如同用药给人治病一样，用良药就能把人救活，用毒药就会把人杀死。正义的战争恰恰就是一副治理天下的良药啊！

【原典】

且兵之所自来者远矣，未尝少选不用。贵贱、长少、贤者不肖相与同，有巨有微而已矣。察兵①之微：在心而未发，兵也；疾视，兵也；作色，兵也；傲言，兵也；援推，兵也；连反，兵也；侈斗，兵也；三军攻战，兵也。此八者皆兵也，微巨之争也。今世之以偃兵疾说者，终身用兵而不自知悖，故说虽强，谈虽辨，文学虽博，犹不见听。故古之圣王有义兵而无有偃兵。

【注释】

①兵：战争。这里是一个含义很广的概念，既指争斗之心，又指争斗行为，也指狭义的战争。

【译文】

况且，战争由来已久，没有一刻不用。人们无论贵贱、长少、贤愚，在这一点上是相同的，只不过在使用上有大小的区别罢了。考察战争的细微之处：在心中争斗而尚未表露出来是战争；横眉冷对是战争；怒形于色是战争；言辞傲慢是战争；推拉相搏是战争；踢踹相斗是战争；聚众殴斗是战争；战前攻占是战争。以上这八种情况都是战争，只不过是规模大小不同罢了。现在世上那些极力要求废止战争的人，终身都在使用战争，却不知道自己已经言行相悖。因此，他们虽然游说有力，高谈阔论，广征博引，仍然不被人听取采用。所以，古代的圣王主张正义的战争而从不去废止战争。

【原典】

兵诚义，以诛暴君而振苦民，民之说也，若孝子之见慈亲也，若饥者之见美食也；民之号呼而走之，若强弩之射于深溪也，若积大水而失其壅堤也。中主^①犹若不能有其民，而况于暴君乎？

【注释】

①中主：一般的君主。

【译文】

如果战争确实相符正义，用以诛杀暴君而拯救苦难的人民，那么，人民对它的喜悦，就像孝子见到了慈爱的父母，像饥饿的人见到了甘美的食物；人民呼喊着奔向它，像强弩射向深谷，像蓄积的大水冲垮堤坝。在这种情况下，一般的君主尚且不能保有他的人民，更何况残暴的君主呢？

振乱

【原典】

三曰：

当今之世浊甚矣，黔首之苦不可以加矣。天子既绝^①，贤者废伏，世主恣行，与民相离，黔首无所告愬^②。世有贤主秀士，宜察此论也，则其兵为义矣。天下之民，且死者也而生，且辱者也而荣，且苦者也而逸。世主恣行，则中人将逃其君，去其亲，又况于不肖者乎？故义兵至，则世主不能有其民矣，人亲不能禁其子矣。

【注释】

①天子既绝：天子指周天子，当时秦未统一六国，周天子名存实亡。伏：指隐居不出。②告愬（sù）：诉说。

【译文】

第三：

当今的世道混乱极了，人民的苦难无以复加了。周天子名存实亡，贤能的人被弃之不用而隐匿起来，昏君恣意任行，与人民离心离德，人民无处申诉自己的苦难。世上如有贤能的君主和杰出的人士，应当明察这种情况，这样他们的军队就会伸张正义了。天下的百姓，将要死去的会因而得以新生，将要蒙受耻辱的也会因而得以受到尊重，将要遭受苦难的会因而得以安逸。昏君恣意任行，那么一般的人尚且要逃离这样的国君，背离他们的父母，又何况那些不肖的人呢？因此，正义之师一到，昏君就不能保有自己的人民了，父母就无法阻止自己的子女了。

【原典】

凡为天下之民长①也，虑莫如长有道而息无道，赏有义而罚不义。今之世，学者②多非乎攻伐。非攻伐而取救守，取救守，则乡之所谓长有道而息无道、赏有义而罚不义之术不行矣③。天下之长民④，其利害在察此论也。

【注释】

①民长：国君。②学者：此处主要指研究墨家学说的人。主张"非攻""救守"。③乡：方才。④长民：为人民做君主。长：君主，用如动词，给……做君主。

【译文】

凡是当国君的人，考虑施政大计没有比扶植有德而消除暴虐、奖赏正义而惩罚不义更重要的了。当今世上研习墨家之学的人多反对攻伐。反对攻伐就必然选取救守；如果选取救守，那么，方才所说的扶植有德而消除暴虐、奖赏正义而惩罚不义的方针就无法施行了。作为万民之主，其利害全在于是否明察这个道理。

【原典】

攻伐之与救守一实①也，而取舍人异。以辨说去之，终无所定论。固不知，悖也；知而欺心，诬也。诬悖之士，虽辩无用矣。是非其所取而取其所非也，是利之而反害之也，安之而反危之也。为天下之长患、致黔首之大害者，若^②说为深。夫以利天下之民为心者，不可以不熟察此论也。

【注释】

①一实：实质一样。②若：此。

【译文】

攻伐和救守的实质是一样的，只是选择它的人不同。如今墨家之徒企图靠辩论排斥攻伐，始终是没有结果的。论说事理，自己根本不清楚的，是糊涂；如果明明知道却自欺欺人，是欺诈。搞欺诈的人和头脑糊涂的人，纵然善辩也没有什么用处。反对攻伐的主张自相矛盾，这种主张的结果是虽想给人民带来利益却反而害了他们，虽想使人民安定却反而置他们于险境。因此，给天下带来深重灾难、使人民遭受极大的危害，要数这种主张的危害最深了。那些把为天下人民谋利益作为志向的人，不可不仔细考察这种主张。

【原典】

夫攻伐之事，未有不攻无道而罚不义也。攻无道而伐不义，则福莫大焉，黔首利莫厚焉。禁之者，是息有道而伐有义也，是穷汤、武之事，而遂^①桀、纣之过也。凡人之所以恶为无道、不义者，为其罚也；所以蕲^②有道、行有义者，为其赏也。今无道、不义存，存者，赏之也；而有道、行义穷，穷者，罚之也。赏不善而罚善，欲民之治也，不亦难乎？故乱天下、害黔首者，若论为大。

【注释】

①遂：顺，助长。②蕲（qí）：通"祈"，求。

【译文】

攻伐之类的事，无一不是攻击无道而惩罚不义的。攻击无道而讨伐不义，自己获得的好处没有比这更大的了，百姓得到的利益也没有比这更多的了。禁止攻伐，这是消除有道而惩罚正义。这是阻挠商汤、周武王的事业，而助长夏桀、商纣的罪恶啊。人们之所以痛恨行无道、不义的事，是因为怕受到惩罚；人们之所以祈求有德、行正义的事，是因为想受到奖赏。如今行无道、不义的人安然存在，安然存在无异于是对他们的一种奖赏，而有德、主持正义的人却陷入困境，陷入困境无异于是对他们的一种惩罚。赏恶惩善，却想要用这种方式管理好人民，不是很难吗？所以使天下混乱，使百姓受害，这种反对攻伐的主张危害最大。

禁塞

【原典】

四曰：

夫救守之心，未有不守无道而救不义也。守无道而救不义，则祸莫大焉，为天下之民害莫深焉。

【译文】

第四：

救守的本心，没有不是保卫无道之君，救护不义之主的。卫护无道之君，救援不义之主，祸患没有比这更大的了，给天下百姓造成危害没有比这更深重的了。

【原典】

凡救守者，太上以说，其次以兵。以说则承从多群，日夜思之，事①心任精，起则诵之，卧则梦之，自今单唇干肺②，费神伤魂，上称三皇五帝之业以愉其意，下称五伯名士之谋以信③其事，早朝晏罢，以告制兵者，行说语众，以明其道。道毕说单而不行，则必反之兵矣。反之于兵，则必斗争之情，必且杀人，是杀无罪之民以兴无道与不义者也。无道与不义者存，是长天下之害而止天下之利，虽欲幸而胜，祸且始长。

【注释】

①事：役使。②单唇干肺：古人形容说话非常多。③信：此处指使……得到证明。

【译文】

凡主张救守的人，首先主张以言辩劝阻攻伐之人，其次是动用武力做后盾。以言辩劝阻，就聚集群众的力量，日夜思虑言辞，费心劳神，起床就陈述这件事，睡下还梦见这件事，把自己搞得唇干舌燥、费神伤精。他们上称三皇五帝的功业取悦于人，下举春秋五霸、知名人士的谋略来证明自己的主张；从早上朝会到晚上退朝，都在劝说对方的主帅，宣扬自己的主张，晓喻众人，以阐明自己的道理。一旦道理讲完，话语说尽，自己的主张仍然不被采用，就必然转而动用武力威胁对方了。转而动用武力威胁对方，战争势必爆发。战争的实质就是杀人。这是屠杀无辜的人民以扶持无道之君和不义之主。无道之君和不义之主得以生存，这是助长天下的祸害，毁弃天下的利益。无道之君、不义之主虽然侥幸取胜，祸患却由此开始滋长。

【原典】

先王之法曰："为善者赏，为不善者罚。"古之道也，不可易。今不别其义与不义，而疾取救守，不义莫大焉，害天下之民者莫甚焉。故取攻伐者不可，非攻伐不可；取救守不可，非救守不可；取惟义兵为可。兵苟义，攻伐亦可，救守亦可；兵不义，攻伐不可，救守不可。

【译文】

先王的法令说："对行善的人给予奖赏，对作恶的人给予惩罚。"这是从古至今的原则，不能违背。如今不分辨正义还是非正义，就极力主张救守，没有比这更不义的事了，给天下百姓带来危害没有比这更严重的了。所以，一味地主张攻伐不行，一味地反对攻伐也不行；一味地主张救守不行，一味地反对救守也不行。唯有仁义之师才可以。军队如果是仁义之师，那么，攻伐和救守都可以；军队如果不是仁义之师，那么，攻伐和救守都不可以。

【原典】

使夏桀、殷纣无道至于此者，幸也；使吴夫差、智伯瑶侵夺至于此者，幸也；使晋厉、陈灵、宋康不善至于此者，幸也。若令桀、纣知必国亡身死，殄无后类，吾未知其厉为无道之至于此也；吴王夫差、智伯瑶知必国为丘墟①，身为刑戮，吾未知其为不善无道侵夺之至于此也；晋厉知必死于匠丽氏，陈灵知必死于夏徵舒，宋康知必死于温②，吾未知其为不善之至于此也。

【注释】

①丘：废墟。②温：战国时魏邑。

【译文】

致使夏桀、殷纣荒淫无道达到如此地步的是侥幸之心，致使吴王夫差、智伯瑶侵暴掠夺达到如此地步的是侥幸之心，致使晋厉公、陈灵公、宋康王作恶达到如此地步的也是侥幸之心。桀、纣如果知道自己那样做的后果必然是国亡身死、绝后无人，我不相信他们荒淫无道会到如此地步；吴王夫差、智伯瑶如果知道自己那样做的后果必然是让国家成为废墟、自身也遭到杀害，我不相信他们侵暴掠夺会到如此地步；如果晋厉公知道自己那样做必定会死在匠丽氏的家里，陈灵公知道他那样做必定会死在夏徵舒手中，宋康王知道他那样做必定会死在温邑，我不相信他们作恶会达到如此地步。

【原典】

此七君者，大为无道不义，所残杀无罪之民者，不可为万数。壮佼、老幼、胎贜之死者①，大实平原，广湮深谿大谷，赴巨水，积灰填沟洫险阻②。犯流矢，蹈白刃，加之以冻饿饥寒之患，以至于今之世，为之愈甚。故暴骸骨无量数，为京丘若山陵。世有兴主仁士，深意念此，亦可以痛心矣，亦可以悲哀矣。

【注释】

①牍（dú）：流产的胎儿，死胎。②洫（xù）：田间水道。

【译文】

这七个国君大行无道和不义之事，所残杀的无辜百姓数不胜数。青壮年、老人、儿童以及母腹中的胎儿死去的遍及原野，塞满了溪谷、流入大河，战火的积灰填平了沟渠。让百姓奔赴险阻，抵挡刀剑，再加上受着冻饿饥寒的熬煎，这种状况一直持续到了现在，而且愈演愈烈。所以暴露的尸骨多得无法计数，将死尸用土封筑起来形成"京丘"，就如同高大的山陵一样。世上的中兴之主与仁义之士，深切地想到这种情况，既痛心又悲哀。

【原典】

察此其所自生，生于有道者之废，而无道者之恣行。夫无道者之恣行，幸矣。故世之患，不在救守，而在于不肖者之幸也。救守之说出，则不肖者益幸也，贤者益疑矣。故大乱天下者，在于不论其义而疾取救守。

【译文】

考察这种情况产生的根源，在于有道的人被废弃，而无道的人恣意妄行。无道的人之所以恣意妄行，是因为心存侥幸。所以，当今世上的祸患不在于救守本身，而在于不肖的人心存侥幸。救守的主张产生之后，不肖的人便越发怀有侥幸之心了，贤明的人却越发恐惧了。所以，大乱天下的根源在于不区分攻伐与救守的正义与否而盲目地一味主张救守。

怀宠

【原典】

五曰：

凡君子之说也，非苟辨也；士之议也，非苟语也。必中理然后说，必当义然后议。故说义而王公大人益好理矣，士民黔首益行义矣。义理之道彰，则暴虐、奸诈、侵夺之术息也。暴虐、奸诈之与义理反也，其势不俱胜，不两立。

【译文】

第五：

但凡君子出言，都不苟且辩说；士人议论，都不苟且言谈。君子一定想到符合道理才说出，士人一定想到符合大义才发表意见。所以，听了君子和士人的言谈议论，王公贵族就越发喜好道理了，士人百姓就越发遵行大义了。道义彰明了，暴虐、奸诈、侵夺的行径才会停止。暴虐、奸诈、侵夺与理义刚好相反，它们势不两立、不可能并存。

【原典】

故兵入于敌之境，则民知所庇矣，黔首知不死矣。至于国邑之郊，不虐五谷，不掘坟墓，不伐树木，不烧积聚，不焚室屋，不取六畜。得民虏①奉而题归之，以彰好恶；信与民期，以夺敌资。若此而犹有忧恨②、冒疾、遂过、不听者，虽行武焉亦可矣。

【注释】

①民虏：指俘获的敌国百姓。②忧恨：通"慢很（hěn）"。固执，乖戾。冒疾：同"媢嫉"，嫉妒。遂过：坚持错误。

【译文】

所以，正义之师进入敌国的边境，敌国的士人知道有人保护了，百姓知道得救了。正义之师到了国都和城邑的郊外，不毁坏五谷，不刨坟掘墓，不砍伐树木，不烧毁财物，不焚毁房屋，不掠夺六畜。俘获敌国的百姓，都会登记他们的姓名后将他们一一送回，以此表明自己的爱憎；诚信正与人民的愿望相合，用这

样的方法来争取敌国的百姓。像这样，如果还有顽固不化、嫉妒、坚持错误、不归顺的人，那么，即使对他们动用武力也是可以的。

【原典】

先发声出号曰："兵之来也，以救民之死。子①之在上无道，据傲荒怠，贪戾虐众，恣睢自用也，辟远圣制，謷丑②先王，排訾③旧典，上不顺天，下不惠民，征敛无期，求索无厌，罪杀不辜，庆赏不当。若此者，天之所诛也，人之所雠也，不当为君。今兵之来也，将以诛不当为君者也，以除民之雠而顺天之道也。民有逆天之道、卫人之雠者，身死家戮不赦。有能以家听者，禄之以家，以里听者，禄之以里；以乡听者，禄之以乡；以邑听者，禄之以邑；以国听者，禄之以国。"

【注释】

①子：指称所伐国家的君主。②謷（áo）：丑，诋毁。③訾：毁谤，非议。

【译文】

用兵之前，先要发布檄文，檄文说："大军的到来，是为了解救百姓于水深火热之中。你们的国君荒淫无道，狂妄自大，迷乱怠惰，贪婪暴戾，残害民众，放纵凶狠，自以为是，摒弃圣王法制，诋毁丑化先王，排斥毁谤先代法典，上不承顺天意，下不惠爱人民，征敛不止，责求无度，滥杀无辜，奖赏不当。像这样的人，是上天诛灭的对象，是人们共同的仇敌，根本不配当国君。如今大军到此，要诛灭不配当国君的人，除掉人们的仇敌而顺应上天的旨意。士民百姓之中如有违背上天旨意，庇护人民仇敌的，一律处死并杀戮全家，绝不赦免。倘若有能率领一家归顺，将赏他一家作为俸禄；率领一里归顺的，将赏他一里作为俸禄；率领一乡归顺的，赏他一乡作为俸禄；率领一邑归顺的，赏他一邑作为俸禄；率领国都士民百姓归顺的，赏他国都作为俸禄。"

【原典】

故克其国，不及其民，独诛所诛而已矣。举其秀士而封侯之，选其贤良而尊显之，求其孤寡而振恤之，见其长老而敬礼之。皆益其禄，加其级。论其罪人而救出之；分府库之金，散仓廪①之粟，以镇抚其众，不私其财；问其丛社、大祠民之所不欲废者，而复兴之，曲②加其祀礼。是以贤者荣其名，而长老说其礼，民怀其德。

【注释】

①廪（lǐn）：米仓。②曲：婉转，多方设法。

【译文】

所以，攻克了敌国，不会罪及该国的百姓，只诛杀应该诛杀的人罢了。还要举荐敌国才能杰出之士，赐予他们爵位；选拔敌国贤明有德之人，授予他们高官显位；寻找敌国的孤儿寡母，抚恤、救济他们；会见敌国的老人，尊重、礼待他们；为他们全部增加俸禄、提高级别。审理敌国的罪人后，赦免释放他们；分发库房中的财物，散发仓库中的粮食，以此来安抚敌国的民众，不把敌国的财物据为己有；询问敌国建在郊野丛林中的神社和其他祠庙的地址，只要是百姓不愿意废弃的，全部进行重新修复，并想方设法增加祭祀礼仪。因此，贤明之人为自己的名声显扬而感到荣耀，老人为自己受到礼遇而感到喜悦，百姓为自己受到恩惠而感怀不已。

【原典】

今有人于此，能生死一人，则天下必争事之矣。义兵之生一人亦多矣，人孰不说？故义兵至，则邻国之民归之若流水，诛国之民望之若父母，行地滋远，得民滋众，兵不接刃而民服若化①。

【注释】

①若化：形容人民归附非常迅速。

【译文】

倘若这里有个人能够使一个死去的人复生，那天下人一定争着去服侍他。正义之师救活的人也太多了，百姓谁不拥护？所以，正义之师一到，邻国的百姓就如同流水一样迅速归顺于他，被诛伐的百姓盼望它就如同盼望父母一样。正义之师走得越远，拥戴他们的民众就会越多，兵不血刃就可以使百姓迅速归附。

仲秋纪第八

简选

【原典】

三曰：

世有言曰："驱市人而战之，可以胜人之厚禄教卒；老弱罢民，可以胜人之精士练材；离散系系，可以胜人之行陈整齐；锄耰①白梃，可以胜人之长铫②利兵。"此不通乎兵者之论。今有利剑于此，以刺则不中，以击则不及，与恶剑无择，为是斗因用恶剑则不可。简选精良，兵械铦利，发之则不时，纵之则不当，与恶卒无择，为是战因用恶卒则不可。王子庆忌、陈年犹欲剑之利也。简选精良，兵械铦利，令能将将之，古者有以王者、有以霸者矣，汤、武、齐桓、晋文、吴阖庐是矣。

【注释】

①耰（yōu）：弄碎土块、平整土地的农具。白梃：白茬的木棒。②铫（tiáo）：古代像矛的兵器。

【译文】

第三：

世人有一种言论说："驱使集市上的乌合之众作战，可以战胜敌方享受优厚俸禄的武士和训练有素的士兵；驱使老弱疲惫的百姓可以战胜敌方精壮、掌握了熟练技巧的武士；驱使散乱无纪的囚徒可以战胜敌方行列整齐的军队；使用农具木棒可以战胜敌方的长矛利刃。"这是不通晓用兵之道的言论。假如有一把锋利的宝剑，由于技艺不精，拿它来刺却刺不中敌人，拿它去击却击不着目标，这同手持劣质刀剑没有任何区别，但由此在作战时就使用劣质刀剑却是不可取的。经过选拔的兵士很精良，兵器很锐利，发动他们不合时机，指挥他们有失妥当，这同统率劣等军队没有任何区别，但由此在战场上就使用劣等军队却是不可取的。像王子庆忌、陈年那样的勇士尚且还希望宝剑锋利，更何况一般人呢！经过选拔的兵士很精良，兵器很锐利，让有才干的将领统率他们，古代有借此成就王业或霸业的，商汤、周武王、齐桓公、吴王阖庐就是这样。

【原典】

殷汤良车七十乘，必死六千人，以戊子战于郕①，遂禽推移、大牺，登自鸣条，乃入巢门，遂有夏。桀既奔走，于是行大仁慈，以恤黔首，反桀之事，遂其贤良，顺民所喜，远近归之，故王天下。

【注释】

①郕（chéng）：古邑名，在今山东省宁阳县东北。

【译文】

商汤率领装备精良的战车七十辆，甘愿拼死效劳的勇士六千人，在戊子那天与夏桀在郕地交战，擒获了夏桀手下的推移、大牺两位大臣。商汤进军鸣条，接着进入巢门，于是攻打下夏的地盘。夏桀逃跑后，商汤于是发扬仁慈的美德，用以安抚、善待百姓，与夏桀的所作所为截然相反，还举荐贤良，顺应民意，远近的人都归附于他，所以汤称王天下。

【原典】

武王虎贲①三千人，简车三百乘，以要②甲子之事于牧野，而纣为禽。显贤者之位，进殷之遗老，而问民之所欲，行赏及禽兽，行罚不辟天子，亲殷如周，视人如己，天下美其德，万民说其义，故立为天子。

【注释】

①虎贲：对勇士的称呼。②要（yāo）：此处指"成"的意思。

【译文】

周武王率领勇士三千人，精选的战车三百辆，甲子那天，在牧野打败了商纣的军队，纣被擒获。武王把有贤能的人提拔到显贵的位置，举荐殷朝的遗老，询问人民的愿望，甚至对有功的禽兽也都实行奖赏，实行诛杀时不回避殷商的天子，亲近殷的士民百姓就像亲近周的士民百姓一样，看待别人就像看待自己一样，天下都赞美他的德行，万民都喜欢他的仁义，所以把他立为天子。

【原典】

齐桓公良车三百乘，教卒万人，以为兵首，横行海内，天下莫之能禁，南至石梁，西至酆郭，北至令支。中山亡邢，狄人灭卫，桓公更立邢于夷仪，更立卫于楚丘。

【译文】

齐桓公率领精良的兵车三百辆，训练有素的士兵一万人，作为大军的前锋，纵横驰骋于四海之内，天下没有谁能够阻挡得了这支大军。他率领军队向南到达石梁，向西到达酆、郭，向北到达令支。中山攻陷了邢国，狄人灭亡了卫国，齐桓公把邢国迁移到了夷仪，把卫国迁移到了楚丘。

【原典】

晋文公造五两之士五乘，锐卒千人，先以接敌，诸侯莫之能难。反郑之埤①，东卫之亩，尊天子于衡雍。

【注释】

①反：覆，毁。埤（pì）：即"埤堄（nì）"，城上有孔（或呈凹凸形）的矮墙（也称女墙）。

【译文】

晋文公训练出具有五种技能的甲士十五人，让他们率领精锐的步卒一千人作为军队的前锋同敌国交战，没有哪路诸侯能够阻挡得了他们进军的脚步。晋文公命令毁掉郑国城上的女墙，以便晋国军队的出入，又命令卫国的田垄一律改为东西走向，以便晋国的兵车能够畅行无阻，并率领诸侯在衡雍尊奉周天子。

【原典】

吴阖庐选多力者五百人，利趾者①三千人，以为前陈，与荆战，五战五胜，遂有郢。东征至于庳庐，西伐至于巴、蜀，北迫齐、晋，令行中国。

【注释】

①利趾者：善于奔跑的人。趾：脚。

【译文】

吴王阖闾挑选了五百名大力士，善跑的士兵三千人，把他们作为军队的前锋与楚国交战，五战五胜，于是占领了楚国的国都郢。吴王阖闾的大军向东一路征伐至庳庐，向西一直打到巴、蜀，向北逼近齐国、晋国，号令在中原华夏各诸侯国畅行无阻。

【原典】

故凡兵势险阻，欲其便也；兵甲器械，欲其利也；选练角材，欲其精也；统率士民，欲其教也。此四者，义兵之助也，时变之应也，不可不为而不足专恃。此胜之一策也。

【译文】

所以，凡战争形势、山川险阻，用兵的人都希望它对自己有利；兵甲器械，都希望它锋利坚固；选拔、训练武士，都希望他们精锐强壮；统率士卒，都希望他们训练有素。这四方面是正义之师的辅助，是适应时势变化的凭借，不能没有，也不能一味依赖它，这是取胜的一种策略。

决胜

【原典】

四曰：

夫兵有本干①：必义，必智，必勇。义则敌孤独，敌孤独则上下虚，民解落；孤独则父兄怨，贤者诽，乱内作。智则知时化，知时化则知虚实盛衰之变，知先后远近纵舍之数②。勇则能决断，能决断则能若雷电飘风暴雨，能若崩山破溃、别辨霣坠③；若鸷鸟之击也，搏攫则殪，中木则碎。此以勇得也。

【注释】

①本干：植物的根和干，比喻事物的主体。②纵：发，放。舍：止，息。数：方法，策略。③霣（yǔn）：坠落。

【译文】

第四：

用兵之道有它的根本：一定要符合正义，一定要善用智谋，一定要勇猛果敢。符合正义，敌人就会孤独无援，敌人孤独无援，全军上下就会内心怯懦、缺乏斗志，百姓就会瓦解离散；孤独无援，君主就会受到父兄的怨恨，遭到贤能之人的抨击，祸患就会从内部发生。善用智谋就可以掌握时势的发展动向，掌握时势的发展动向，就可以通晓虚实、盛衰的变化，知道关于先后、远近、行止的策略。勇猛果敢就能临事果断，临事果断，行动起来就能像雷电、旋风、暴雨、山崩、溃决、异变、星坠一样势不可挡；就像猛禽奋击，搏击抓取猎物，猎物就会毙命，击中树木，树木就会碎裂。这是靠勇猛果敢达到的。

【原典】

夫民无常勇，亦无常怯。有气则实，实则勇；无气则虚，虚则怯。怯勇虚实，其由甚微，不可不知。勇则战，怯则北。战而胜者，战其勇者也；战而北者，战其怯者也。怯勇无常，倏忽①往来，而莫知其方，惟圣人独见其所由然。故商、周以兴，桀、纣以亡。巧拙之所以相过②，以益民气与夺民气，以能斗众与不能斗众。军虽大，卒虽多，无益于胜。军大卒多而不能斗，众不若其寡也。夫众之为福也大，其为祸也亦大。譬之若渔深渊，其得鱼也大，其为害也亦大。善用兵者，诸边之内莫不与斗，虽厮舆白徒，方数百里皆来会战，势使之然也。幸也者，审于战期而有以羁诱③之也。

【注释】

①倏忽：形容行动疾速。②相过：这里指彼此截然不同。③羁诱：辖制引导。

【译文】

人民的勇敢和怯弱都不是永恒不变的。士气饱满就充实，充实就会勇敢；士气丧失就会空虚，空虚就会怯弱。怯弱与勇敢、空虚与充实产生的原因非常微妙，不可不知晓。勇敢就会有战斗力，怯弱就会临阵脱逃。打仗获胜的是凭借勇气而战；打仗落败的是心怀胆怯而战。怯弱与勇敢变化不定，变动迅速，没有谁知道其中的道理，只有圣人知道其中的缘由。所以，商、周因此而兴盛，桀、纣由此而衰亡。用兵巧妙与笨拙的结局彼此截然不同，是因为有的能提高百姓的士气，有的削弱士气，有的善于用民作战，有的不善用民作战。后者军队虽然庞大，士兵虽然众多，但这些对于取胜都没有发挥好的作用。如果不能战斗，人多还不如人少。人多造福大，但为害也大，这就好比到深渊去捕鱼，虽然可能捕到大鱼，但也可能遇到大的灾难。善于用兵的人，四海之内没有不参战的，即使是方圆几百里之内的奴仆以及没有受过训练的百姓都来参战，这是趋势推动他们这样做的。趋势的发展在于审慎地选择战争时机，并且有办法辖制引导他们。

【原典】

凡兵，贵其因也。因也者，因敌之险以为己固，因敌之谋以为己事。能审因而加，胜则不可穷矣。胜不可穷之谓神，神则能不可胜也。夫兵，贵不可胜。不可胜在己，可胜在彼。圣人必在己者，不必在彼者，故执不可胜之术以遇不胜之敌，若此，则兵无失矣。凡兵之胜，敌之失也。胜失之兵，必隐必微，必积必抟[1]。隐则胜阐矣，微则胜显矣，积则胜散矣，抟则胜离矣。诸搏攫柢[2]噬之兽，其用齿角爪牙也，必托于卑微隐蔽，此所以成胜。

【注释】

①抟：专一，集中。②柢：用角顶撞。

【译文】

凡是用兵，贵在善于借力。所谓借力，是指利用敌人的险阻作为自己坚固的要塞，利用敌人的谋划达到自己的目的。能够明察所凭借条件再采取行动，那胜利就不可穷尽了。胜利不可穷尽叫作用兵如神，用兵如神，自身就不可战胜了。用兵贵在不可被敌战胜。不可被敌战胜的主动权掌握在自己手中，而可以战胜敌人在于敌人的虚弱失谋。圣人一定把握自己的主动权而不必去依赖敌人的过失，所以能用不可被战胜的办法去对待可以战胜的敌人，像这样，用兵就万无一失了。凡用兵获胜，全在于敌人的过失。战胜有过失的军队，一定要隐蔽，一定要潜藏，一定要蓄积力量，一定要集中兵力。能隐蔽就能战胜公开的敌人，能潜藏就能战胜暴露的敌人，能蓄积力量就能战胜力量分散的敌人，能集中兵力就能战胜分散的敌人了。那些能够用爪搏取、用牙撕咬、用角撞的野兽，在它们利用齿角爪牙时，一定要先隐身缩形，这是取胜的原因。

爱士（一作慎穷）

【原典】

五曰：

衣人以其寒也，食人以其饥也。饥寒，人之大害也；救之，义也。人之困穷甚如饥寒，故贤主必怜人之困也，必哀人之穷也。如此则名号显矣，国士得矣。

【译文】

第五：

给人衣穿，是因为他寒冷；给人饭吃，是因为他饥饿。饥寒交迫是人的大灾难。把人从这种困境中救出是仁义的行为。人在艰难困厄中，跟饥寒交迫相比是更深重的灾难，所以贤能的君主一定可怜在艰难困厄中的人，一定为艰难困厄的人感到悲哀。如果能做到这样的话，那么该君主的名号就会显赫，国中的杰出人才就会归附了。

【原典】

昔者，秦缪公乘马而车为败，右服失而野人取之。缪公自往求之，见野人方将食之于岐山之阳。缪公叹曰："食骏马之肉而不还①饮酒，余恐其伤女也！"于是遍饮而去。处一年，为韩原之战。晋人已环缪公之车矣，晋梁由靡已扣缪公之左骖矣，晋惠公之右路石奋投而击缪公之甲，中之者已六札②矣。野人之尝食马肉于岐山之阳者三百有余人，毕力为缪公疾斗于车下，遂大克晋，反获惠公以归。此《诗》之所谓曰"君君子则正，以行其德；君贱人则宽，以尽其力"者也。人主其胡可以无务行德爱人乎？行德爱人，则民亲其上；民亲其上，则皆乐为其君死矣。

【注释】

①还：通"旋"，立刻。②札：铠甲的叶片，多用皮革或金属制成。

【译文】

从前，秦穆公乘马车出行而车坏了，右侧驾辕的马跑掉后被山间的樵夫捉住了。秦穆公亲自去寻找这匹马，看见樵夫们在岐山的阳坡上正在分食马肉。秦穆公叹气说："吃了骏马的肉而不立刻饮酒，我怕马肉会伤害你们的身体啊！"于是，秦穆公一一赐酒给他们，然后离去。过了一年，秦、晋两国发生了韩原之战。晋国的军队已经包围了秦穆公的战车，晋将梁由靡已经抓住了秦穆公左边的马，晋惠公的车夫路石奋力把竹器投向秦穆公的盔甲，击中了六片甲叶。在岐山阳坡受赏吃马肉的樵夫有三百多人，他们出尽全身之力在车下为秦穆公努力战斗，于是不久大败晋国，反而捉获晋惠公而归。这就是《诗经》里所说的"给君子做国君就要公正，以使君子行其德；给贱民做国君就要宽容，以使贱民尽其力"。君主怎么能不施行仁爱德政？推行德政，关爱人民，那么人民就亲近他们的君主，人民亲近他们的君主，就都乐于为他们的君主去牺牲自己。

【原典】

赵简子有两白骡而甚爱之。阳城胥渠处广门之官，夜款门而谒曰："主君之臣胥渠有疾，医教之曰：'得白骡之肝，病则止；不得则死。'"谒者入通。董安于御于侧，愠曰："嘻！胥渠也。期吾君骡，请即刑焉。"简子曰："夫杀人以活畜，不亦不仁乎？杀畜以活人，不亦仁乎？"于是召庖人杀白骡，取肝以与阳城胥渠。处无几何，赵兴兵而攻翟。广门之官，左七百人，右七百人，皆先登而获甲首。人主其胡可以不好士？

【译文】

赵简子有两匹白骡，他特别喜爱它们。一次夜晚，在广门邑任小官的阳城胥渠前来叩门求见，说："主君的家臣胥渠生病了，医生告诉他说：'如果能得到白骡的肝脏，病就可以治好；如果得不到，就只有一死。'"负责通报的人进去禀告赵简子。董安于正在一旁侍奉，听到后气愤地说："嘿，胥渠啊，竟敢算计起我们主君的白骡来了。请允许我去把他杀掉！"简子说；"用杀人来保留牲畜

的生命，不也太不仁义了吗？杀掉牲畜来救活人命，不正是仁爱的体现吗？"于是呼唤厨师杀死白骡，取出肝脏拿去送给阳城胥渠。过了没多长时间，赵简子举兵攻打狄人，广门邑的小官，左队七百人，右队七百人，都争先登上城头，并斩获敌方披甲武士的首级。由此看来，君主怎么能不爱护士人呢？

【原典】

凡敌人之来也，以求利也。今来而得死，且以走为利。敌皆以走为利，则刃无与接。故敌得生于我，则我得死于敌；敌得死于我，则我得生于敌。夫得生于敌，与敌得生于我，岂可不察哉？此兵之精者也。存亡死生决于知此而已矣。

【译文】

凡是敌人来犯，是要谋取利益。如今来犯只有送死，那么就应走为上策。敌人都以走为上策，就不用刀剑相见。所以敌人在我的手上得以生还，那么我就得死在敌人手中；敌人能够死在我的手上，那我就可以在敌人的手中生还。因此，是我在敌阵中生还，还是敌人在我的手中生还，怎么能不明察？这就是用兵的精妙之处。生死存亡就由是否知道这个道理决定了。

季秋纪第九

顺民

【原典】

二曰：

先王先顺民心，故功名成。夫以德得民心以立大功名者，上世多有之矣。失民心而立功名者，未之曾有也。得民必有道，万乘之国，百户之邑，民无有不说。取民之所说而民取矣，民之所说岂众哉？此取民之要也。

【译文】

第二：

先王治理天下首先顺依民心，所以功成名就。依靠仁德博取民心而建立大功、声名传世的，古代是有很多范例的。失去民心而建立功名的却不曾有过。获得民心是有方法的，无论是拥有万辆兵车的大国，还是仅有百户的小邑，人民没有不喜悦的。只要做人民所喜悦的事，就会得到民众拥护。人民所喜悦的事难道会很多吗？这是得到民众拥护的关键。

【原典】

昔者汤克夏而正天下。天大旱，五年不收，汤乃以身祷于桑林，曰："余一人有罪，无及万夫。万夫有罪，在余一人。无以一人之不敏，使上帝鬼神伤民之命。"于是翦其发，酈①其手，以身为牺牲，用祈福于上帝。民乃甚说，雨乃大至。则汤达乎鬼神之化、人事之传也。

【注释】

①酈：疑为"磿"之误，磿，通"枥"。木夹十指而缚之，是古代的一种

刑罚。

从前，汤灭掉夏而一统天下时，天下正是大旱灾，五年都没有收成。汤于是在桑林用自己的身体向神祈祷，说："我一人有罪，不要祸及天下人，即使天下人有罪，罪责也都在我一人身上。不要因为我一个人的不好，致使天帝鬼神伤害人民的生命。"然后就剪掉自己的头发，用木头夹自己的手指来惩罚自己，用牺牲自己的身体来向上天祈福。人民于是非常喜悦，雨于是也大下起来。于是汤王感达鬼神的事被人们互相传开了。

【原典】

文王处岐事纣，冤侮①雅逊，朝夕必时，上贡必适，祭祀必敬。纣喜，命文王称西伯，赐之千里之地。文王载拜稽首而辞曰："愿为民请炮烙之刑②。"文王非恶千里之地，以为民请炮烙之刑，必欲得民心也。得民心则贤于千里之地，故曰文王智矣。

【注释】

①冤侮：蒙冤而受到侮慢。②炮烙之刑：一种烧灼的刑罚。

【译文】

文王居住在岐山侍奉纣王的时候，蒙冤并受到侮慢，但他对纣王的雅正谦逊的礼节没有改变，早晚朝拜不失其时，进献贡物一定合宜，祭祀一定恭敬。纣王对此非常满意，下令封文王为西伯，赏赐给他方圆千里的土地。文王叩头拜谢而推辞封赏说："我不要千里的土地，而宁愿替百姓请求去掉炮烙这种刑罚。"文王不是厌恶方圆千里的土地，是知道为百姓请求去掉炮烙之刑一定会博得民心。赢得民心，它的好处胜过获得方圆千里的土地，所以说文王是相当明智了。

【原典】

越王苦会稽之耻①，欲深得民心，以致必死于吴。身不安枕席，口不甘厚味，目不视靡曼，耳不听钟鼓。三年苦身劳力，焦唇干肺②，内亲群臣，下养百姓，以来其心。有甘肥不足分，弗敢食；有酒流之江，与民同之。身亲耕而食，妻亲织而衣。味禁珍，衣禁袭，色禁二。时出行路，从车载食，以视孤寡老弱之溃病③、困穷、颜色愁悴、不赡者，必身自食之。于是属诸大夫而告之曰："愿一与吴徼天下之衷。今吴、越之国相与俱残，士大夫履肝肺，同日而死，孤与吴王接颈交臂而偾④，此孤之大愿也。若此而不可得也，内量吾国不足以伤吴，外事之诸侯不能害之，则孤将弃国家，释群臣，服剑臂刃，变容貌，易姓名，执箕帚而臣事之，以与吴王争一旦之死。孤虽知要领不属⑤，首足异处，四枝布裂，为天下戮，孤之志必将出焉！"于是异日果与吴战于五湖⑥，吴师大败，遂大围王宫，城门不守，禽夫差，戮吴相，残吴二年而霸。此先顺民心也。

【注释】

①会稽之耻：指越王勾践被吴王夫差战败，困于会稽，向吴王称臣纳贡。②干肺：肺气枯竭，比喻力气用尽。③溃病：传染病。④偾（fèn）：倒覆，僵仆。⑤要（yāo）：腰。属（zhǔ）：连接。⑥五湖：指太湖。

【译文】

越王深为会稽之耻而痛苦，想要得到民众的衷心拥护，以求和吴国拼一死战。为此，他睡不安枕席，口不尝美味，眼不看美色，耳不听音乐。三年的时间，苦心劳力，唇干肺伤，对内亲近各位大臣，对下教养百姓，借以得到民众的衷心拥护。如果有甜美的食物但不够分的话，自己不敢独自吃；有酒就把它倒入江河，和百姓一起分享。靠自己亲自耕种来获得粮食，靠妻子亲手纺织穿衣。饮食不求珍奇，衣服不穿两层，衣饰禁用两种颜色。他还时常出外巡视，随从车辆载着食物，去探望孤寡老弱中生病的、困厄的、面色忧愁憔悴的、饮食不足的人，一定亲自给他们食物吃。然后，他召集诸大夫，向他们宣告说："我想和吴王一较高下，求上天降福。即使要令吴、越两国两败俱伤，全体将士肝脑涂地，同日而死，我和吴王肉搏到底而死，这是我最大的愿望。如果这些办不到，从国内考虑估量我们的国力不足以损伤吴国，从国外考虑结盟的诸侯也不能毁灭它，那么，我将抛弃国家，离开群臣，身带佩剑，手执利刃，改变容貌，更换姓名，充当仆役，拿扫帚去侍奉吴王，来与吴王决一生死。我虽然知道这样做会身首异处，四肢分裂，被天下人耻笑，但是我的志向一定要付诸实施。"就这样，后来越国终于与吴国在太湖决战，吴国军队大败，紧接着越国军队包围了吴王的王

85

宫，使吴国的城门失守，活捉了夫差，杀死了吴相。灭掉吴国之后二年越国称霸诸侯。这是做到了先使民心归顺的结果。

【原典】

齐庄子请攻越，问于和子。和子曰："先君有遗令曰：'无攻越。越，猛虎也。'"庄子曰："虽猛虎也，而今已死矣。"和子以告鸮子。鸮子曰："已死矣，以为生。"故凡举事，必先审民心，然后可举。

【译文】

齐庄子请求攻打越国，征求和子的意见。和子说："先君有遗命说：'不可攻打越国。越国像猛虎一样不可进犯。'"齐庄子说："虽然越国像猛虎一样不可进犯，但是现在已经死了。"和子把这话告诉鸮子，鸮子说。"虽然已经死了，但人们还认为他还活着。"所以，大凡做任何事情，一定要先考察民心，然后才可去做。

知士

【原典】

三曰：

今有千里之马于此，非得良工①，犹若弗取。良工之与马也，相得则然后成，譬之若桴之与鼓②。夫士亦有千里，高节死义，此士之千里也。能使士得千里者，其惟贤者也。

【注释】

①良工：善于相马的人。②桴：鼓槌。

【译文】

第三：

假如这里有一匹千里马，但如果遇不到善于相马的人，仍然不会被当作千里马使用。善于相马的人与千里马，须互相依赖，然后才能各自得以成名，就如同鼓槌和鼓彼此相依一样。士中也有像千里马一样超群出众的。气节高尚、为正义而献身的人就是士中的千里马。能够使士成为千里马的，大概只有贤人吧。

【原典】

静郭君善剂貌辨。剂貌辨之为人也多訾，门人弗说。士尉以证静郭君，静郭君弗听，士尉辞而去。孟尝君窃以谏静郭君，静郭君大怒曰："刬而类，揆吾家①，苟可以慊剂貌辨者②，吾无辞为也！"于是舍之上舍，令长子御，朝暮进食。

【注释】

①揆（kuí）：通"暌"，离散。②慊（qiè）：通"慊"，满足，快意。

【译文】

静郭君很喜欢他的门客剂貌辨。剂貌辨这个人常喜欢直率地非议诋毁别人，所以静郭君门下的人都不喜欢他。士尉为此进谏静郭君，要他赶走剂貌辨，但是静郭君不听，士尉就告辞离开了。孟尝君也偷偷地劝谏静郭君，静郭君大怒，说："即使把你们都杀死，把我家拆得四分五裂，只要能让剂貌辨先生满足，我也在所不辞！"于是，静郭君把剂貌辨请到自己的上等房舍居住，命令长子侍奉他，早晚进奉饮食。

【原典】

数年，威王薨，宣王立①。静郭君之交，大不善于宣王，辞而之薛，与剂貌辨俱。留无几何，剂貌辨辞而行，请见宣王。静郭君曰："王之不说婴也甚，公往，必得死焉。"剂貌辨曰："固非求生也。请必行！"静郭君不能止。

【注释】

①威王薨，宣王立：此处与《史记》所载不合，当作为"宣王薨，闵王立"。

【译文】

过了几年，齐宣王去世，齐闵王即位。静郭君的处世交往，闵王很不喜欢。他于是辞官返回到封地薛，仍跟剂貌辨在一起。没过多久，剂貌辨辞行，请求去谒见闵王。静郭君说："大王对我不满意到了极点，您去必定遭到杀害。"剂貌辨说："我本来就不是去求活命的。请一定要允许我去！"静郭君劝阻不住他。

剂貌辨行，至于齐。宣王闻之，藏怒以待之。剂貌辨见，宣王曰："子，静郭君之所听爱也?"剂貌辨答曰："爱则有之，听则无有。王方为太子之时，辨谓静郭君曰：'太子之不仁，过顑涿视①，若是者倍反。不若革太子，更立卫姬婴儿校师。'静郭君泫而曰：'不可，吾不忍为也。'且静郭君听辨而为之也，必无今日之患也。此为一也。至于薛，昭阳请以数倍之地易薛，辨又曰：'必听之。'静郭君曰：'受薛于先王，虽恶于后王，吾独谓先王何乎？且先王之庙在薛，吾岂可以先王之庙予楚乎？'又不肯听辨。此为二也。"宣王太息，动于颜色，曰："静郭君之于寡人，一至此乎！寡人少，殊不知此。客肯为寡人少来静郭君乎?"剂貌辨答曰："敬诺。"

【注释】

①过顑涿视：当作"过颐豕视"（依毕沅说）。过颐：下巴过宽，即所谓"耳后见腮"。豕视：即所谓"下邪偷视"。过颐豕视：古人认为是不仁之相。

【译文】

剂貌辨离开了薛地，来到齐国国都。闵王听说了，心怀恼怒地等着他。剂貌辨拜见闵王时，闵王说："你就是静郭君言听计从、非常喜爱的那个人吧?"剂貌辨

回答说："喜爱是有的，至于言听计从却不曾有过。"当大王您还是太子的时候，我对静郭君说过：'太子面相不仁慈，他的耳后见鳃，目光斜下偷视，像这样的人肯定会背叛恩义。不如废掉他，改立卫姬的幼子校师为太子。'静郭君流着泪说：'不可以，我不忍心这样做。'如果静郭君听从了我的意见而更换了太子，一定没有今天的祸患，这是其一。静郭君辞官回到薛地后，楚国的昭阳将军请求用多出数倍的土地来和薛地交换，我又说：'一定要答应他的请求。'静郭君却说：'我从先王那里接受薛地的封赏，虽然被后王所厌恶，可如果我真的这样做了，该怎么跟大王交代呢？而且先王的庙地在薛地，我怎么可以把先王的庙地交给楚国？'又不肯听从我的劝说，这是其二。"闵王听后叹息着，怒气渐消，说："静郭君对我的忠心竟到了这种程度！我年少无知，真不知道这些情况。你能为我把静郭君请来吗？"剂貌辨回答说："遵命。"

【原典】

静郭君来，衣威王之服①，冠其冠，带其剑。宣王自迎静郭君于郊，望之而泣。静郭君至，因请相之。静郭君辞，不得已而受。十日，谢病强辞，三日而听。

【注释】

①威王之服：应作"宣王之服"。下文"冠""剑"均为齐宣王所赐。

【译文】

静郭君来到国都，穿着宣王所赐的衣服，头戴宣王所赐的帽子，佩带宣王所赐的宝剑。闵王亲自到郊外迎接静郭君，远远望见他就不禁落下眼泪。静郭君到了以后，闵王就请他当宰相。静郭君再三推辞，不得已才接受了。十天之后，他借口有病，极力推辞；三天之后，闵王才同意。

【原典】

当是时也，静郭君可谓能自知人矣。能自知人，故非之弗为阻。此剂貌辨之所以外生乐、趋患难故也。

【译文】

在当时，静郭君可称得上善于亲自了解人了。正因为他善于亲自了解人，所以别人的非议妨碍不了他。这正是剂貌辨之所以把生命与欢乐置之度外，为静郭君奔赴患难的缘故。

审己

四曰:

凡物之然也,必有故。而不知其故,虽当,与不知同,其卒必困。先王、名士、达师之所以过俗者,以其知也。水出于山而走于海,水非恶山而欲海也,高下使之然也。稼生于野而藏于仓,稼非有欲也,人皆以之也。

【译文】

第四:

大凡物之所以这样,一定有其原因。假如不知道它的原因,即使行为符合外物的变化,也和不知其原因一样,最终必为外物所困。先代君王、知名之士、通达之师之所以超越凡庸的人,正是由于他们知道事物之所以这样的原因啊。水从山中流出后奔赴大海,并不是水厌恶山而向往海,而是山高海低的地势使它这样的。庄稼生长在田野而收获后要贮藏在粮仓中,并不是庄稼有这种欲望,而是人们需要它啊。

【原典】

故子路掩雉而复释之。

【译文】

所以子路捉到野鸡却又放了它,是因为自己尚未知道捉到它的缘故。

【原典】

子列子常射中矣,请之于关尹子。关尹子曰:"知子之所以中乎?"答曰:"弗知也。"关尹子曰:"未可。"退而习之三年,又请。关尹子曰:"子知子之所以中乎?"子列子曰:"知之矣。"关尹子曰:"可矣,守而勿失。"非独射也,国之存也,国之亡也,身之贤也,身之不肖也,亦皆有以。圣人不察存亡、贤不肖,而察其所以也。

【译文】

子列子曾射中目标，于是向关尹子请教关于射箭的道理。关尹子问："你知道你之所以射中的原因吗？"子列子回答说："不知道。"关尹子说："现在还不能跟你谈论这个问题。"子列子回去练习射箭，练了三年，又去请教。关尹子问："你现在知道你之所以射中的原因了吗？"子列子说："知道了。"关尹子悦，"可以了，你要奉守这个道理，而不要让它失掉。"不仅射箭如此，国家的生存，国家的灭亡，人的贤明与不肖，也都各有原因。圣人不考察存与亡、贤明与不肖这些现象本身，而是去考察造成它们之所以这样的原因。

【原典】

齐攻鲁，求岑鼎①。鲁君载他鼎以往。齐侯弗信而反之，为非，使人告鲁侯曰："柳下季以为是，请因受之。"鲁君请于柳下季，柳下季答曰："君之赂以欲岑鼎也，以免国也。臣亦有国②于此。破臣之国以免君之国，此臣之所难也。"于是鲁君乃以真岑鼎往也。且柳下季可谓此能说矣。非独存己之国也，又能存鲁君之国。

【注释】

①岑鼎：鲁国宝鼎，因形高而锐，类岑之形，所以名叫岑鼎。岑：小而高的山。②国：比喻持守之物，此处指信誉。

【译文】

齐国攻打鲁国，向鲁国索取岑鼎。鲁国国君把另外一只鼎装车送到齐国。齐侯不相信，把鼎退了回去，认为那是假的，并派人告诉鲁国国君说："如果柳下季认为这是岑鼎，那么我便认为是真的而接受它。"鲁国国君向柳下季求助。柳下季答复说："您答应把齐侯想要的岑鼎送给他，是想借以使自己的国家免除灾祸。我自己这里也有个需要守卫的'国家'，这就是信誉。要毁灭我的'国家'来挽救您的国家，我感到非常为难。"于是鲁国国君才把真的岑鼎送往齐国。像柳下季这样的人，可以说是善于劝说了，不仅保持了自己的信誉，还保住了鲁国的安全。

【原典】

齐湣王亡居于卫，昼日步足，谓公玉丹曰："我已亡矣，而不知其故。吾所以亡者，果何故哉？我当已。"公玉丹答曰："臣以王为已知之矣，王故尚未之知邪？王之所以亡也者，以贤也。天下之王皆不肖，而恶王之贤也，因相与合兵而攻王。此王之所以亡也。"滒王慨焉太息曰："贤固若是其苦邪？"此亦不知其所以也。此公玉丹之所以过也。

【译文】

齐滒王流亡国外，寄居在卫国。有一次，他白天出去散步时对公玉丹说："我已流亡国外了，却不知道流亡的原因。我之所以流亡，究竟是什么原因呢？我应当查找出原因，以此来纠正自己的过失。"公玉丹回答说："我以为大王您已经知道了呢，您竟然还不知道啊？您之所以流亡国外，是因为您太贤明了。天下的君主品性都不好，因而憎恶您的贤明，于是他们互相勾结，合兵来攻打您。这就是大王您流亡的原因啊！"滒王深有感触地叹息说："君主贤明原来要受这样的苦啊！"这也是齐滒王不知道自己灭亡的原因啊。这正是公玉丹之所以能够蒙骗他的原因。

【原典】

越王授有子四人。越王之弟曰豫，欲尽杀之，而为之后。恶其三人而杀之矣。国人不说，大非上。又恶其一人而欲杀之，越王未之听。其子恐必死，因国人之欲逐豫，围王宫。越王太息曰："余不听豫之言，以罹此难也。"亦不知所以亡也。

【译文】

越王授有四个儿子。越王的弟弟名叫豫，他想把越王的四个儿子全都杀掉，企图自己继承王位。于是豫毁谤其中三个儿子，让越王把他们杀掉了。越国的百姓很不满，纷纷指责越王。豫又毁谤剩下的一个儿子，想让越王杀掉他，越王没有听从豫的话。越王的儿子担心自己被杀害，于是借着越国百姓的意愿把豫驱逐出国，并包围了王宫。越王叹息说："我没有听从豫的话，所以才遭受这样的灾祸啊。"这就是不知自己灭亡的原因啊。

精通

【原典】

五曰：

人或谓兔丝无根。兔丝非无根也，其根不属也，伏苓是。慈石召铁，或引之也。树相近而靡①，或轵②之也。圣人南面而立，以爱利民为心，号令未出，而天下皆延颈举踵矣，则精通乎民也。夫贼害于人，人亦然。

【注释】

①靡：通"摩"，摩擦。②轵（rǒng）：推。

【译文】

第五：

有人说菟丝草没有根。其实菟丝草不是没有根，只是它的根不与菟丝草的茎杆相连，茯苓就是它的根。磁石能把铁吸引过来，是因为有一种力在吸引它。树木彼此生得近了，就要互相摩擦，是因为有一种力在推动它。圣人面向南方称王，是因为他怀有爱民利民之心，号令还没有发出，天下人就都伸长脖子，踮起脚跟般切盼望他了。这是圣人与人民精气相通的缘故。反过来说，暴君伤害人民，人民照样也会加害于他。

【原典】

今夫攻者，砥厉五兵，侈衣美食，发且有日矣，所被攻者不乐，非或闻之也，神者先告也。身在乎秦，所亲爱在于齐，死而志气不安，精或往来也。

【译文】

假如有国家准备进攻他国，正在磨砺各种兵器，犒赏军队，不久就要发兵打仗了，这时即将遭受进攻的国家就会感到不快乐，并不是他们有人听到了风声，而是某种精气预先告诉他了。一个人身处秦国，他所亲爱的人却在齐国，如果在齐国的人死了，身处秦国的人就会心神不安，这是精气往来相通的缘故啊！

93

【原典】

德也者，万民之宰也。月也者，群阴之本也。月望则蚌蛤实，群阴盈；月晦则蚌蛤虚，群阴亏。夫月形乎天，而群阴化乎渊；圣人形德乎己，而四荒咸饬乎仁。

【译文】

德是万民的主宰，月亮是各种属阴之物的根本。月满的时候，蚌蛤的肉就充实，各种属阴之物也都充盈饱满；月光缺暗的时候，蚌蛤的肉就空虚，各种属阴之物也都亏损。月相的盈亏变化显现于天空，各种属阴之物都随着变化于深水之中。圣人修养自己的品德，四方荒远之地的人民都随着整饬自己，归向仁义。

【原典】

养由基射兕①，中石，矢乃饮②羽，诚乎兕也。伯乐学相马，所见无非马者，诚乎马也。宋之庖丁好解牛，所见无非死牛者，三年而不见生牛，用刀十九年，刃若新磨研，顺其理，诚乎牛也。

【注释】

①兕：同"兕"，兽名，属于犀牛类。②饮：没（mò）。

【译文】

养由基射杀兕，却射中了石头，箭羽深深地隐没在石头当中。这是因为他将石头当成兕，把注意力全放在了兕身上。伯乐学相马，眼睛看到的除马之外别无他物，这是因为他把注意力全放在了马身上。宋国的庖丁喜好分解牛的肢体，眼睛看到的除牛之外别无他物，整整三年眼前不见活牛，一把刀用了十九年，刀刃依然像刚磨过一样锋利，这是因为他分解牛的肢体时顺着牛的肌理，把注意力全放在牛了身上。

【原典】

钟子期夜闻击磬者而悲，使人召而问之曰："子何击磬之悲也？"答曰："臣之父不幸而杀人，不得生；臣之母得生，而为公家为酒；臣之身得生，而为公家击磬。臣不睹臣之母三年矣。昔为舍氏睹臣之母①，量所以赎之则无有，而身固公家之财也，是故悲也。"钟子期叹嗟曰："悲夫！悲夫！心非臂也，臂非椎、非石也②。悲存乎心而木石应之。"故君子诚乎此而谕乎彼，感乎己而发乎人，岂必强说乎哉?

【注释】

①昔:夜。②椎:为木制的击磬工具。石:指磬。

【译文】

钟子期在夜里听见敲击磬的声音很悲伤,就派人把击磬的人叫来,问他说:"你击磬击出的声音为什么会如此悲伤啊?"那人回答说:"我的父亲不幸杀了人,自己也不能活命;我的母亲虽然得以生还,却没入官府做了替公家造酒的苦役;我自己得以生还,却没入官府替人击磬。我已经三年没有见到我的母亲了。昨晚在舍氏见到了我的母亲,考虑到想为母亲赎身,可我却一无所有,连自身都已是官府的财产。这就是我悲伤的原因。"钟子期叹息着说:"令人悲伤啊,令人悲伤啊!心不是手臂,手臂也不是椎不是磬。悲伤存放在心里而椎、磬却能与它应和。"所以君子心中有所感,就会在外面表现出来,自己心中有所感,就会在他人那里产生共鸣,哪里用得着一定要用言辞表述呢?

【原典】

周有申喜者,亡其母,闻乞人歌于门下而悲之,动于颜色,谓门者内乞人之歌者,自觉而问焉,曰:"何故而乞?"与之语,盖其母也。故父母之于子也,子之于父母也,一体而两分,同气而异息。若草莽之有华实也,若树木之有根心也。虽异处而相通,隐志相及,痛疾相救,忧思相感,生则相欢,死则相哀,此之谓骨肉之亲。神出于忠而应乎心,两精相得,岂待言哉?

【译文】

周朝有个人叫申喜,和母亲失散了。有一天,他听到有个乞丐在门前唱歌,自己感到悲伤,脸色都变了。他让守门人把唱歌的人请进来,亲自见她,并询问说:"是什么原因让您沦落到这种地步?"与她交谈的过程中才得知,那行乞的人原来正是他的母亲。所以,无论父母对于子女来说,还是子女对于父母来说,实际都是一个身体而分为两处,精气相同而呼吸各异,就像草丛中有鲜花果实,就像树木之间有根须,虽然在不同的地方,但是精气相通,心事相连,痛疾相合,愁思相染,活着就互相欢喜,死了就互相悲伤,这就叫做骨肉之亲。这种天性出于至诚,而彼此心中互相应和,两方精气相通、难道还要靠言语传达吗?

孟冬纪第十

节丧

【原典】

二曰：

审知生，圣人之要也；审知死，圣人之极也①。知生也者，不以害生，养生之谓也；知死也者，不以害死，安死之谓也②。此二者，圣人之所独决也。

【注释】

①极：通"亟"，急于要做的事。②安死：使死者安宁。

【译文】

第二：

明察生命是圣人首要的事，明察死亡是圣人急于要做的事。明察生命，就能够做到不以外物伤害生命，这就是保养生命；明察死亡，就能够做到不以外物损害死者，这就是使死者安宁。这两件事唯独圣人才能知晓。

【原典】

凡生于天地之间，其必有死，所不免也。孝子之重其亲也，慈亲之爱其子也，痛于肌骨，性也。所重所爱，死而弃之沟壑，人之情不忍为也，故有葬死①之义。葬也者，藏也，慈亲孝子之所慎也。慎之者，以生人之心虑。以生人之心为死者虑也，莫如无动②，莫如无发③。无发无动，莫如无有可利，则此之谓重闭④。

【注释】

①葬死：依孙人和说，当作"葬送"。②无动：指死者不因发掘墓葬而惊

动。③无发：指后人因死者墓中没有陪葬物而不去发掘它。④重闭：大闭，永远埋葬。

【译文】

　　凡是在天地之间产生的事物，一定会死亡，这是不可避免的。孝子很尊重自己的父母，父母很疼爱自己的子女，尊重、疼爱之心深入肌骨，是人的天性。对于所尊重或疼爱的人死后却把他们丢弃到沟壑之中，于心不忍是人之常情，所以有为死者下葬的礼义。葬即埋藏，这是慈亲、孝子需要谨慎地去做的事。谨慎的关键在于站在活人的角度去为死者考虑。站在活人的角度去为死者考虑，没有什么比让死者入土后不动、让死者的坟墓不被发掘更重要的了。而要达到这个目的，没有比使死者的坟墓中无利可图更有效了，这就叫作永远埋葬。

【原典】

　　古之人有藏于广野深山而安者矣，非珠玉国宝之谓也，葬不可不藏也。葬浅则狐狸扣①之，深则及于水泉。故凡葬必于高陵之上，以避狐狸之患、水泉之湿。此则善矣，而忘奸邪、盗贼、寇乱之难，岂不惑哉？譬之若瞽师之避柱也，避柱而疾触杙②也。狐狸、水泉、奸邪、盗贼、寇乱之患，

此杙之大者也。慈亲孝子避之者，得葬之情矣。

①扣（hú）：发掘。②杙：一头尖的小木桩。

【译文】

古代的人有葬于广野深山之中而平安至今的，这并不是因为没有珠玉国宝，而是因为埋葬得隐蔽。葬浅了，就会被狐狸掘开；葬深了，就会碰到地下的泉水。所以，凡葬一定葬在高高的土山之上，借以避开狐狸的危害、泉水的浸渍。这种做法固然是好，但是如果忘了恶人、盗贼、匪乱的祸害，难道不是糊涂吗？这就如同盲乐师躲避柱子一样，虽然避开了柱子，却用力撞到了尖木桩上。恶人、盗贼、匪乱的祸害，就是这个大的尖木桩。慈亲、孝子埋葬死者能够避开这些灾难，就符合葬的本义了。

【原典】

善棺椁①，所以避蝼蚁蛇虫也。今世俗大乱，之主②愈侈其葬，则心非为乎死者虑也，生者以相矜尚也。侈靡者以为荣，节俭者以为陋，不以便死为故，而徒以生者之诽誉为务。此非慈亲孝子之心也。父虽死，孝子之重之不怠；子虽死，慈亲之爱之不懈。夫葬所爱所重，而以生者之所甚欲，其以安之也，若之何哉？

【注释】

①椁：棺材外面的大棺。②之主：当作"人主"。

【译文】

使棺椁坚实，是为了避开蝼蚁蛇虫。如今社会风俗败坏，君主行葬越来越奢侈，他们心中不是为死者考虑，而是活着的人以此来互相攀比夸耀，争为人上。他们把奢侈浪费看作光荣，把俭省节约看作鄙陋，不把利于死者当回事，只是一心考虑活着的人的毁谤或者赞誉，这不合于慈亲孝子的本心。父母虽然死了，孝子对父母的尊重不会懈怠；子女虽然死了，慈亲对他们的疼爱不会减弱。埋葬所疼爱、尊重的人，却用活着的人十分想得到的东西陪葬，想靠这些东西使死者安息，怎么可以呢？

【原典】

民之于利也，犯流矢，蹈白刃，涉血墊肝①以求之。野人之无闻者，忍亲戚、兄弟、知交以求利。今无此之危，无此之丑，其为利甚厚，乘车食肉，泽及子孙。虽圣人犹不能禁，而况于乱？

【注释】

①墊肝：这里指残杀。

【译文】

百姓对于有利可图的东西，宁可冒着飞箭、踩着利刃、有流血被杀的危险都会去求取。不知礼义的野蛮之人宁可残忍地背弃亲戚、兄弟、朋友来牟取暴利。如今的盗墓者并没有这样的危险，没有这样的耻辱，而且他们获得的利润还很丰厚，乘车吃肉，恩惠可以延及子孙，这种行径，即使是圣人尚且不能够禁止，更何况是昏乱之君呢？

【原典】

国弥大，家弥富，葬弥厚。含珠①鳞施，玩好货宝，钟鼎壶滥②，舆马衣被戈剑，不可胜其数。诸养生之具，无不从者。题凑③之室，棺椁数袭，积石积炭，以环其外。奸人闻之，传以相告。上虽以严威重罪禁之，犹不可止。且死者弥久，生者弥疏；生者弥疏，则守者弥怠；守者弥怠而葬器如故，其势固不安矣。

【注释】

①含珠：葬物，死者口中所含的珍珠。鳞施：连缀玉片制成的葬服。②滥：通"鉴"，浴盆。③题凑：古代贵族死后，椁室用厚木累积而成，头皆内向，称题凑。

【译文】

国家越庞大，家庭越富有，葬物就越丰厚。死者口含的珍珠、身穿的玉衣，供赏玩的奇珍异宝，财货珍宝，钟鼎壶盆，车马衣被戈剑，数不胜数。各种养生的器物没有不随葬的。椁室用大木累积而成，好似四面有檐的屋子，里面棺椁数层，并堆积石头、木炭，环绕在棺椁之外。坏人闻知此事，就会互相传告。君主尽管用严刑重罚来禁止这种行为，仍然无法禁止。再者，死者死去的时间越久远，活着的人对他的盛情就越疏远，感情越疏远，守墓人就越懈怠，守墓人越来越懈怠，然而墓中随葬的器物却仍然和原来的一模一样，这种形势本来就不安全了。

【原典】

世俗之行丧，载之以大辒①，羽旄旌旗、如云偻翣②以督之，珠玉以佩之，黼黻③文章以饬之，引绋④者左右万人以行之，以军制立之然后可。以此观世，则美矣，侈矣；以此为死，则不可也。苟便于死，则虽贫国劳民，若慈亲孝子者之所不辞为也。

【注释】

①辒（chūn）：载棺柩的车。②偻（liǔ）：盖在柩车上的饰物。翣（shà）：用羽毛制成的伞形之物。③黼黻（fǔ fú）：古代礼服上绘绣的花纹。黑白相间者为黼，黑青相间者为黻。④绋（fú）：牵引棺柩的绳索。

【译文】

世俗之人举行葬礼，用大车载着棺柩，各种旗帜、画有云气的偻翣相随，棺柩之上点缀着珠玉，涂饰了各种花纹。灵车左右执绋进葬的有成千上万人，牵引灵车行进，这么多人得用军法指挥才行。举行这种葬礼给世人看，那是够华美的了，够盛大的了，但是用这种葬礼安葬死者，那是不可以的。倘若厚葬真有利于死者，那么即使这样做会使国家贫困、人民劳苦，慈亲、孝子也是不会拒绝做的。

安死

【原典】

三曰：

世之为丘垄也①，其高大若山，其树之若林，其设阙庭、为宫室、造宾阼也若都邑。以此观世示富则可矣，以此为死则不可也。夫死，其视万岁犹一瞬也②。人之寿，久之不过百，中寿不过六十。以百与六十为无穷者之虑，其情必不相当矣。以无穷为死者之虑，则得之矣。

【注释】

①丘垄：坟墓。②瞚：同"瞬"，眨眼。

【译文】

第三：

世人建造坟墓，像山一样高大，坟墓上种树，像森林一样茂密，墓地修建墓阙、庭院，建筑宫室，建造东西石阶，如同都邑一样。用这些向世人夸耀财富，可以说达到了想要的效果，但是用这些安葬死者却是不可取的。在死者看来，一万年就仿佛是一瞬之间。人的寿命，长则不会超过百岁，一般情况下不会超过六十岁。根据百岁或六十岁寿命的需要替无限久远的死者考虑，用这种感情去安葬死者就不合适了。根据无限久远的需要替死者考虑，就掌握葬死的本义了。

【原典】

今有人于此，为石铭置之垄上，曰："此其中之物，具珠玉、玩好、财物、宝器甚多，不可不抇，抇之必大富，世世乘车食肉。"人必相与笑之，以为大惑。世之厚葬也，有似于此。

【译文】

如果有这样的一个人，埋葬死者的时候在墓前立石碑，上面刻着："这里面的器物有珠玉、古玩、钱财、宝器，非常丰富，不可不发掘，掘开后一定能大富大贵，可以世世代代乘车吃肉。"人们一定一起嘲笑他，认为这个人太糊涂了。世上的厚葬其实与这个例子相似。

【原典】

自古及今，未有不亡之国也；无不亡之国者，是无不抇之墓也。以耳目所闻见，齐、荆、燕尝亡矣，宋、中山已亡矣，赵、魏、韩皆亡矣，其皆故国矣。自此以上者，亡国不可胜数，是故大墓无不抇也。而世皆争为之，岂不悲哉？

【译文】

从古至今，没有不灭亡的国家；没有不灭亡的国家，这就决定了没有不被挖掘的坟墓。这难道不让人感到可悲吗？齐、楚、燕曾经灭亡过，宋、中山已经灭亡了，赵、魏、韩都败落了，它们都成了现已不在的古国了。在此之前灭亡的国家也是数不胜数，因此，大墓没有不被掘开的。但是世人却都争着造大墓，这难道不让人感到可悲吗？

【原典】

君之不令民，父之不孝子，兄之不悌弟，皆乡里之所釜鬵者①而逐之。惮耕稼采薪之劳，不肯官人事，而祈美衣侈食之乐，智巧穷屈②，无以为之，于是乎聚群多之徒，以深山广泽林薮，扑击遏夺，又视名丘③大墓葬之厚者，求舍便居，以微抇之，日夜不休，必得所利，相与分之。夫有所爱所重，而令奸邪、盗贼、寇乱之人卒必辱之，此孝子、忠臣、亲父、交友之大事。

【注释】

①所釜鬵者：此处指所有的人。釜：古代炊器，类似于今天的锅。鬵：古代炊器，陶制，中空。②屈：竭、尽。③名丘：与"大墓"同义。

【译文】

不执行君王命令的子民，不孝顺父亲的儿子，不敬爱兄长的弟弟，他们都是被乡里一致驱逐的人。他们害怕耕种、砍柴的辛苦，不肯从事各种劳动，却追求享受锦衣玉食的快乐；当用尽智谋巧诈仍无法得到他们想要的东西时，就会聚集众人，依靠着深山、大湖、树林和沼泽，拦路打劫；又去探寻陪葬品丰厚的墓穴，想方设法住到坟墓附近便于他们盗墓的地方，昼夜不停地暗中挖掘，非得到墓中的财物不可，然后一起瓜分。如果所疼爱、所尊重的人，死后却肯定要遭受坏人、盗贼、匪寇的凌辱，这是孝子、忠臣、慈父、挚友不得不忧虑的大事。

【原典】

尧葬于谷林，通树之；舜葬于纪市，不变其肆①，禹葬于会稽，不变②人徒。是故先王以俭节葬死也，非爱其费也，非恶其劳也，以为死者虑也。先王之所恶，惟死者之辱也。发则必辱，俭则不发。故先王之葬，必俭，必合，必同。何谓合？何谓同？葬于山林则合乎山林，葬于阪隰则同乎阪隰。此之谓爱人。夫爱人者众，知爱人者寡。故宋未亡而东冢抇，齐未亡而庄公冢抇。国安宁而犹若此，又况百世之后而国已亡乎？故孝子、忠臣、亲父、交友不可不察于此也。夫爱之而反危之，其此之谓乎！《诗》曰："不敢暴虎，不敢冯河。人知其一，莫知其他③。"此言不知邻类也。

【注释】

①肆：市上的作坊、便铺。②变：此处指烦扰的意思。③"不敢"四句：引用自《诗经·小雅·小旻》。暴虎：徒手搏虎。冯：徒步。

【译文】

尧葬在谷林，墓上周围都种上了树；舜葬在纪市，原来的作坊、店铺没有作任何变动；禹葬在会稽，不给众人添麻烦。所以说，先王采取节俭的方式安葬死者，并不是吝惜钱财，也不是忧虑耗费人力，完全是为死者着想。先王所忧虑的，是唯恐死者受辱，坟墓如果被盗掘，死者肯定要受到凌辱；如果俭葬，墓就不会被盗掘。所以，先王安葬死者，一定要做到俭，一定要做到合，一定要做到同。什么叫合？什么叫同？如果葬在山林中，就会与山林融合为一体，葬在山坡或低湿的地方，就会与这些地方的环境相同。这就叫作爱人。爱人的人很多，但真通晓如何去爱人的人很少。所以，宋国还没有灭亡，埋葬宋文公的东冢就已经被人挖掘。齐国还没有灭亡，埋葬齐庄公的墓就被挖掘。国家安定尚且如此，又何况百世之后国家已经灭亡了呢？所以孝子、忠臣、慈父、挚友不可不明察这个道理。原本是敬爱死者，结果却反而害了他们，大概指的就是厚葬一类的事吧。《诗》中说："不敢空手与虎搏斗，不敢徒涉黄河，人们仅仅知道此中危险，不知还有其他祸害。"这是说不知类推啊！

【原典】

故反以相非①，反以相是。其所非方其所是也，其所是方其所非也。是非未定，而喜怒斗争反为用矣。吾不非斗，不非争，而非所以斗，非所以争。故凡斗争者，是非已定之用也。今多不先定其是非，而先疾斗争，此惑之大者也。

【注释】

①"故反以相非"以下十句的内容与全文不符，当为《不二》篇简文误入（依王利器说）。

【译文】

所以，忽而翻转立场加以反对，忽而翻转主张表示赞同。他们所反对的正是他们所赞同过的，他们所赞同的正是他们所反对过的。是非尚未确定，喜怒、斗争反而都被使用了。我们不反对斗，也不反对争，但是反对促使人们盲目去斗、盲目去争的根源。所以，只要是争斗的人，都应该是在是非确定之后再采用一定的手段。如今人们大多不先确定是非，却先急急忙忙地争斗，这是最糊涂的。

【原典】

鲁季孙有丧，孔子往吊之。入门而左，从客也。主人以玙璠①收，孔子径庭②而趋，历级而上，曰："以宝玉收，譬之犹暴骸③中原也。"径庭历级，非礼也；虽然，以救过也④。

【注释】

①玙璠：鲁国的宝玉。②径庭：穿行，指自西阶之下越过中庭向东行。③暴骸：暴露尸骨。④救：阻止。

【译文】

鲁国季孙氏举办丧事，孔子去吊丧。进门之后，站在左边，站在宾客的位置。主持丧礼的季桓子用鲁国的宝玉殓葬死者。孔子从西阶下来穿过中庭快步向东走，登东阶上去，说："用宝玉殓葬死者，就如同把尸体暴露在原野上一样啊。"穿过中庭登阶而上是不合乎宾客礼仪的，虽然不合礼仪，但孔子仍然这样做了，这是为了阻止过失啊！

仲冬纪第十一

忠廉

【原典】

三曰：

士议①之不可辱者，大之也。大之则尊于富贵也，利不足以②虞其意矣。虽名为诸侯，实有万乘，不足以挺其心矣。诚辱则无为乐生。若此人也，有势则必不自私矣，处官则必不为污矣，将众则必不挠③北矣。忠臣亦然。苟便于主利于国，无敢辞违，杀身出生以徇之。国有士若此，则可谓有人矣。若此人者固难得，其患虽得之有不智。

【注释】

①议：通"义"，名节。②虞：通"娱"，使……快乐。③挠：通"桡"，屈服。

【译文】

第三：

士的名节不可受到屈辱，这是士十分珍视名节的缘故。珍视名节，就会把它看得比富贵还尊贵，私利就不足以使士的心情快乐了。即使名列诸侯，拥有万辆兵车，也不足以动摇他们的心志。假如受到羞辱，就不愿再活下去。像这样的人，就算有权有势也一定不会自私自利，位居显赫的官位也一定不会贪赃枉法，率领军队一定不会屈服败逃。忠臣也是这样。只要有利于君主、有利于国家的事，绝不会推辞，必定不惜生命来为国家献身。如果一个国家能有这样的士，就可以说国家有了人才。像这样的人本来就很难得到，国家的忧患是即使遇到了这种人，君主又无法去赏识他们。

【原典】

吴王欲杀王子庆忌而莫之能杀，吴王患之。要离曰："臣能之。"吴王曰："汝恶能乎？吾尝以六马逐之江上矣，而不能及；射之矢，左右满把，而不能中。今汝拔剑则不能举臂，上车则不能登轼，汝恶能？"要离曰："士患不勇耳，奚患于不能？王诚能助，臣请必能。"吴王曰："诺。"明旦加要离罪焉，挚^①执妻子，焚之而扬其灰。要离走，往见王子庆忌于卫。王子庆忌喜曰："吴王之无道也，子之所见也，诸侯之所知也。今子得免而去之，亦善矣。"要离与王子庆忌居有间，谓王子庆忌曰："吴王之无道也愈甚，请与王子往夺之国。"王子庆忌曰："善。"乃与要离俱涉于江。中江，拔剑以刺王子庆忌。王子庆忌捽^②之，投之于江，浮则又取而投之，如此者三。其卒曰："汝天下之国士也，幸汝以成而名。"要离得不死，归于吴。吴王大说，请与分国。要离曰："不可。臣请必死！"吴王止之，要离曰："夫杀妻子，焚之而扬其灰，以便事也，臣以为不仁。夫为故主杀新主，臣以为不义。夫捽而浮乎江，三入三出，特王子庆忌为之赐而不杀耳，臣已为辱矣。夫不仁不义，又且已辱，不可以生。"吴王不能止，果伏剑而死。要离可谓不为赏动矣，故临大利而不易其义；可谓廉矣，廉，故不以贵富而忘其辱。

【注释】

①挚：通"絷"，拘囚，束缚。②捽：揪住头发。

【译文】

吴王想要杀掉王子庆忌，但是没有谁能杀死他，吴王对此非常忧虑。要离说："我能够杀死他。"吴王说："你如何能杀死王子庆忌呢？我曾经乘六匹马驾的车追赶他，一直追到江边，都没能赶上他；用箭射他，他左右手各接了满把的箭，都没能射中他。如今你拔剑在手却举不起手臂，登上车子却不能扶住车前的横木，你怎么可能杀死他呢？"要离说："士最怕的莫过于自己不够勇敢，哪里用得着担忧事情做不成？大王假如能够相助，我必定能取得成功。"吴王说："好吧。"第二天，吴王假装给要离加上罪名，拘捕了他的妻子和孩子，处死了他们，并将其尸体焚烧后撒掉了骨灰。
要离逃走了，到卫国去见王子庆忌。王
子庆忌高兴地说："吴王暴虐无道是你
亲眼所见，是诸侯所共知的。如今你能
够幸免一死而离开他，也算不错了。"
要离与王子庆忌一起生活了一段时间，
就对王子庆忌说："吴王越来越昏庸无
道了，我愿跟随您去把国家从他手里夺
过来。"王子庆忌说："好。"于是和要
离一起渡江。行至江水中流，要离拔剑
刺向王子庆忌。王子庆忌揪住要离的头
发，把他投入江中，等他浮出水面，就
又把他抓起来投入江中，像这样重复了
三次。最后，王子庆忌说："你是天下
的国士，饶你一死，希望你可以成就自
己的功名。"要离得以幸免一死，回到
了吴国。吴王非常高兴，愿意与他分享
国家。要离说："不可。我请求一死。"
吴王劝阻他，要离说："我让您杀死我
的妻子和孩子，处死了他们，并将其尸
体焚烧后撒掉了骨灰，为的是有利于事
业，但我认为这是我的不仁。为原先的
主人杀死新的主人，我认为这是我的不
义。我被王子庆忌揪住头发后投入到江
中，三入三出，我没有死，只不过是王
子庆忌对我开恩不杀罢了，我已经为此
深感耻辱了。作为士，不仁不义，而且
又已受辱，绝无颜再苟活于世。"吴王
劝止不住，要离最终还是用剑自杀了。

要离可称得上不为赏赐所动了。所以面对大利而不改变他的气节，要离可称得上廉洁了，正是由于廉洁，所以才不因富贵而忘记自己所遭受的耻辱。

【原典】

卫懿公有臣曰弘演，有所于使。翟①人攻卫，其民曰："君之所予位禄者，鹤也；所贵富者，宫人也。君使宫人与鹤战，余焉能战？"遂溃而去。翟人至，及懿公于荣泽，杀之，尽食其肉，独舍其肝。弘演至，报使于肝，毕，呼天而啼，尽哀而止，曰："臣请为襮②。"因自杀，先出其腹实③，内④懿公之肝。桓公闻之曰："卫之亡也，以为无道也。今有臣若此，不可不存。"于是复立卫于楚丘。弘演可谓忠矣，杀身出生以徇其君。非徒徇其君也，又令卫之宗庙复立，祭祀不绝，可谓有功矣。

【注释】

①翟：通"狄"。②襮：表，外衣。弘演剖腹，把懿公的肝植入自己的腹中，犹如给肝穿上外衣。所以自称"为襮"。③腹实：腹中之物，指内脏。④内：通"纳"。

【译文】

卫懿公有位叫弘演的大臣，奉命出使到国外去。这时，狄人进攻卫国，卫国的百姓说："国君把官位俸禄封赏给了鹤，把富贵赐给了宫中的侍从，国君还是让宫中的侍从和鹤一起作战吧，我们怎么可以参加作战呢？"于是百姓溃散而去。狄人到了，在荣泽追上了卫懿公，将他杀掉之后分食光了他的肉，只把他的肝丢弃在一旁。弘演回来，向卫懿公的肝汇报出使的情况。汇报完毕，他一边呼叫上天，一边痛哭，把自己的哀悼之情表达完之后才停了下来，说："我愿意做您肝的衣服。"于是他剖腹自杀，先把自己腹中的内脏取出来，再把卫懿公的肝放入腹中，而后就死了。齐桓公听说此事后不禁喟叹道："卫国灭亡是国君荒淫无道的缘故，而今有像弘演这样的臣子，不能不让卫国保留下来啊。"于是齐桓公在楚丘重建了卫国。弘演可以称得上忠诚，他献出自己的生命来为国君殉葬。他不只是为国君而死，又使得卫国的宗庙得以重建，祭祀不断，真可以称得上有功啊。

当务

【原典】

四曰：

辨而不当论，信而不当理，勇而不当义，法而不当务，惑而乘骥也，狂而操吴干将①也，大乱天下者，必此四者也。所贵辨者，为其由所论也；所贵信者，为其遵所理也；所贵勇者，为其行义也；所贵法者，为其当务也。

【注释】

①干将：古剑名。相传春秋时吴人干将与妻子所铸，锋利无比。

【译文】

第四：

辩论却不符合道理，诚实却不合理义，勇敢却不合正义，守法却不合时务，这就如同人心思迷乱却骑着快马，神志颠狂却握着宝剑挥舞一样，大乱天下的，一定是以上四种行为。辩说的可贵之处在于它遵从事理，诚实的可贵之处在于它遵循理义，勇敢的可贵之处在于它伸张正义，守法的可贵之处在于它切合时务。

【原典】

跖之徒问于跖曰："盗有道乎？"跖曰："奚啻其有道也？夫妄意关内，中藏，圣也；入先，勇也；出后，义也；知时，智也；分均，仁也。不通此五者而能成大盗者，天下无有。"备说非六王、五伯，以为尧有不慈之名①，舜有不孝之行②，禹有淫湎之意③，汤、武有放杀之事④，五伯有暴乱之谋⑤。世皆誉之，人皆讳之，惑也。故死而操金椎以葬，曰："下见六王、五伯，将敲其头矣⑥！"辨若此不如无辨。

【注释】

①尧有不慈之名：传说尧杀掉了自己的长子丹朱，故有"不慈"之说。②舜有不孝之行：传说舜放逐了自己的父亲瞽叟，故有"不孝"之说。③禹有淫湎之意：传说帝女令仪狄造酒，进献给禹，禹饮用之后认为非常甘美，故有"淫

湎"之说。淫湎：即沉溺于酒。④汤、武有放杀之事：商汤起兵伐桀，桀流窜南巢，如同放逐；武王伐纣，纣在鹿台自焚，此皆所谓以臣弑主，故有"放杀"之说。⑤五伯有暴乱之谋：指五霸为争霸主，相互征伐，骨肉相残，兼并小国，故有"暴乱"之说。⑥毁：同"敲"，击。

【译文】

跖的徒弟问跖说："盗窃也有道义吗？"跖回答："何止是有道义！猜测室内所藏之物而能猜中的，是圣人；带头冲进去的，是勇士；最后才离开的，是有道之人；知道行窃时机的，是智者；能主持平均分配赃物的，是仁者。不通晓这五种方法而成为大盗的，天下还没有。"跖具有一套具体细密的说法非难六王、五霸，认为尧有不慈的名声，舜有不孝的行为，禹有沉湎于酒的意图，商汤、武王有放逐、杀死他们君主的罪行，五霸有侵暴必乱的图谋。然而世上的人都赞誉他们，对他们的罪恶却避而不谈，真是糊涂。所以跖吩咐自己死后要持金锤下葬，他说："下到黄泉，见到六王、五霸，要击碎他们的头。"辩说要像这样，还不如不辩论。

【原典】

楚有直躬者，其父窃羊而谒之上。上执而将诛之。直躬者请代之。将诛矣，告吏曰："父窃羊而谒之，不亦信乎？父诛而代之，不亦孝乎？信且孝而诛之，国将有不诛者乎？"荆王闻之，乃不诛也。孔子闻之曰："异哉！直躬之为信也。一父而载取名焉。"故直躬之信不若无信。

【译文】

楚国有个以直道立身的人，他的父亲偷了羊，他向官府告发了这件事。官府抓走了他的父亲，将要处死。这个以直道立身的人请求代父受刑。将要被处死时，他告诉官吏说："告发父亲偷羊，这样的人不是很诚实吗？父亲被判了死罪而替他受刑，这样的人不是很孝顺吗？既诚实又孝顺的人都要遭受死刑，那么国家还有不被杀的人吗？"楚王听说了这番话，就不杀他了。孔子闻知这件事说："真是太怪了！这个人的所谓诚实，是利用一个父亲却两次为自己捞取名声。"所以像"直躬"这样的诚实不如没有。

【原典】

齐之好勇者，其一人居东郭，其一人居西郭。卒然相遇于途，曰："姑相饮乎?"觞数行,曰:"姑求肉乎?"一人曰:"子,肉也;我,肉也;尚胡革求肉而为?于是具染而已。"因抽刀而相啖,至死而止。勇若此不若无勇。

【译文】

齐国有两个好夸耀自己勇敢的人,一人住在城东,另一人住在城西。一天,他们在路上意外地相遇了,商议说:"姑且一起饮几杯吧?"饮酒数杯后,其中一个说:"还是弄点肉吧?"另一个人说:"你身上有的是肉,我身上也有的是肉,何必另去找肉呢?在这儿准备下一点豉酱就够了!"于是两人拔出刀割下身上的肉对吃起来,一直到死。勇敢要像这样不如没有。

【原典】

纣之同母三人,其长曰微子启,其次曰中衍,其次曰受德。受德乃纣也,甚少矣。纣母之生微子启与中衍也,尚为妾,已而为妻而生纣。纣之父、纣之母欲置微子启以为太子、太史据法而争之曰:"有妻之子,而不可置妾之子。"纣故为后。用法若此,不若无法。

【译文】

商纣有同母兄弟三人,长子叫微子启,次子叫中衍,三子叫受德。受德就是纣,年龄最小。纣的母亲生微子启和中衍的时候还是妾,后来成为正妻而生下纣。纣的父母原打算立微子启为太子,太史依据法典为此事争辩说:"有正妻的儿子就不能立妾的儿子为太子。"纣因此成为王位继承人。要像这样执行法典,还不如没有。

季冬纪第十二

士节

【原典】

二曰：

士之为人，当理不避其难①，临患忘利，遗生行义，视死如归。有如此者，国君不得而友，天子不得而臣。大者定天下，其次定一国，必由如此人者也。故人主之欲大立功名者，不可不务求此人也。贤主劳于求人，而佚于治事②。

【注释】

①当：面对。②佚：通"逸"，安逸。

【译文】

第二：

士的为人，只要符合义理就不回避危难，面临祸患忘却私利，舍生取义，视死如归。有这种品行的人，国君无法与他交友，天子无法让他称臣。大到可以安定天下，其次安定一国，一定要用这种品行的人才能做到。所以君主如果想要创造丰功伟绩、扬名天下，不可不致力于访求这样的人。贤明的君主把精力花费在访求贤士上，而在治理政事方面则采取超脱的态度。

【原典】

齐有北郭骚者，结罘罔，捆蒲苇，织萉屦①，以养其母，犹不足，踵门见晏子曰②："愿乞所以养母。"晏子之仆谓晏子曰："此齐国之贤者也。其义不臣乎天子，不友乎诸侯，于利不苟取，于害不苟免。今乞所以养母，是说夫子之义也，必与之。"晏子使人分仓粟、分府金而遗之，辞金而受粟。

【注释】

①萉屦：麻鞋。②踵门：走到门上。

【译文】

齐国有个叫北郭骚的人，靠结兽网、编蒲苇、织麻鞋来奉养他的母亲，但仍无法维持基本生活，于是他到晏子门上求见晏子说："希望能够得到供养母亲的粮食。"晏子的仆从对晏子说："他是齐国的贤士，其为人有气节、讲仁义，不向天子称臣，不与诸侯交友，对于利不苟且取用，对于祸害不苟且逃避。如今他到您这儿来寻求奉养母亲的粮食，这是悦服您的道义，您务必答应他的请求。"晏子派人把仓中的粮食、府库中的金钱拿出来分给他，他谢绝金钱而收下了粮食。

【原典】

有间，晏子见疑于齐君，出奔，过北郭骚之门而辞。北郭骚沐浴而出，见晏子曰："夫子将焉适？"晏子曰："见疑于齐君，将出奔。"北郭子曰："夫子勉之矣。"晏子上车，太息而叹曰："婴之亡岂不宜哉？亦不知士甚矣。"晏子行。

【译文】

过了不久，晏子被齐君猜忌，出逃他国，经过北郭骚的门，便向他辞别。北郭骚洗发浴身，恭敬地出来迎接，见到晏子后说："您将要到哪里去呢？"晏子说："我受到齐君的猜忌，将要逃到国外去。"北郭骚说："您好自为之吧。"晏子上了车，长叹一声说："我逃亡国外难道不正应该吗？我也太不了解你们这些士人了。"晏子于是离开了。

【原典】

北郭子召其友而告之曰："说晏子之义，而尝乞所以养母焉。吾闻之曰：'养及亲者，身伉其难①。今晏子见疑，吾将以身死白之。"著衣冠，令其友操剑奉笥而从②，造于君庭，求复者曰③："晏子，天下之贤者也，去则齐国必侵矣。必见国之侵也，不若先死。请以头托白晏子也。"因谓其友曰："盛吾头于笥中，奉以托。"退而自刎也。其友因奉以托。其友谓观者曰："北郭子为国故死，吾将为北郭子死也。"又退而自刎。

【注释】

①伉：承担。②奉：通"捧"两手托着。笥（sì）：盛饭或衣物的方形竹器。③复者：君庭门前负责传话通禀的下级官吏。

【译文】

北郭子请来他的朋友，告诉他说："我悦服晏子的道义，曾向他寻求奉养母亲的粮食。我听说：'能帮自己养活父母的人，自己也应该为他承担危难。'如今晏子受到猜忌，我将用自己的头来洗清晏子的冤屈。"北郭子穿戴好衣冠，让他的朋友拿着宝剑捧着竹匣跟随在后。走到国君朝廷门前，找到负责通禀的官吏说："晏子是名闻天下的贤人，他如果离开齐国，那么齐国就一定会遭到侵略。与其看到国家遭到侵略，倒不如先死了之。请用我的头来洗清晏子的冤屈。"于是对他的朋友说："把我的头盛在竹匣中，捧去托付给那个负责通报的官吏。"说罢，退下几步自杀而亡。于是，他的朋友捧着盛了头的竹匣，将它托付给那个负责通报的官吏，然后对旁观的人说："北郭子为国难而死，我将为北郭子而死。"说罢，又退下几步自杀而亡。

【原典】

齐君闻之，大骇，乘驲①而自追晏子，及之国郊，请而反之。晏子不得已而反，闻北郭骚之以死白己也，曰："婴之亡岂不宜哉？亦愈不知士甚矣。"

【注释】

①驲（rì）：尊贵的人坐的车。反：通"返"。

【译文】

齐国的国君听说这件事后，感到非常震惊，立马亲自乘着驿车去追赶晏子，在离国都不到百里的地方赶上了晏子，恳请他回去。晏子不得已才返回，听说北郭骚用死来替自己洗清冤屈，他感慨地说："我逃亡国外难道不正应该吗？北郭骚之死让我更加不了解士人了啊。"

诚廉

【原典】

四曰：

石可破也，而不可夺坚；丹可磨也①，而不可夺赤。坚与赤，性之有也。性也者，所受于天也，非择取而为之也。豪士之自好者，其不可漫以污也②，亦犹此也。

【注释】

①丹：朱砂。②漫：污。

【译文】

第四：

石头可以被砸破，却不能改变它坚硬的本质；朱砂可以被磨碎，却不能改变它朱红的本色。坚硬和朱红，是石头和朱砂的固有本性。所谓本性，是自然形成的，并非人为择取制造的结果。洁身自好的豪杰之士，他们的名节不可玷污如同石头和朱砂的本性一样。

【原典】

昔周之将兴也，有士二人，处于孤竹①，曰伯夷、叔齐②。二人相谓曰："吾闻西方有偏伯焉③，似将有道者，今吾奚为处乎此哉？"二子西行如周，至于岐阳，则文王已殁矣。武王即位，观周德，则王使叔旦就胶鬲于次四内④，而与之盟曰："加富三等，就官一列。"为三书，同辞，血之以牲，埋一于四内，皆以一归。又使保召公就微子开于共头之下，而与之盟曰："世为长侯，守殷常祀，相奉桑林⑤，宜私孟诸。"为三书，同辞，血之以牲，埋一于共头之下，皆以一归。伯夷、叔齐闻之，相视而笑曰："譆！异乎哉！此非吾所谓道也。昔者神农氏之有天下也，时祀尽敬而不祈福；其于人也，忠信尽治而无求焉；乐正与为正，乐治与为治⑥；不以人之坏自成也，不以人之庳自高也⑦。今周见殷之僻乱也，而遽为之正与治，上谋而行货，阻丘而保威也。割牲而盟以为信，因四内与共头以明行，扬梦以说众⑧，杀伐以要利，以此绍殷，是以乱易暴也。吾闻古之士，遭乎治世，不避其任；遭乎乱世，不为苟在。今天下暗，周德衰矣。与其并乎周以漫吾身也，不若避之以洁吾行。"二子北行，至首阳之下而饿焉。

【注释】

①孤竹：古国名，在今河北卢龙一带。②伯夷、叔齐：商末孤竹君的两个儿

子。相传孤竹君遗命立次子叔齐为继承人，叔齐让位给伯夷，伯夷不受，叔齐也不肯即位，二人相继逃走，后一起投奔周。周武王伐纣，两人曾谏阻。武王灭商后，他们耻食周粟，饿死在首阳山。③偏伯：指西伯姬昌。④胶鬲：殷的贤臣，最初贩卖鱼盐，后由周文王举荐给纣。次：当是衍文。四内：古地名。⑤相：等于说"使"。桑林：乐曲名，为殷天子祭祀之乐。⑥乐正与为正，乐治与为治：大意是，百姓乐于公正，就帮助他们实现公正，百姓乐于太平，就帮助他们实现太平。与：连词，因，就。⑦庳（bì）：低下。⑧扬梦：宣扬武王承受天命灭殷的梦。事见《周书·程寤》，今已亡佚，《太平御览》五百三十三载其大略。大意是，周文王妻梦见商之庭长出荆棘，其子姬发取来周庭的树植在宫阙之间，化为松柏。文王得知后把姬发召来，在明堂拜谢吉梦，这个梦兆示姬发从皇天上帝那里承受了商的天命。

【译文】

从前周朝将要兴起的时候，有两位贤士住在孤竹国，名叫伯夷、叔齐。两人一起商议说："我听说西方有位称霸一方的诸侯叫西伯，似乎是一位怀有仁德的贤君，既是如此，我们为什么还要待在这个地方呢？"于是两人向西行到周国去，走到岐山之南，文王却已经死了。武王即位，为了宣扬周朝的德政，派周公旦前往四内这个地方去迎接胶鬲，跟他盟誓说："让你俸禄增加三级，官居一等。"准备了三份内容相同的盟书，把牲血涂在盟书上，一份埋在四内，两人各持一份而归。武王又派太保召公到共头山下去迎接微子启，与他盟誓说："让您世世代代作诸侯之长，保留殷朝按惯例举行的祭祀奉，允许您供奉桑林之神，把孟诸作为您的私人封地。"准备了三份内容相同的盟书，把牲血涂在盟书上，一份埋在共头山下，两人各持一份而归。伯夷、叔齐听到这些事情后，望着彼此笑道："跟我们原来听说的不一样啊！这不是我们所说的'道'啊。从前神农氏治理天下的时候，按时祭祀，以表内心的恭敬之心却不祈求福佑；对于百姓，忠信为本尽心尽责而无所求；百姓乐于公正，就帮助他们实现公正；百姓乐于太平，就帮助他们实现太平；不利用别人的失败使自己成功，不利用别人的卑微使自己高尚。如今周看到殷邪僻淫乱，便急忙替它匡正和治理，这是崇尚权谋，借助贿赂，倚仗武力，炫耀威势。杀牲盟誓借以表明诚信，凭借四内和共头之盟来宣扬德行，宣扬武王灭殷的梦兆取悦众人，靠屠杀攻伐攫取利益，用这些做法承继殷，这是用乱政替代暴政啊。我们听说古代的贤士，恰逢太平盛世，不回避自己的责任；遭遇动荡乱世，不苟且偷生。如今天下黑暗，周朝的德政已经衰微了。与其依附周使我们的名节遭到玷污，不如避开它使我们的德行清白高洁。"于是两人沿途向北走去，行至首阳山下时饿死在那里。

【原典】

人之情，莫不有重，莫不有轻。有所重则欲全之，有所轻则以养所重。伯夷、叔齐，此二士者，皆出身弃生以立其意，轻重先定也。

【译文】

人之常情，无不有轻重。有所重就会保全它，有所轻就会拿来保养自己珍视的东西。伯夷、叔齐这两位贤士，都舍弃生命以坚守自己的节操，这是由于他们心中的轻重早就确定下来了。

序意（一作廉孝）

【原典】

维①秦八年，岁②在涒滩，秋甲子朔。朔之日，良人请问十二纪。文信侯曰：尝得学黄帝之所以诲颛顼矣，"爰有大圜在上，大矩在下，汝能法之，为民父母"。盖闻古之清世，是法天地。凡十二纪者，所以纪治乱存亡也，所以知寿夭吉凶也。上揆之天，下验之地，中审之人，若此则是非可不可无所遁矣。

【注释】

①维：助词，无实意。②岁：此处指太岁。太岁是古人假想的与岁星相背运行的星体，它运行一周天正与赤道附近的十二次相合，古人以此记年。涒（tūn）滩：申年。

【译文】

秦始皇八年，太岁是申年，秋天，初一为甲子日。这天，君子询问十二纪的情况。文信侯吕不韦说：曾经学过黄帝教导颛顼的一段话，"有皇天在上，大地在下，你能够效法它们，便可以做百姓的父母官了"。听说古代的清平盛世，都是效法天地的。十二纪是用来记载国家治乱存亡的，是用来了解人事的寿夭吉凶的。向上可以接受上天的考察，向下可以接受地的检验，中间还有人能够审察。像这样，那么对与不对、可与不可都没有失误了。

【原典】

天曰顺，顺维生；地曰固，固维宁；人曰信，信维听。三者咸当，无为而行。行也者，行其理也①，行数②，循其理，平其私。夫私视使目盲，私听使耳聋，私虑使心狂。三者皆私设，精则智无由公。智不公，则福日衰，灾日隆。以日倪而西望知之③。

【注释】

①理：依陶宏庆的说法，当作"数"，天数。②行数：当作"行其数"。③倪：通"睨"，斜视，此处为偏斜的意思。

【译文】

天的规律是顺行，顺行才能生万物；地的本质是牢固，牢固万物才得安宁，做人的根本是诚信，诚信才能被听用。天地人三者都各得其所，就可以无为而行了。行的意思，就是行天道。行天道，就是顺地理；顺地理，人就可以去掉私心了。带着私心去看，就会使眼睛盲无所见；带着私心去听，就会使耳朵聋无所闻；带着私心去考虑问题，就会使心狂乱而失去明断。眼睛、耳朵和心都为私而施用，严重了就会使思想不能公正。如果思想不公正，那么福将会逐渐衰减，灾难将会逐渐增加，这个道理，从太阳偏斜必定西落的现象中可以看出来。

【原典】

赵襄子游于囿中，至于梁，马却不肯进。青荓为参乘。襄子曰："进视梁下，类有人。"青荓进视梁下，豫让却寝，佯为死人。叱青荓曰："去，长者吾且有事。"青荓曰："少而与子友，子且为大事，而我言之，是失相与友之道；子将贼吾君，而我不言之，是失为人臣之道。如我者惟死为可。"乃退而自杀。青荓非乐死也，重失人臣之节，恶废交友之道也。青荓、豫让，可谓之友也。

【译文】

赵襄子在园囿中游玩，走到桥边时，马却后退不肯前进了。这时青荓当参乘。襄子说："到前边看看桥底下，像是有人。"青荓到前边看看桥下，豫让正仰面睡觉，装作死人。他叱退青荓说："离开，我将有大事要做。"青荓说，"你从小就是我的朋友，你现在将有大事要做，我说出这件事，这是失掉了交友之道；你要暗杀君主，我不说出这件事，这是失掉了为臣之义。像我这样只有死路一条了。"于是退下去自杀了。青荓不是喜欢死，而是看重作为臣子的节操，厌恶废弃交友的准则。青荓和豫让可以称得上是真正的朋友了。

卷二·八览

有始览第一

听言

【原典】

四曰：

听言不可不察，不察则善不善不分。善不善不分，乱莫大焉。三代分善不善，故王。今天下弥衰，圣王之道废绝。世主多盛其欢乐，大其钟鼓，侈其台榭苑囿，以夺人财；轻用民死，以行其忿。老弱冻馁，天膌壮狡①，汔②尽穷屈，加以死虏。攻无罪之国以索地，诛不辜之民以求利，而欲宗庙之安也，社稷之不危也，不亦难乎？

【注释】

①膌：通"瘠"，瘦弱。狡：强壮有力。②汔：几乎，几近。穷屈：走投无路。

【译文】

第四：

听到别人的话不可以不考察。不考察，就会善恶不分。善恶不分，其危害没有比这更大的了。夏、商、周三代分辨善恶，所以能称王天下。如今天下越来越衰败，圣人的为王之道被废弃灭绝。世上的君主大多寻欢作乐，把钟鼓等乐器造得很大，奢侈地建造亭台园林，因而耗费了人民的钱财，随随便便让人民去送命，来发泄自己的愤怒。年老体弱的人饥寒交迫，强壮有力的人也过早地断送生命，人们几乎都落到走投无路的地步，还被加上了死囚和俘虏的待遇。攻打没有得罪自己的国家向他们索取土地，诛杀无辜的百姓来谋取更多的利益，这样想要让宗庙安宁，让国家不危险，不是一件很难的事吗？

【原典】

今人曰："某氏多货，其室培湿，守狗死，其势可穴也。"则必非之矣。曰："某国饥，其城郭庳^①，其守具寡，可袭而篡之。"则不非之。乃不知类矣。

【注释】

①庳（bì）：低矮。

【译文】

假如有人说："某某人有很多财物，屋子的后墙又潮湿，看家的狗死了，这是可以挖墙洞的好机会。"那么一定要责备这个人。如果又有人说："某某国遇到荒年，它的城墙低矮，可用来守护的兵器很少，可以偷袭并谋夺这个国家。"对这样的人却不责备。这就是不知道类比了。

【原典】

《周书》曰："往者不可及，来者不可待，贤明其世，谓之天子。"故当今之世，有能分善不善者，其王不难矣。善不善本于利，本于爱，爱利之为道大矣。夫流于海者，行之旬月，见似人者而喜矣。及其期年也，见其所尝见物于中国者而喜矣。夫去人滋久，而思人滋深欤！乱世之民，其去圣王亦久矣。其愿见之，日夜无间。故贤王秀士之欲忧黔首者，不可不务也。

【译文】

《周书》上说："逝去的无法追回，未来的不可等待，对于当时的世道能明察，这就可称为天子了。"所以，当今世上有能够分辨善恶的人，他们称王天下是不难的。善恶的根本在于义，在于爱人，爱和利作为原则来说是太大了。在海

上漂泊的人，漂流了十天、三十天，见到像人的事物就欣喜不已。等到一年之后，见到曾经在中原看到过的事物就也甚感欣喜了。所以离开人越久，思念之情就越刻骨铭心吧！乱世的百姓，他们离圣贤的君主统治的世道也很久了。他们想见到圣王的愿望，日夜不曾间断，所以那些圣贤的君主才俊要想为百姓分忧，不可不在这方面努力啊。

【原典】

功先名，事先功，言先事。不知事，恶能听言？不知情，恶能当言？其与人谷言也①，其有辩乎，其无辩乎？

【注释】

①"其与"三句：此句句义不可通。依陶宏庆的说法，当作"其与夫鷇（注：转化为简体字。见中华书局版本《吕氏春秋》p389 注释③第一行）音也，其有辩乎，其无辩乎？"人：当作"夫"。"谷（繁体字作'穀'）言"：疑为鷇（注：改为简体字。见中华书局版本《吕氏春秋》p389 注释③第一行）音之误，指初生小鸟的鸣叫声。辩：通"辨"，区别。

【译文】

功绩在名声之前，做实事在功绩之前，言论在做事之前。但不了解事情的实质，怎能听取言论？不了解内情，怎么能使言论与事实相符呢？就像那些初生小鸟的鸣叫声，是有区别，还是没有区别呢？

【原典】

造父始习于大豆①，蠭门始习于甘蝇②，御大豆，射甘蝇，而不徙人，以为性者也。不徙之，所以致远追急也，所以除害禁暴也。凡人亦必有所习其心，然后能听说。不习其心，习之于学问。不学而能听说者，古今无有也。解在乎白圭之非惠子也③，公孙龙之说燕昭王以偃兵及应空洛之遇也④，孔穿之议公孙龙⑤，翟翦之难惠子之法⑥。此四士者之议，皆多故矣，不可不独论。

【注释】

①造父、大豆：均为古代善于驾车的人。②蠭（páng）门、甘蝇：均为古代善于射箭的人。③白圭：魏国人，名丹，字圭。惠子：即惠施，宋人，庄子的朋友。"白圭之非惠子"一事见《不屈》篇。④公孙龙：战国时期名家的代表人

物。燕昭王：以筑黄金台招贤著名。⑤孔穿：孔子的后代。⑥翟翦：魏国人，翟黄的后代。"翟翦之难惠子"一事见《淫辞》篇。

【译文】

造父最初向大豆学习的时候，蠭门最初向甘蝇学习的时候，向大豆学习驭术，向甘蝇学习射术，学习专心不转移而成为习性。专心不转移，因此造父可以学到致远追急的驭术，蠭门可以学到除暴禁害的射术。大凡人也一定要修养自己的心性，然后才能正确听取别人的言论。不修养自己的心性，也要研习学问。不学习而能够听取别人的言论的，从古到今都没有。这道理体现在白圭非难惠子、公孙龙以消除战争劝说燕昭王以及应付秦赵的空洛盟约，孔穿非议公孙龙、翟翦责难惠子制订的法令等方面。这四个人的言论，都是论述了很多道理的，对此是不可不认真辨察清楚的。

谨听

【原典】

五曰：

昔者禹一沐而三捉发①，一食而三起，以礼有道之士，通乎己之不足也。通乎己之不足，则不与物争矣。愉易平静以待之，使夫自得之；因然而然之，使夫自言之。亡国之主反此，乃自贤而少人。少人则说者持容而不极，听者自多而不得②。虽有天下，何益焉？是乃冥之昭③，乱之定，毁之成，危之宁。故殷周以亡，比干以死，悖而不足以举。

【注释】

①一沐而三捉发：与下文"一食而三起"，均为用来形容为延揽人才而操心忙碌。沐：洗头发。捉：握。②自多：自以为贤。③冥之昭：即"以冥为昭"，把昏暗视为光明。下文"乱之定""毁之成""危之宁"与此句结构相同。

【译文】

第五：

从前，禹洗一次头要多次握住头发停下来，吃一顿饭要多次站起身来，是为了

对有道之士以礼相待，通晓自己所不明白的事情。通晓自己所不明白的事情，就能不争外物了。贤明的君主用欢悦平和的态度对待有道之士，使他们各得其所，一切都顺其自然，让他们畅所欲言。亡国的君主却反其道而行之，他们看重自己，轻视别人。轻视别人，那么游说的人就会变得矜持而不能尽情发表自己的意见了。听取意见的人只看重自己，因而就会一无所得。这样，即使拥有了天下又有何益呢？这实际上就是把昏暗视为光明，把混乱视为安定，把毁坏视为成功，把危险视为安宁。这就是商周灭亡、比干被处死的原因所在，如此悖乱的事真是举不胜举。

【原典】

故人主之性，莫过乎所疑，而过于其所不疑；不过乎所不知，而过于其所以知。故虽不疑，虽已知，必察之以法，揆之以量，验之以数①。若此则是非无所失，而举措无所过矣。夫尧恶得贤天下而试②舜？舜恶得贤天下而试禹？断之于耳而已矣。耳之可以断也，反性命之情也。今夫惑者，非知反性命之情，其次非知观于五帝三王之所以成也，则奚自知其世之不可也？奚自知其身之不逮也？太上知之，其次知其不知。不知则问，不能则学。《周箴》③曰："夫自念斯学，德未暮。"学贤问④，三代之所以昌也。不知而自以为知，百祸之宗也。

【注释】

①数：术数，古人关于天文、历算、占卜等方面的学问。②试：用。③《周

篾》：古逸书。④学贤问：义不通，恐有脱文。

【译文】

所以，君主的常情是，不会在有所怀疑的地方犯错，反而会在无所怀疑的地方犯错。不会在有所不知的地方犯错，反而会在有所知的地方犯错。因此，即使是深信不疑的，即使是已经知晓的，也一定要用法令加以考察，用度量加以测定，用数术加以验证。这样去做了，那么对于是与非的判断就不会有过失了，行为举止就不会有过错了。尧是通过什么方式选取贤士而任用舜的呢？舜是通过什么方式选取贤士而任用禹的呢？只是根据耳朵的听闻做出决断罢了。凭耳朵可以决断，是复归人之本性的缘故。当今那些糊涂的人，不知道这是复归人的本性，再者是不懂得详查五帝三王成就帝业的原因，那又怎么知道自己的世道不好呢？自己怎么知道自身赶不上五帝三王呢？最高层次的是无所不知，次一等的是知道自己有所不知。不知就要问，不会就要学。《周篾》中说："只要自己对这些问题经常思考，修养道德就不算晚。"勤学好问，这是夏、商、周三代之所以昌盛的原因。不知道却自以为知道，这是各种祸患的根源。

【原典】

名不徒立，功不自成，国不虚存，必有贤者。贤者之道，牟而难知，妙而难见。故见贤者而不耸，则不惕于心。不惕于心，则知之不深。不深知贤者之所言，不祥莫大焉。

【译文】

名誉不会平白无故地树立，功劳不会自然而然地建成，国家不会凭空存在，一定要有贤德之人才行。贤德之人的思想博大而难以知晓，精妙而难以了解。所以看到贤德之人而不恭教，就不能动心。不能动心，那么了解得就不深刻。不能深刻地了解贤德之人所说的话，没有比这更不吉利的了。

【原典】

主贤世治，则贤者在上；主不肖世乱，则贤者在下。今周室既灭，而天子已绝①。乱莫大于无天子。无天子，则强者胜弱，众者暴寡，以兵相残，不得休息。今之世当之矣。故当今之世，求有道之士，则于四海之内，山谷之中，僻远幽闲之所，若此则幸于得之矣。得之，则何欲而不得？何为而不成？太公钓于滋泉，遭纣之世也，故文王得之而王。文王，千乘也；纣，天子也。天子失之，而千乘得之，知之与不知也。诸众齐民②，不待知而使，不待礼而令。若夫有道之士，必礼必知，然后其智能可尽。解在乎胜书之说周公，可谓能听矣；齐桓公之见小臣稷，魏文侯之见田子方也，皆可谓能礼士矣。

【注释】

①天子已绝：指西周亡后至秦始皇称帝之前的这段时间。②齐民：平民百姓。

【译文】

君主贤明，国富民强，那么贤德之人就居于上位；君主不贤明，世道混乱，那么贤德之人就处于下位。现在周王室已经灭亡，周天子也已经灭绝了。混乱没有什么比没有天子更大的了。没有天子，那么势力强的就会压倒势力弱的，人多的就会对人少的施暴，军队之间开始互相残杀，无止无休。如今的世道正是这样一种状态。所以，在如今的世道上，想要寻求贤德的人，就要到四海边、山谷中、偏远幽静的地方，这样，兴许还可以寻求到贤德的人。寻求到贤德的人，那么想要什么不能得到？想做什么不能成功？太公望在滋泉钓鱼，正逢纣统治天下的暴乱时代，所以周文王得到了他因而能称王天下。文王是诸侯，纣是天子。天子失去了太公望，而诸侯却得到了他，这是了解与不了解造成的。那些平民百姓，不用了解他们就能役使，不用以礼相待就能使唤。而对于贤德的人，一定要以礼相待，一定要了解他们，然后他们的才智才能够得到充分的发挥。这道理体现在胜书劝说周公上，周公可以说是能听从劝说了；体现在齐桓公去见小臣稷，魏文侯去见段干木上，他们都可以说是能礼贤下士了。

务本

【原典】

六曰：

尝试观上古记，三王之佐，其名无不荣者，其实无不安者，功大也。《诗》云①："有晻凄凄②，兴云祁祁③。雨我公田④，遂及我私。"三王之佐，皆能以公及其私矣。俗主之佐，其欲名实也，与三王之佐同，而其名无不辱者，其实无不危者，无公故也。皆患其身不贵于国也，而不患其主之不贵于天下也；皆患其家之不富也，而不患其国之不大也。此所以欲荣而愈辱，欲安而益危。安危荣辱之本在于主，主之本在于宗庙，宗庙之本在于民，民之治乱在于有司。《易》曰⑤："复自道⑥，何其咎，吉。"以言本无异，则动卒有喜。今处官则荒乱，临财则贪得，列近则持谏⑦，将众则罢怯⑧，以此厚望于主，岂不难哉！

【注释】

①《诗》云：引诗见《诗经·小雅·大田》。②晻（yǎn）：今本《诗经》作为"渰"，阴雨。③祁祁：众多的样子。此处用来形容浓云密布。④公田：古代实行井田制，中间的部分属于公田，以外的部分为私田。下句"私"即指私田。⑤《易》曰：引文见《周易·小畜》。⑥"复自"三句：《小畜》中初九的爻辞。⑦持谏：疑为"持谀"之误。⑧罢：通"疲"，软弱。

【译文】

第六：

我曾经试着翻阅上古时代的书籍，辅佐禹、汤、文武三王的臣子名声没有不显赫的，地位没有不安稳的；这是他们功劳大的缘故。《诗经》上说："阴雨绵绵天气凉，浓云滚滚布天上。好雨落在公田里，一并下在私田上。"辅佐禹、汤、文武三王的臣子能凭借对公家有功劳，从而获得自己的私利。辅佐平庸君主的臣子，他们希望得到名誉地位的心情跟辅佐禹、汤、文武三王的臣子是相同的，可是他们的名声没有不蒙受耻辱的，他们的地位没有不陷入险境的，这是他们没有为公家立下功劳的缘故。他们所忧虑的只是自身不能在国家内部显贵，却不去忧虑自己的君主没能显贵于天下，他们所忧虑的只是自己的家族无法富足，却不去忧虑自己的国家领土没能扩大。这就是他们希望得到荣耀反而更加耻辱，希望得到安定反而更加危险的原因。国家的兴衰荣辱的根本在于国君，国君的根本在于宗庙，宗庙的根本在于人民，治理人民好坏的关键在于百官。《周易》说："按照正常的轨道返回，周而复始，有什么灾祸？吉利。"这是说只要根本没有变异，一举一动终究会有喜庆。如今世人居官就为非作歹，面对钱财就贪得无厌，官位得以接近君主就阿谀奉承，统率军队就软弱怯懦，依靠这些却希望能够在君主那里享受优厚的待遇，岂不是很难吗？

【原典】

今有人于此，修身会计则可耻，临财物资尽则为己①，若此而富者，非盗则无所取。故荣富非自至也，缘功伐也。今功伐甚薄而所望厚②，诬也；无功伐而求荣富，诈也。诈诬之道，君子不由。

【注释】

①尽：通"赆"，财物。②伐：与"功"同义，功劳。

【译文】

假如有这样一个人，认为自己从事于会计理财是可耻的，面对钱财就要占为己有，像这样而富足的，除非偷盗，否则无法取得财富。所以说，荣华富贵不是自己来的，是靠功劳得来的。如今世人功劳很少而企望很大，这是欺骗。没有功劳而谋求荣华富贵，这是诈取。欺骗、诈取的方法，君子是不采用的。

【原典】

人之议多曰："上用我，则国必无患。"用己者未必是也，而莫若其身自贤。而己犹有患，用己于国，恶得无患乎？己，所制也；释其所制而夺乎其所不制①，悖。未得治国治官可也。若夫内事亲，外交友，必可得也。苟事亲未孝，交友未笃，是所未得，恶能善之矣？故论人无以其所未得，而用其所已得，可以知其所未得矣。

【注释】

①夺：当作"奋"，奋力。所不制：治国治官。

【译文】

人们在议论的时候大多会说："如果君主能够任用我，国家就一定不会有祸患。"其实如果真的任用了他，未必是这样。对于这些人来说，没什么比使自身贤明更重要的了。如果他自身都潜藏有祸患，任用这样的人治理国家，怎么能没有祸患呢？自身是自己所能制约的，放弃自己力所能及的事，却去奋力于自己力所不及的事，这是荒谬的。荒谬的人，不让他们治理国家、管理官吏是合情合理的。至于在家侍奉父母，在外结交朋友，是一定可以做到的。如果侍奉父母不孝顺，结交朋友不诚挚，这些都未能做到，怎么能称赞他呢？所以评价一个人不能以他没做到的事情去评价，而要以他已经做到的事情来评价，这样就可以知道他还没能做到的事了。

【原典】

古之事君者，必先服能，然后任；必反情①，然后受。主虽过与，臣不徒取。《大雅》曰②："上帝临汝，无贰尔心。"以言忠臣之行也。解在郑君之问被瞻之义也③，薄疑应卫嗣君以无重税。此二士者，皆近知本矣。

【注释】

①必反情：自我反省。②《大雅》曰：引诗见《诗经·大雅·大明》。③郑君：指郑穆公。被瞻之义：指被瞻不死君难，不随君王的主张。被瞻：郑国大夫，侍奉郑文公。

【译文】

古代侍奉君主的人，一定先要使自己具备才能，然后才担任官职，一定先自我反省，然后才接受俸禄。君主即使多给俸禄，臣子也不应该无缘无故去接受。《大雅》中说："上帝监视着你们，你们不要有二心。"这是说臣子的品行。这个道理体现在郑君问被瞻的主张、薄疑以不要加重赋税回答卫嗣君两件事上。这是上述两位士人都接近于知道根本的缘故。

129

孝行览第二

孝行

【原典】

一曰：

凡为天下，治国家，必务本而后末。所谓本者，非耕耘种殖之谓，务其人也。务其人，非贫而富之，寡而众之，务其本也。务本莫贵于孝。人主孝，则名章荣，下服听，天下誉；人臣孝，则事君忠，处官廉，临难死；士民孝，则耕芸疾，守战固，不罢北[1]。夫孝，三皇五帝之本务，而万事之纪也。

【注释】

①北：战败，逃跑。

【译文】

第一：

凡是统治天下，治理国家，必须先致力于根本，而后再处理末节的事情。所谓根本，不是耕耘种植，而是致力于人事；致力于人事，不是人民贫困而让他们富足，人口稀少而让它众多，而是致力于根本。致力于根本，没有比孝道更重要的了，君主做到孝，那么名声就卓著荣耀，臣子就会服从，天下的人就赞誉；臣子做到孝，那么就会忠诚侍奉君主，居官就会清廉，面临灾难就会勇于献出生命；士人百姓做到孝，那么耕耘种植就会竭心尽力，攻必克，守必固，不疲困，不败逃。孝道，是三皇五帝的根本，是各种事情的纲纪。

【原典】

夫执一术而百善至、百邪去、天下从者，其惟孝也！故论人必先以所亲，而后及所疏；必先以所重，而后及所轻。今有人于此，行于亲重，而不简慢于轻疏，则是笃谨孝道。先王之所以治天下也。故爱其亲，不敢恶人；敬其亲，不敢慢人。爱敬尽于事亲，光耀加于百姓，究于四海，此天子之孝也。

【译文】

掌握了一种方法而让好事都出现，坏事都消除，天下的人们都顺从的，大概只有孝道了吧！所以评论人时务必先考察他对亲人的态度，然后再推及他对一般人的态度；务必先考察他对关系重要之人的态度，然后再推及他对关系轻微之人的态度。假如现在有这样一个人，他对和自己关系亲近、重要的人行孝道，也不怠慢和自己关系轻微、疏远的人，那么这个人就是谨慎笃厚于孝道了。先王就是用这种方法治理天下的啊！所以，爱护自己的亲人，不去厌恶他人；尊敬自己的亲人，不去怠慢他人；把热爱尊敬全都用在侍奉亲人上，把光明施加在百姓身上，推广到普天下的人们。这些就是天子的孝道啊！

【原典】

曾子曰："身者，父母之遗体也。行父母之遗体，敢不敬乎？居处不庄，非孝也；事君不忠，非孝也；莅官不敬，非孝也；朋友不笃，非孝也；战陈[1]无勇，非孝也。五行不遂，灾及乎亲，敢不敬乎？"《商书》[2]曰："刑三百，罪莫重于不孝。"

【注释】

①陈：同"阵"，军阵。②《商书》：当为古逸书。

【译文】

曾子说："我们的身体是父母赐予的，使用父母赐予的身体，怎敢不谨慎呢？日常生活中不恭敬，不是孝顺；侍奉君主不忠诚，不是孝顺；为官不谨慎，不是孝顺；交友不诚实，不是孝顺；面临战争不勇敢，不是孝顺。上面五种情况不能做到，灾祸就会连累到亲人，怎敢不谨慎呢？"《商书》上说："刑法有三百条，没有比不孝顺更深重的罪过了。"

【原典】

曾子曰："先王之所以治天下者五：贵德、贵贵、贵老、敬长、慈幼。此五者，先王之所以定天下也。所谓贵德，为其近于圣也；所谓贵贵，为其近于君也；所谓贵老，为其近于亲也；所谓敬长，为其近于兄也；所谓慈幼，为其近于弟也。"

【译文】

曾子说："先王用来治理天下的方法有五条：重视有道德的人，重视尊贵的人，尊敬老人，敬爱长者，呵护幼者。这五条，就是先王用来使天下安定的方法。重视有道德的人，是因为他们接近于圣贤；重视尊贵的人，是因为他们接近于君主；尊敬老人，是因他们接近于父母；敬爱长者，是因为他们接近于兄长；呵护幼者，是因为他们接近于弟弟。"

【原典】

曾子曰："父母生之，子弗敢杀；父母置之，子弗敢废；父母全之，子弗敢阙。故舟而不游①，道而不径，能全支体，以守宗庙，可谓孝矣。"

【注释】

①舟：此处指乘船的意思。

【译文】

曾子说："父母生了我们，作为子女不敢毁坏；父母养育了我们，作为子女不敢废弃；父母保全了我们，作为子女不敢损伤。所以渡水的时候乘船而不游泳过去，走路时走大路而不走小路。这样才能够保全我们的肢体，借以守住宗庙，可以叫做孝顺了。"

【原典】

养有五道：修宫室、安床第①、节饮食、养体之道也；树五色，施五采，列文章②，养目之道也；正六律③，和五声④，杂八音⑤，养耳之道也；熟五谷，烹六畜⑥，和煎调，养口之道也；和颜色，说言语，敬进退，养志之道也。此五者，代进而厚用之，可谓善养矣。

【注释】

①床第（zǐ）：床铺，泛指卧具。第：床上的席子。②文章：此处指错综华美的花纹。③六律：古代用竹管的长短将乐音按照高低分作十二类，又分阴阳各六，阳声称作六律，阴声称作六吕。此处指乐律。④五声：宫、商、角、徵、羽五个音阶。⑤八音：即金、土、丝、匏、石、革、木、竹，是古时对乐器的统称。此处泛指音乐。⑥六畜：马、牛、羊、猪、狗、鸡，此处泛指肉类。

【译文】

养身之道包含有五个方面：整修房屋，使卧具安稳舒适，有节制地饮食，这是保养身体的方法；设计五种颜色，排列错综华美的花纹，这是保养眼睛的方法；使乐律精准，使宫、商、角、徵、羽五个音阶和谐，使音乐协调，这是保养耳朵的方法；把饭做熟，把肉煮熟，调和味道，这是保养胃口的方法；和颜悦色，言语动听，举止恭敬，这是保养意志的方法。这五个方面，依次交替实行，就可以说是善于保养身体了。

【原典】

乐正子春下堂而伤足，瘳①而数月不出，犹有忧色。门人问之曰："夫子下堂而伤足，瘳而数月不出，犹有忧色，敢问其故？"乐正子春曰："善乎而问之！吾闻之曾子，曾子闻之仲尼：父母全而生之，子全而归之，不亏其身，不损其形，可谓孝矣。君子无行咫步而忘之②。余忘孝道，是以忧。"故曰，身者非其私有也，严亲之遗躬也。

【注释】

①瘳（chōu）：病痊愈。②咫步：指距离近。

【译文】

乐正子春走下堂时伤了脚，脚痊愈了可他几个月都没有出门，脸上仍然有忧愁的神情。学生们问他说："先生您下堂时伤了脚，脚痊愈了可几个月都没有出门，脸上仍然有忧愁的神情，请问这是为什么呢？"乐正子春说："你们问这个问得真好啊！我从曾子那里听说过，曾子又是从孔子那里听说的：父母完好地把儿子生下来，儿子要完好地把身体归还父母，不亏损自己的身子，不毁坏自己的形体，这样才可称得上是孝顺了。君子一举一动都不忘记孝道。我忘记了孝道，所以感到忧愁。"因此说，身体不是自己私有的，而是父母亲给予我们的。

【原典】

民之本教曰孝，其行孝曰养。养可能也，敬为难；敬可能也，安为难；安可能也，卒为难。父母既没，敬行其身，无遗父母恶名，可谓能终矣。仁者，仁此者也；礼者，履此者也；义者，宜此者也；信者，信此者也；强者，强此者也。乐自顺此生也，刑自逆此作也。

【译文】

人民根本的教养是孝顺，履行孝道是奉养父母。奉养父母是可以做到的，恭敬地对待父母是难以做到的；恭敬地对待父母是可以做到的，使父母舒适是难以做到的；使父母舒适是可以做到的，能始终如一是难以做到的。父母去世后，为人处世的行为要恭敬小心，不给父母带来坏的名声，可以叫作能善始善终了。所说的仁，就是以孝道为仁；所说的礼，就是以实行孝道为礼；所说的义，就是以孝道为义；所说的信，就是以孝道为信；所说的强，就是以孝道为强。欢乐自然会由于实行孝道而产生。刑罚自然会由于违背孝道而施行。

首时（一作胥时）

【原典】

三曰：

圣人之于事，似缓而急[1]，似迟而速，以待时。王季历困而死[2]，文王苦之，有不忘羑里之丑，时未可也。武王事之，夙夜不懈，亦不忘玉门之辱[3]。立十二年，而成甲子之事[4]。时固不易得。太公望，东夷之士也，欲定一世而无其主。闻文王贤，故钓于渭以观之。伍子胥欲见吴王而不得，客有言之于王子光者[5]，见之而恶其貌，不听其说而辞之。客请之王子光，王子光曰："其貌适吾所甚恶也。"客以闻伍子胥，伍子胥曰："此易故也。愿令王子居于堂上，重帷而见其衣若手，请因说之。"王子许。伍子胥说之半，王子光举帷，搏其手而与之坐。说毕，王子光大说。伍子胥以为有吴国者，必王子光也，退而耕于野。七年，王子光代吴王僚为王。任子胥，子胥乃修法制，下贤良，选练士，习战斗。六年，然后大胜楚于柏举⑥。九战九胜，追北千里。昭王出奔随，遂有郢。亲射王宫，鞭荆平之坟三百。乡之耕，非忘其父之雠也，待时也。墨者有田鸠⑦，欲见秦惠王，留秦三年而弗得见。客有言之于楚王者，往见楚王。楚王说之，与将军之节以如秦⑧。至，因见惠王。告人曰："之秦之道，乃之楚乎？"固有近之而远、远之而近者。时亦然。有汤武之贤，而无桀纣之时，不成；有桀纣之时，而无汤武之贤，亦不成。圣人之见时，若步之与影不可离。

【注释】

①缓：迟，此处指无为的意思。急：速，此处指成功的意思。②王季历：商末周人领袖，周太王古公亶父之子，周文王之父。③玉门之辱：指周文王在玉门被骂的耻辱。④甲子之事：指甲子日这天，武王伐纣，在牧野击溃殷军，纣自焚而死，商朝灭亡。⑤王子光：即吴王阖闾。公元前515年——前488年在位。⑥柏举：楚国南部的边邑。⑦田鸠：即田俅，齐国人。⑧节：符节，我国古代朝廷传达命令、征调兵将以及用于各项事务的一种凭证。用不同原料制成，如金、铜、玉、角、竹、木、铅等。使用时双方各执一半，合之以验真假，如兵符等。

【译文】

第三：

圣人做事情，好像很迟缓，无所作为，而实际却很迅速，能够成功，这是为了等待时机。商末周人的领袖王季历为国事操劳而去世，周文王非常痛心，同时又不忘被纣拘于羑里的耻辱。他之所以没有讨伐商纣，是因为时机还没有成熟。武王以臣子的身份侍奉商纣，从早到晚都不敢懈怠，他也没有忘记周文王在玉门被骂的耻辱。武王继位十二年，终于在甲子日大败殷军。时机本来就不容易得到。太公望姜尚是东夷人，他想平定天下，却没能寻求到贤明的君主。他听说周文王贤明，所以到渭水边钓鱼，以此来观察周文王的德行。伍子胥想见吴王僚却没能见到。有个门客对王子光讲了伍子胥的情况，王子光见到伍子胥却厌恶他的相貌，不听他讲话就

谢绝了他。门客便询问王子光这其中的缘故，王子光说："他的相貌恰恰是我最为厌恶的。"门客就把这话传达给了伍子胥，伍子胥说："这事简单。希望让王子光坐在堂上，通过双层的帷幕只露出衣服和手。请让我就这样同他谈话。"王子光答应了。伍子胥谈话谈了一半，王子光就掀起帷幕握住他的手，让他和自己同坐。伍子胥说完了，王子光非常高兴。伍子胥认为王子光必定是最终享有吴国的那个人，回去以后就在乡间耕作。七年之后，王子光取代吴王僚当了吴王。他起用伍子胥，伍子胥于是就整顿法度，礼贤下士，简选精兵，演习战斗。六年之后，在柏举大败楚国，九战九胜，追杀溃逃的军队达上千里。楚昭王逃往随国，吴军便乘机占领了楚国的都城郢。伍子胥亲自箭射楚王宫，鞭打楚平王之墓三百下，以报杀父杀兄之仇。他原本在田间耕作，并不是忘记了杀父之仇，而是在等待时机。墨家有个叫田俅的齐国人，想见秦惠王，待在秦国三年却还是没能见到。有个客人把这情况告诉了楚王，田俅就去见楚王。楚王非常欣赏他，给了他将军的符节让他到秦国去。他到了秦国，才见到了惠王。他也告诉别人说："到秦国来见惠王的途径，竟然是要先到楚国去啊！"事情本来就有离得近反而被疏远、离得远反而能接近的情况。时机也是如此。有商汤、武王这样的贤德，而没有桀、纣无道那样的时机，就无法成就帝的大业，有桀、纣无道那样的时机，而没有商汤、武王那样的贤德，也无法成就帝的大业。圣人与时机的关系，就如同步行时影子与身体一样不可分离。

【原典】

故有道之士未遇时，隐匿分窜，勤以待时。时至，有从布衣而为天子者①，有从千乘而得天下者②，有从卑贱而佐三王者③，有从匹夫而报万乘者④。故圣人之所贵，唯时也。水冻方固，后稷不种，后稷⑤之种必待春。故人虽智而不遇时，无功。方叶之茂美，终日采之而不知；秋霜既下，众林皆赢⑥。事之难易，不在小大，务在知时。郑子阳⑦之难，猘狗⑧溃之；齐高、国之难，失牛溃之。众因之以杀子阳、高、国。当其时，狗牛犹可以为人唱⑨，而况乎以人为唱乎？

【注释】

①从布衣而为天子者：指舜从平民百姓而成为天子。②从千乘而得天下者：指商汤、武王从诸侯而拥有天下。③从卑贱而佐三王者：指太公望、伊尹、傅说从卑贱的地位而成为三王（依次为周文王、商汤、商王武丁）的辅佐大臣。④从匹夫而报万乘者：指豫让为智伯刺杀赵襄子一事。⑤后稷：名弃，周部落的始祖。⑥赢：此处指树叶落尽的意思。⑦郑子阳：郑国的宰相，驷氏之后。⑧猘狗：疯狗。⑨唱：通"倡"，倡导，先导。

【译文】

所以，有道之士没有遇到时机的时候，就在各处分散隐匿起来，在辛勤劳苦中等待时机的到来。时机一旦成熟，有的从一个平民百姓而一跃成为天子，有的从诸侯而拥有天下，有的从卑贱的地位而摇身成为三王的辅佐大臣，有的从普通百姓进而能向万乘之主报仇。所以圣人所看重的只是时机。水冻得正坚固时，后稷不会去耕种，一定要等待春天到来才会耕种。所以人即使有智慧，但如果遇不到时机，同样不能成就功业。正当树叶长得繁茂的时候，整天采摘，也不会被采摘完；等到秋霜降下以后，所有树林里树叶都落下来了。事情的难易，不在于大小，关键在于掌握时机。郑国的宰相子阳遇难，正值人们追逐疯狗的混乱之际；齐国的高氏、国氏遇难，当时正值人们追逐逃窜之牛的时候；众人乘着混乱杀死了子阳和高氏、国氏。遇上合适的时机，狗和牛都可以成为人们发难的先导，更何况以人为先导呢？

【原典】

饥马盈厩，嗼然①，未见刍也；饥狗盈窦②，嗼然，未见骨也。见骨与刍，动不可禁。乱世之民，嗼然，未见贤者也；见贤人，则往不可止。往者非其形心之谓乎？齐以东帝困于天下③，而鲁取徐州④；邯郸以寿陵困于万民⑤，而卫取茧

137

氏⑥。以鲁卫之细，而皆得志于大国，遇其时也。故贤主秀士之欲忧黔首者，乱世当之矣。天不再与，时不久留，能不两工，事在当之。

【注释】

①嗼然：安静的样子。②窭：此处指狗洞。③齐以东帝困于天下：指公元前288年，齐湣王称东帝，致使后来燕国联合秦、楚、韩、赵、魏五国伐齐，齐湣王出逃。④鲁取徐州：指公元前284年，鲁国在秦、楚、韩、赵、魏五国伐齐、齐湣王出逃被杀之后，夺取了徐州。⑤邯郸以寿陵困于万民：指赵肃侯因修陵墓侵扰百姓而致使万民不附。邯郸：此处指赵国。⑥茧氏：赵邑。

【译文】

饥饿的马充满了马棚，安静无声，是因为它们没有见到草；饥饿的狗充满了狗窝，安静无声，是因为它们没有见到骨头。如果见到骨头和草料，那么它们就会争抢，而无法制止。身处乱世的百姓，安静无声，是他们尚未遇到贤明之人的缘故。如果遇到贤明之人，那么他们就会去归附，而无法制止。他们去归附贤明的人，难道不是身心都归附吗？齐湣王因为僭称东帝而被天下诸侯所困，因而让鲁国趁机夺取了徐州。赵肃侯因修建寝陵扰民，百姓都不亲附他，因而让卫国趁机夺取了茧氏邑。凭着鲁国、卫国这样的区区小国，都能从大国那里得到利益，是正赶上恰当时机的缘故啊。所以贤明的君主和杰出的人士想为百姓忧虑的，遇到乱世，正是合适的时机。上天不会给人两次机会，时机不会长期停留，人的才能不会在做事时两方面都同时达到精巧，事情的成功在于适逢其时。

慎人（一作顺人）

【原典】

六曰：

功名大立，天也。为是故，因不慎其人①，不可。夫舜遇尧，天也。舜耕于历山②，陶于河滨，钓于雷泽③，天下说之，秀士从之，人也。夫禹遇舜，天也。禹周于天下，以求贤者，事利黔首，水潦川泽之湛滞壅塞可通者④，禹尽为之，人也。夫汤遇桀，武遇纣，天也。汤、武修身积善为义，以忧苦于民，人也。

【注释】

①人：此处指人为的努力。②历山：山名。相传舜在此耕作。历山有多处，此处疑指今山东济南历城区南之历山，又名舜耕山、千佛山。③雷泽：即雷夏，古泽名。在今山东菏泽东北。④湛：通"沉"，沉积。

【译文】

第六：

显赫功名的建立，靠的是天意。正是由于这个原因，不慎重地对待人为的努力是不行的。舜遇到尧那样贤明的君主，靠的是天意。舜在历山耕作，在黄河边制作陶器，在雷泽钓鱼，天下人很喜欢他，优秀杰出的人士都跟随他，这是人为努力的结果。禹遇到舜那样贤明的君主，靠的是天意。禹周游遍天下去寻求贤明的人，做对百姓有利的事。凡是淤积堵塞的积水、河流、湖泊中可以疏通的，禹全都疏通了。这是人为努力的结果。汤遇上桀那样的暴君，武王遇上纣那样的暴君，靠的也是天意。汤、武王修养自身品德，积善行义，为百姓忧虑劳苦，这也是人为努力的结果。

【原典】

舜之耕渔，其贤不肖与为天子同。其未遇时也，以其徒属掘地财，取水利①，编蒲苇，结罘网，手足胼胝不居②，然后免于冻馁之患③。其遇时也，登为天子，贤士归之，万民誉之，丈夫女子④，振振殷殷⑤，无不戴说。舜自为诗曰⑥："普天之下，莫非王土；率土之滨，莫非王臣。"所以见尽有之也。尽有之，贤非加也；尽无之，贤非损也。时使然也。

【注释】

①水利：鱼鳖。②胼胝：手掌和脚底磨起的茧子。③馁：饥饿。④丈夫：男子。⑤振振殷殷：形容喜悦的样子。⑥舜自为诗曰：引诗见《诗经·小雅·北山》，并非舜所作。言为舜所作，或为假托。

【译文】

舜种地捕鱼的时候，他贤与不贤的情况与成为天子时是一样的。他在没有遇到有利时机的时候，带领自己的下属种五谷，捕鱼鳖，编蒲苇，织鱼网，手掌和脚底磨起了茧子都不会停下来休息，只有这样才避免了饥寒交迫的困境。他在遇到有利时机的时候，即位当了天子，贤德的人全归附于他，所有的百姓都称赞他，男男女女都非常高兴，没有不爱戴喜欢他的。舜亲自作诗道："普天之下尽归依，无处不是王的土地，四海之内皆归顺，无不是王的臣民。"以此来表明自己已经拥有了一切。拥有了一切，他的贤德并没有增加；没有拥有一切时，他的贤德也并没有减损。这是时机使他这样的。

【原典】

百里奚之未遇时也，亡虢①而虏晋，饭牛于秦，传鬻②以五羊之皮。公孙枝得而说之，献诸缪公，三日，请属事焉。缪公曰："买之五羊之皮而属事焉，无乃天下笑乎？"公孙枝对曰："信贤而任之，君之明也；让贤而下之，臣之忠也。君为明君，臣为忠臣。彼信贤，境内将服，敌国且畏，夫谁暇笑哉？"缪公遂用之。谋无不当，举必有功，非加贤也。使百里奚虽贤，无得缪公，必无此名矣。今焉知世之无百里奚哉？故人主之欲求士者，不可不务博也。

【注释】

①亡虢：当为"亡虞"。依亡虞之说本《孟子·万章上》，有百里奚"知虞公之将亡而先去之"之语；高诱亦指出，此处当为"亡虞"，即虞国灭亡之际百里奚出逃后被晋国俘虏。②传鬻：转卖。

【译文】

百里奚在未能遇到有利时机时，虞国灭亡之际他出逃后被晋国俘虏，之后在秦国喂牛，以五张羊皮的价格被转卖。公孙枝得到百里奚以后很喜欢他，把他推荐给秦穆公，三天后，请求穆公委任官职于他。穆公说："买他的时候只用了五张羊皮，如今却要求委任他官职，这岂不是会被天下耻笑吗！"公孙枝回答说："信任贤明的人而任用他，这是君主的英明；让位于贤明的人而自己甘居下位，这是臣子的忠诚。君主是英明的君主，臣子是忠诚的臣子。如果他真具备贤德的品德的话，国内都将顺服，敌国都将惧怕，谁还会有闲暇耻笑呢？"穆公于是就任用了百里奚。他出谋划策没有不妥当的，做事也一定会成功，这并不说明他的贤德增加了。百里奚即使具备贤德，如果不被穆公得到，也肯定不会享有这么高的声誉。如今怎么知道世上没有百里奚这样的人呢？所以君主中想要寻求贤士的人，不可不广泛地去寻求。

【原典】

孔子穷于陈、蔡之间，七日不尝食，藜羹①不糁。宰予备矣，孔子弦歌于室，颜回择菜于外。子路与子贡相与而言曰：“夫子逐于鲁，削迹②于卫，伐树于宋③，穷于陈、蔡。杀夫子者无罪，藉夫子者不禁④，夫子弦歌鼓舞，未尝绝音。盖君子之无所丑也若此乎？”颜回无以对，入以告孔子。孔子愀然推琴⑤，喟然而叹曰：“由与赐小人也。召，吾语之。”子路与子贡入，子贡曰：“如此者，可谓穷矣！”孔子曰：“是何言也？君子达于道之谓达，穷于道之谓穷。今丘也拘仁义之道⑥，以遭乱世之患，其所也，何穷之谓？故内省而不疚于道，临难而不失其德，大寒既至，霜雪既降，吾是以知松柏之茂也。昔桓公得之莒⑦，文公得之曹⑧，越王得之会稽⑨。陈、蔡之厄，于丘其幸乎！”孔子烈然返瑟而弦⑩，子路抗然执干而舞⑪。子贡曰：“吾不知天之高也，不知地之下也。”古之得道者，穷亦乐，达亦乐，所乐非穷达也。道得于此，则穷达一也，为寒暑风雨之序矣。故许由虞乎颍阳⑫，而共伯得乎共首⑬。

【注释】

①藜羹：用野菜煮的汤羹。藜：一种野菜，嫩叶可食用，此处泛指野菜。糁：以米和羹。②削迹：隐居。③伐树于宋：《史记·孔子世家》有载："孔子

去曹，适宋，与弟子习礼大树下。宋司马桓魋欲杀孔子，拔其树，孔子去。"
"伐树于宋"即指此事而言。④藉：欺侮，凌辱。⑤愀然：形容不高兴的样子。
⑥拘：此处指固守的意思。⑦桓公得之莒：指齐桓公遭无知之乱而出逃到莒国，
后萌生出复国称霸之心。⑧文公得之曹：指晋文公遭到骊姬的谗言，出逃的途中
路过曹国而萌生复国称霸之心。⑨越王得之会稽：指越王勾践被吴王夫差打败，
栖于会稽山而萌生复国称霸之心。⑩烈然：形容威严的样子。⑪抗然：形容威武
的样子。⑫许由虞乎颖阳：相传尧准备把君位禅让于当时的贤士许由，许由逃到
箕山下耕作而食；尧又请他当九州之长，他到颖水边洗耳，表示不愿再听到这样
的话。颖阳：颖水的北面。箕山在颖水的北面，许由在箕山下耕食，自得其乐，
故说他"虞乎颖阳"。⑬共伯：即共伯和，名和，西周时共国君主。

【译文】

　　孔子被困于陈国和蔡国之间，七天都没有吃到粮食了，煮的野菜汤羹中找不
到一点米粒。宰予饿坏了，孔子在屋里用瑟伴奏唱歌，颜回在外面择野菜。子路
跟子贡不约而同地对颜回说："先生在鲁国时遭到驱逐，隐居在卫国，在宋国树
下习礼时，宋司马桓魋想要杀害他而叫人伐倒了先生身旁的那棵树，如今又被困
于陈国和蔡国之间。要杀先生的人没有罪，凌辱先生的人不能得到制止，而先生
歌声从未中止过。君子就是这样对羞耻感到无所谓吗？"颜回无话回答，进屋把
这些话告诉了孔子。孔子很不高兴地推开瑟，叹息说："仲由和端木赐是小人啊！
叫他们来，我有话要对他们讲。"子路和子贡进来了，子贡说：像现在这种情况，
可以说是困窘了。"孔子说："这是什么话呢？君子在道义上通达叫做通达，在
道义上穷困叫做穷困。如今我因为固守仁义之道而遭受乱世带来的祸患，这正是
我应该得到的处境，怎么能叫穷困呢？所以，反省自己，对于道义不感到内疚；
面临灾难，不丧失自己的品德；严寒到来，霜雪降落以后，松柏不凋落，我因此
知道松柏生命力是多么的旺盛啊。从前，齐桓公遭无知之乱而出逃到莒国，后萌
生出复国称霸之心；晋文公遭到骊姬的谗言，出逃的途中路过曹国而萌生复国称
霸之心；越王勾践被吴王夫差打败，栖于会稽山而萌生复国称霸之心。被困于陈
国和蔡国之间，对我大概是一种幸运吧！"孔子威严地重新拿起瑟来弹奏，子路
威武地拿着盾牌跳起了舞。子贡说："我不知天的高远、地的广大啊！"古代得
道的人，无论穷困还是通达都很高兴，高兴的不是穷困和显达。如果自身得到了

道，那么穷困和显达都是一样的，就如同寒暑风雨交替出现一样。所以许由可以隐居在颍水的北边自得其乐，共伯也可以在共首山自取其乐。

必己（一作本知，一作不遇）

【原典】

八曰：

外物不可必。故龙逢诛^①，比干戮，箕子狂，恶来死^②，桀纣亡。人主莫不欲其臣之忠，而忠未必信。故伍员流乎江^③，苌弘死^④，藏其血三年而为碧。亲莫不欲其子之孝，而孝未必爱。故孝己疑^⑤，曾子悲。

【注释】

①龙逢：又作"龙逢"，即关龙逢，相传为夏时的贤臣，因谏夏桀而被杀。②恶来：商纣的谀臣，后被武王诛杀。③伍员流乎江：指伍子胥因谏吴王拒绝越国求和而被赐死，并将其尸体投入江中。④苌弘：周晋王的大臣，在晋卿内讧中帮助范氏，后被周人杀死。⑤孝己：殷高宗的儿子，因遭后母责难，忧苦而死。

【译文】

第八：

不能依仗外物。因此关龙逢被害，比干遭杀戮，箕子被迫装疯卖傻，恶来被杀死，桀、纣遭灭亡。君主没有不希望自己的臣子忠诚的，可是忠诚却不一定受到君主信任。所以伍子胥的尸体被投入江中，苌弘被杀后三年，他的血化作碧玉。父母没有不希望自己的子女孝顺的，可是孝顺却不一定受到父母喜爱。所以孝己受到了怀疑，曾子因遭到父母的鞭打而感到悲伤。

【原典】

庄子行于山中，见木甚美长大，枝叶盛茂，伐木者止其旁而弗取。问其故，曰："无所可用。"庄子曰："此以不材得终其天年矣。"出于山，及邑，舍故人之家。故人喜，具酒肉，令竖子为杀雁飨之。竖子请曰："其一雁能鸣，一雁不能鸣，请奚杀？"主人之公曰^①："杀其不能鸣者。"明日，弟子问于庄子曰："昔者山中之木以不材得终天年，主人之雁以不材死，先生将何以处？"庄子笑曰："周将处于材不材之间。材不材之间，似之而非也，故未免乎累。若夫道德则不然。无讶无訾，一龙一蛇，与时俱化，而无肯专为；一上一下，以禾为量^②，而浮游乎万物之祖，物物而不物于物，则胡可得而累？此神农、黄帝之所法。若夫万物之情、人伦之传则不然。成则毁，大则衰，廉则剉^③，尊则亏，直则骫^④，合则离，爱则隳^⑤，多智则谋，不肖则欺，胡可得而必？"

【注释】

①公：此处指父亲。②禾：当作"和"，和同，顺应自然。③廉：锋利。剉：缺损。④骫：原指骨头弯曲，此处泛指弯曲。⑤隳：废弃。

【译文】

　　庄子行走在大山中的时候，看见一棵长势非常好的树，它高大，枝繁叶茂，伐树的人停在这棵树旁却不伐取它。问他为什么不伐取它，他说；"这棵树没有什么用处。"庄子说："这棵树因为不成材而得以终其天年了。"从山中出来，到城邑后留宿在了老朋友家里。老朋友非常开心，准备酒肉，让童仆为他杀鹅款待他。童仆请示说："一只鹅能叫，一只鹅不能叫，请问杀哪一只？"主人的父亲说："杀那只不能叫的。"第二天，弟子询问庄子说："昨天山中的树由于不成材而得以终其天年，主人的鹅由于不成材却被杀，在成材与不成材这两者中先生您会选择哪一边呢？"庄子笑着说："我将选择处在这两者之间。成材与不成材之间，似乎是合适的位置，其实不是，所以也不能免于祸害。至于具备了道德，就不是这样的情形了。既没有惊讶，又没有侮辱，时而为龙，时而为蛇，随时势一起变化，而不肯专为一物；时而上，时而下，以顺应自然为其基本的法则，遨游于虚无之境，能够役使外物却不被外物所役使，那又怎么可能受祸害呢？这便是神农、黄帝所效法的处世原则。至于万物之情，人伦相传之道，就不是这样的情形了。成功了就会毁坏，强大了就会衰微，锋利了就会缺损，尊崇了就会亏损，直了就会弯曲，聚合了就会离散，受到宠爱就会被废弃，智谋多了就会遭人算计，不贤德就会遭人欺侮。这些怎么可以依仗呢？

【原典】

　　牛缺居上地^①，大儒也。下之邯郸，遇盗于耦沙^②之中。盗求其橐^③中之载，则与之；求其车马，则与之；求其衣被，则与之。牛缺步而去，盗相谓曰："此天下之显人也，今辱之如此，此必诉我于万乘之主。万乘之主必以国诛我，我必不生，不若相与追而杀之，以灭其迹。"于是相与趋之，行三十里，及而杀之。此以知故也。

【注释】

①上地：地名，大致位置在今陕西绥德一带。②耦沙：即"渭水"，在今河北境内，源于太行山。③橐：口袋。

【译文】

牛缺居住在上地，是个知识渊博的儒者。他到邯郸去，途经渭水一带时遇到了盗贼。盗贼要他口袋里装的财物，他给了他们；要他的车马，他也给了他们；要他的衣服、被子，他还是给了他们。牛缺徒步离开之后，盗贼们相互议论说："他是当今天下的杰出人士，如今我们侮辱他到这种地步，他必定会向天子告知我们今天所做的事情，这样一来，大国君主必定会用全国的力量讨伐我们，我们必定是活不成了。不如一起赶上他，把他杀死，消灭他的行迹。"于是就一起追赶他，追了三十里，追上他，然后把他杀掉了。这是牛缺让盗贼知道了自己是贤德之人的缘故。

【原典】

孟贲过于河①，先其五②。船人怒，而以楫虡其头③，顾不知其孟贲也。中河，孟贲瞋目而视船人，发植，目裂，鬓指，舟中之人尽扬播入于河。使船人知其孟贲，弗敢直视，涉无先者，又况于辱之乎？此以不知故也。

【注释】

①孟贲：古代勇士。②五：通"伍"，队伍，行列。③虡：通"毃"，敲击头部。

【译文】

孟贲在渡河的时候，抢在队伍的前边上了船。船工一气之下，用桨敲击他的头，而不知道他就是孟贲。等船行到河水中央的时候，孟贲瞪大了眼睛看着船工，头发直立起来，眼眶都瞪裂了，鬓发竖立起来。船上的人都骚动着躲开，掉到了河里。假如船上的人都知道他就是孟贲，恐怕连正眼都不敢看他，也没有人敢在他之前渡河，更何况侮辱他呢？这是孟贲没有让船工知道自己是孟贲的缘故。

知与不知，皆不足恃，其惟和调近之。犹未可必。盖有不辨和调者，则和调有不免也。宋桓司马有宝珠，抵罪出亡。王使人问珠之所在，曰："投之池中。"于是竭池而求之，无得，鱼死焉。此言祸福之相及也。纣为不善于商，而祸充天地，和调何益？

【译文】

让人知道与不让人知道，都不足以依仗，大概只有和调才近于免除患难，但还是不足以依仗。这是因为有不能辨识和调的，那么和调仍然不能免于患难。宋国的桓魋有颗宝珠，他因有罪逃亡在外，宋景公派人问他宝珠藏在了什么地方，他说："扔到了池塘中。"于是就把池塘中的水全部抽干了，鱼全死掉了，但还是没能找到珠宝。这表明祸和福是相互依存的。纣在商朝干坏事，祸患弥漫于整个天地之间，和调又有什么用处？

【原典】

张毅①好恭，门闾帷薄②聚居众无不趋，舆隶③姻媾小童无不敬，以定其身。不终其寿，内热而死。单豹好术，离俗弃尘，不食谷实，不衣芮④温，身处山林岩堀⑤，以全其生。不尽其年，而虎食之。孔子行道而息，马逸，食人之稼，野人取其马。子贡请往说之，毕辞，野人不听。有鄙人始事孔子者，曰："请往说之。"因谓野人曰："子不耕于东海，吾不耕于西海也⑥。吾马何得不食子之禾？"其野人大说，相谓曰："说亦皆如此其辩也！独如向之人？"解马而与之。说如此其无方也而犹行，外物岂可必哉？

【注释】

①张毅：鲁国人，非常好礼。②帷薄：帘子，帐幔。此处指人居住的地方。趋：快步走，表示恭敬。③舆隶：差役，亦指奴隶。姻媾：因婚姻关系而结成的亲戚。④芮：粗的丝绵。⑤堀：同"窟"，穴。⑥子不耕于东海，吾不耕于西海也：句意不通，或有脱误。据《淮南子·人间》载，当作"子耕东海，至于西海。"

【译文】

张毅喜好恭敬地对待他人，经过有人居住和人聚集的地方无不快步走过，对待差役、亲戚、小孩、仆人也都以礼相待，以便使自身平安。但是他的寿命却不长，因内热而死去；单豹喜好道术，超凡脱俗，不吃五谷，不穿细软而温暖的衣服，住在山林岩穴之中，以便保全自己的生命，可是却不能终其天年，被老虎吃掉了；孔子途中走累了休息的时候，他的马跑掉了，吃了人家的庄稼。种田人留下了他的马。子贡请求去劝说那个人，把话都说完了，可是种田人不听从。有个刚刚跟从孔子的人说："请让我去劝说他。"于是他对那个种田人说："您耕种的土地从东海一直到西海，我们的马怎么能不吃您的庄稼呢？"那个种田人听了后特别满意，便对他说："说的话真是善辩，哪像刚才那个人那样呢？"于是解开了马还给他。劝说人如此不讲方式尚且行得通，外物怎么可以依仗呢？

【原典】

君子之自行也，敬人而不必见敬，爱人而不必见爱。敬爱人者，己也；见敬爱者，人也。君子必在己者，不必在人者也。必在己，无不遇矣。

【译文】

君子自己的作为是，尊敬他人而不一定被他人尊敬，爱戴他人而不一定被他人爱戴。尊敬、热爱他人，在于自己；被他人尊敬、热爱，在于他人。君子依仗在于自己的东西，不依仗在于他人的东西。依仗在于自己的东西，就能无所不通。

慎大览第三

慎大

【原典】

一曰:

贤主愈大愈惧,愈强愈恐。凡大者,小邻国也;强者,胜其敌也。胜其敌则多怨,小邻国则多患。多患多怨,国虽强大,恶得不惧?恶得不恐?故贤主于安思危,于达思穷,于得思丧。《周书》曰①:"若临深渊,若履薄冰。"以言慎事也。

【注释】

①《周书》:古逸书。

【译文】

第一:

贤明的君主,自己的疆土愈广博就愈感到惧怕,自己的国力愈强盛就愈感到恐慌。凡是疆土广博的,都是侵削邻国的结果;国力强盛的,都是战胜敌国的结果。战胜敌国,就会招致很多怨恨,侵削邻国,就会招致很多憎恶。怨恨你的多了,憎恶你的多了,国家虽然强大,又怎能不感到惧怕,怎能不感到恐慌呢?因此,贤明的君主在国家平安无事之时就会想到危难,在国家繁荣昌盛之时就会想到困窘,在有所得的时候就想到有所失。《周书》上说:"就如同面临深渊一样,就如同脚踩薄冰一样。"这说的是要谨慎处世啊。

【原典】

桀为无道,暴戾顽贪①,天下颤恐而患之,言者不同,纷纷分分②,其情难得。干辛任威③，凌轹诸侯④，以及兆民。贤良郁怨，杀彼龙逢，以服群凶⑤。众庶泯泯⑥，皆有远志，莫敢直言，其生若惊。大臣同患，弗周而畔⑦。桀愈自贤，矜过善非，主道重塞，国人大崩。汤乃愓惧，忧天下之不宁，欲令伊尹往视旷夏⑧，恐其不信，汤由亲自射伊尹。伊尹奔夏三年，反报于亳⑨，曰："桀迷惑于末嬉，好彼琬、琰，不恤其众。众志不堪，上下相疾，民心积怨，皆曰：'上天弗恤，夏命其卒。'"汤谓伊尹曰："若告我旷夏尽如诗。"汤与伊尹盟，以示必灭夏。伊尹又复往视旷夏，听于末喜。末喜言曰："今昔天子梦西方有日，东方有日，两日相与斗，西方日胜，东方日不胜。"伊尹以告汤。商涸旱，汤犹发师，以信伊尹之盟。故令师从东方⑩出于国西以进。未接刃而桀走，逐之至大沙⑪。身体离散，为天下戮。不可正谏，虽后悔之，将可奈何？汤立为天子，夏民大说，如得慈亲，朝不易位，农不去畴，商不变肆，亲郼⑫如夏。此之谓至公，此之谓至安，此之谓至信。尽行伊尹之盟，不避旱殃，祖伊尹世世享商。

【注释】

①顽：贪婪。②分分：依王念孙的说法，此处当作"介介"，指怨恨之意。③干辛：夏桀时期一个喜欢阿谀奉承的臣子。④凌轹：欺压。⑤凶：通"訩"，争吵不休，此处指群臣的诤谏。⑥泯泯：纷乱的样子。⑦弗周：不亲附。⑧旷：大。⑨亳：商汤的都城，在今河南偃师。⑩东方：指商汤都城亳。国西：指夏桀的都城（今洛阳）之西。⑪大沙：即南巢，地处当时华夏各族所居地区的南方，在今安徽巢县西南。⑫郼（yī）：商汤在做天子之前的封国。

【译文】

夏桀统治无道，暴虐贪婪。天下人无不惊恐、忧虑。人们议论纷纷，混乱不堪，满腹怨恨。夏桀却很难知道人们的真实想法。干辛肆意逞威风，欺凌诸侯，连及百姓。贤良之人心中忧郁怨恨，夏桀杀死敢于直谏的关龙逢，企图压服群臣诤谏。百姓纷乱恐慌，都有要远离他的意思。没有谁再敢说出自己的真实想法，都无法安心生活下去。大臣们怀有共同的忧患，不愿亲附于夏桀都存有叛离之心。夏桀越发自以为是，夸耀自己的过失，以非为是。完全与为君之道相背离，国人也分崩离析。面对这样的情形，汤感到很恐惧，忧虑天下的不安宁，想让伊尹到夏国去观察动静，担心夏国不相信伊尹，于是扬言要亲手杀掉伊尹，伊尹逃亡到夏国，过了三年，回到商汤的都城亳，禀报说："夏桀被末嬉迷惑住了，又宠爱琬、琰两妾，不怜悯大众，大家都不堪忍受了。在上位的与在下位的互相痛恨，人民心里充满了怨气，都说：'上天不保佑夏国，夏国的命运最终会走向灭亡。'"汤对伊尹说："你告诉我的夏国情形就如同诗中所唱的一样。"商汤与伊尹订立了盟约来表示灭掉夏国的决心。伊尹又去观察夏国的动静，很受末嬉信任。末嬉说道："天子昨晚梦到东方和西方各有一个太阳，两个太阳互相争斗，西方的太阳胜利了，东方的太阳却以失败而告终。"伊尹把这话禀告给了汤。这时商国正逢大旱，汤没有犹豫，还是发兵攻夏，以此来信守和伊尹订立的盟约。他命令军队从亳绕到桀的国都西面，然后发起进攻。双方还未交战，桀就逃跑了。汤一直追他到南巢才把他杀死。桀身首离散，为天下人所耻笑。当初不听劝谏，即使后来懊悔了，又能怎样呢？汤做了天子，夏的百姓非常高兴，就如同得到慈父一般。夏朝的官位一律没有改变，农民没有离开田亩，商人没有变更经商的市场，人民亲近殷就如同亲近夏一样。这就叫极其公正，这就叫极其安定，这就叫极守信用。汤完全兑现了与伊尹之间订立的盟约，不躲避旱灾，取得了成功，因此让伊尹世世代代在商享受祭祀。

【原典】

武王胜殷，入殷，未下舆①，命封黄帝之后于铸②，封帝尧之后于黎③，封帝舜之后于陈。下舆，命封夏后之后于杞④，立成汤之后于宋，以奉桑林。武王乃恐惧，太息流涕，命周公旦进殷之遗老，而问殷之亡故，又问众之所说，民之所欲。殷之遗老对曰："欲复盘庚之政。"武王于是复盘庚之政，发巨桥之粟⑤，赋鹿台之钱，以示民无私。出拘救罪，分财弃责⑥，以振穷困⑦。封比干之墓⑧，靖箕子之宫⑨，表商容之闾，徒过者趋，车过者下。三日之内，与谋之士，封为诸侯，诸大夫赏以书社⑩，庶士施政去赋⑪。然后济河，西归报于庙。乃税马于华山，税牛于桃林，马弗复乘，牛弗复服。衅鼓旗甲兵⑫，藏之府库，终身不复用。此武王之德也。故周明堂外户不闭，示天下不藏也。唯不藏也，可以守至藏⑬。

【注释】

①舆：通"舆"，车。②铸：古代的国家名。《史记》中作"祝"。③黎：古

代的国家名。《史记》中作"蓟"。④杞：古代的国家名。⑤巨桥：商纣储存粮食的粮仓名，故址在今河北曲周县东北。⑥责：通"债"，债务。⑦振：通"赈"，救灾。⑧封：堆土使高大。比干忠心劝谏商纣而被杀害，武王为表彰他的忠心，故将他的坟墓加高。⑨靖：通"旌"，表彰，彰明。⑩书社：古时以二十五家为一社，"书社"即指在册籍上写下社人的姓名，此处借指一定数量的人口和土地。⑪施政：通"弛征"，减轻赋税。⑫衅：古时祭礼之一，杀死牲畜后用它的血涂抹钟鼓等器物。⑬至藏：此处指至德，即最高尚的品德。

【译文】

周武王打败了商纣，进入商国的都城，还没有下车，就下令封黄帝的后代到铸国，封帝尧的后代到黎国，封帝舜的后代到陈国。下车后，又下令封大禹的后代到杞国，立汤的后代为宋国的国君，以便承续桑林的祭祀。此时，武王仍然很恐惧，长叹一声，流下了眼泪。命周公旦把殷商的遗老领来，问他们殷商为什么会灭亡，又问百姓喜好什么，希望什么。殷商的遗老回答说："人民希望恢复盘庚时的政治。"武王于是恢复了盘庚时的政治，把巨桥的粮食发放给百姓，把鹿台钱库的财物施舍给百姓，用这种方法来表明自己的大公无私；释放被拘禁的人，挽救犯了罪的人，分发钱财，免除债务，用这种方法来救济窘困。又把比干的坟墓修葺高大，使箕子的住宅显赫彰明，在商容的旧居竖起标志，行人路过时要加快脚步，乘车的人路过时要下车，以此表示恭敬。三天的时间里，将参与攻打商国的士人都封为诸侯；大夫们都赐赏了土地；普通的士人也都减免了赋税。然后武王才渡过黄河，回到丰镐，去祖庙上报功劳。于是把马放到阳华山，把牛放到桃林，不再让马牛驾车服役，又在战鼓、军旗、铠甲、兵器上涂了牲畜的血，藏入府库，以示终生不再使用。这就是武王的仁德。周天子明堂的大门不关闭，向天下人表明没有私藏。只有没有私藏，才能保持最高尚的品德。

【原典】

武王胜殷，得二虏而问焉，曰："若国有妖乎？"一虏对曰："吾国有妖，昼见星而天雨血，此吾国之妖也。"一虏对曰："此则妖也，虽然，非其大者也。吾国之妖甚大者，子不听父，弟不听兄，君令不行，此妖之大者也。"武王避席再拜之。此非贵虏也，贵其言也。故《易》曰："愬愬①履虎尾，终吉。"

【注释】

①愬愬：形容恐惧的样子。

【译文】

武王打败殷商后，抓到两个俘虏，问他们说："你们国家发生过奇怪的现象吗？"一个俘虏回答说："我们国家发生过奇怪的现象，白天出现星星，天上降下血雨，这就是我们国家发生过的奇怪现象。"另一个俘虏回答说："这确实是奇怪的现象，虽说如此，但还不算是最奇怪的现象。我们国家最奇怪的现象是子女不听从父亲，弟弟不听从兄长，君主的命令得不到贯彻。这才是最奇怪的现象呢！"武王急忙离开座席，向他行再拜之礼。这不是认为俘虏尊贵，而是认为他的言论可贵。因此《周易》中讲道："一举一动都战战兢兢，就如同踩到老虎的尾巴一样，最终必定祥。"

【原典】

赵襄子攻翟，胜老人、中人①，使使者来谒之，襄子方食抟饭，有忧色。左右曰："一朝而两城下，此人之所以喜也，今君有忧色，何？"襄子曰："江河之大也，不过三日。飘风暴雨，日中不须臾。今赵氏之德行，无所于积，一朝而两城下，亡其及我乎！"孔子闻之曰："赵氏其昌乎！"

【注释】

①老人：当作"左人"。左人、中人：均为都邑名。

【译文】

赵襄子派新稚穆子攻打翟国，攻取了左人、中人两座城池。新稚穆子派使者来报告襄子状况，襄子正吃着饭团，听了以后，脸上浮现出忧虑的神情。身边的人说："一下子攻下两座城池，这是人们感到高兴的事，现在您却表现出忧虑，这是什么原因呢？"襄子说："长江、黄河涨水，不超过三天就会消退，狂风和暴雨是不能持续一整天的。而现在我们赵氏的品行还没有得到很好的蓄积，一下子攻下两座城，灭亡恐怕要让我赶上了！"孔子听到这件事以后说；"赵氏大概要昌盛了吧！"

【原典】

夫忧所以为昌也，而喜所以为亡也。胜非其难者也，持之其难者也。贤主以此持胜，故其福及后世。齐荆吴越，皆尝胜矣，而卒取亡，不达乎持胜也。唯有道之主能持胜。孔子之劲，举国门之关①，而不肯以力闻。墨子为守攻，公输般服，而不肯以兵加。善持胜者，以术强弱。

【注释】

①关：门闩。

【译文】

忧虑是昌盛的基础，喜悦是灭亡的起点。取得胜利不是困难的事，保持住胜利才是困难的事，贤明的君主以此来保持住胜利，因此，他的福分可以延传至后代子孙。齐国、楚国、吴国、越国都曾经取胜过，可是最后都走向了灭亡，这是它们不知道如何保持住胜利的缘故啊！只有贤明的君主才能保持住胜利。孔子的力量可以举起国都城门的门闩，却不肯以力大而闻名天下。墨子善于攻城守城，使公输般折服，却不肯以善于用兵被人知晓。善于保持住胜利的人，能有办法使弱小变为强大。

权勋

二曰：

利不可两，忠不可兼。不去小利，则大利不得；不去小忠，则大忠不至。故小利，大利之残也；小忠，大忠之贼也。圣人去小取大。

【译文】

第二：

利不可两得，忠不可兼备。不去掉小利大利就得不到。不去掉小忠大忠就实现不了。所以说，小利是失利的祸害，小忠是大忠的祸害。圣人抛弃小者，选取大者。

【原典】

昔荆龚王①与晋厉公战于鄢陵，荆师败，龚王伤。临战，司马子反渴而求饮，竖阳谷操黍酒而进之，子反叱曰："訾，退！酒也。"竖阳谷对曰："非酒也。"子反曰："亟退却也！"竖阳谷又曰："非酒也。"子反受而饮之。子反之为人也嗜酒，甘而不能绝于口，以醉。战既罢，龚王欲复战而谋，使召司马子反，子反辞以心疾。龚王驾而往视之，入幄中，闻酒臭而还，曰："今日之战，不榖②亲伤，所恃者司马也，而司马又若此，是忘荆国之社稷，而不恤吾众也。不榖无与复战矣。"于是罢师去之，斩司马子反以为戮。故竖阳谷之进酒也，非以醉子反也，其心以忠也，而适足以杀之。故曰：小忠，大忠之贼也。

【注释】

①荆龚王：即楚共王，名审，楚庄王之子。②不榖：诸侯对自己的谦称。

【译文】

从前楚共王与晋厉公在鄢陵作战。楚军被打败，共王受了伤。在当时战斗快要开始的时候，司马子反口渴要求喝水。童仆阳谷就把黍子酿的酒拿给他喝。司马子反喝斥道："哼！拿下去，这是酒！"童仆阳谷回答说，"这不是酒。"司马子反说："赶快拿下去！"童仆阳谷又说："这真的不是酒。"司马子反于是接过来喝了它。司马子反特别喜欢饮酒，如果碰到味道甘醇的美酒，他喝起来就无法停止，因而喝醉了。战斗停下来以后，共王想重新交战而商量对策，派人去叫司马子反，司马子反推说自己心痛就没有去。共王乘车去看望他，一进帐中，闻到酒味就回去了。共王说道："今天的战斗，我自己受了伤，原想能够依靠的就只有司马子反了，可他又醉成了这个样子，司马子反这是忘记了楚国的安危，而又不体恤我的军队啊，我不与晋人再交战了。"于是收兵离去。共王回去以后，杀了司马子反，并陈尸示众。童仆阳谷送上酒，并没想要灌醉司马子反，他认为这是对司马子反的忠诚，却没想到因此而害了他。所以说，小忠是大忠的祸害。

【原典】

昔者晋献公使荀息假道于虞以伐虢。荀息曰："请以垂棘之璧与屈产之乘①，以赂虞公，而求假道焉，必可得也。"献公曰："夫垂棘之璧，吾先君之宝也；屈产之乘，寡人之骏也。若受吾币而不吾假道，将奈何？"荀息曰："不然。彼若不吾假道，必不吾受也；若受我而假我道，是犹取之内府而藏之外府也，犹取之内皂而著之外皂也②。君奚患焉？"献公许之。乃使荀息以屈产之乘为庭实③，而加以垂棘之璧，以假道于虞而伐虢。虞公滥于宝与马而欲许之，宫之奇谏曰："不可许也。虞之与虢也，若车之有辅也，车依辅④，辅亦依车。虞虢之势是也。先人有言曰：'唇竭而齿寒。'夫虢之不亡也，恃虞；虞之不亡也，亦恃虢也。若假之道，则虢朝亡而虞夕从之矣。奈何其假之道也？"虞公弗听，而假之道。荀息伐虢，克之。还反伐虞，又克之。荀息操璧牵马而报。献公喜曰："璧则犹是也，马齿亦薄长矣。"故曰：小利，大利之残也。

【注释】

①璧：美玉。乘：此处指骏马。②皂：通"槽"，牛马的食槽。③庭实：指各诸侯间相互聘问，将礼物放置在中庭。④辅：颊骨。

【译文】

从前，晋献公派荀息向虞国借路来攻打虢国，荀息说："请用垂棘出产的美玉和屈邑出产的良马作为礼物贿赂虞公，以便向他借路，一定可以得到允许。"献公说："那垂棘出产的美玉，是我们先君的宝贝啊；屈邑出产的良马，是我的

骏马啊。如果虞国接受了我们的礼物而不借给我们路，那将如何是好？"荀息说："不会是这种情形的。虞公如果不借我们路，就一定不会接受我们的礼物；如果接受了我们的礼物而借路给我们，这就如同我们把美玉从宫中的府库拿出来放到宫外的府库里去，把骏马从宫中的马槽旁牵出来拴到宫外的马槽旁去。您还有什么可忧虑的呢？"献公答应了，就派荀息把屈邑出产的骏马，加上垂棘出产的美玉作为礼物进献给虞公，来向虞国借路攻打虢国。虞公贪图美玉和骏马，想要答应荀息的请求。宫之奇劝谏说："不可以答应啊，虞国对于虢国，就如同牙床骨和颊骨一样，互相依存。虞国和虢国的形势就是这样。古人曾经说过：'嘴唇没有了，牙齿就会感到寒冷。'虢国之所以不被灭亡，是因为有虞国可以依靠；虞国之所以不被灭亡，也是因为有虢国可以依靠啊！如果借路给晋国，那么虢国早晨灭亡，虞国晚上也就会跟着灭亡了。怎么可以借路给晋国呢？虞公不听，把路借给了晋献公。荀息攻打虢国，战胜了虢国。返回的途中伐取虞国，又战胜了虞国。荀息拿着美玉，牵着骏马回来向献公禀报战绩。献公高兴地说：“美玉还是老样子，只是马的年龄稍长了一点。”所以说，小利是大利的祸害。

【原典】

中山之国有内繇者①，智伯欲攻之而无道也，为铸大钟，方车二轨以遗之。内繇之君将斩岸堙谿以迎钟。赤章蔓枝谏曰：“《诗》云②：‘唯则定国。’我胡则以得是于智伯？夫智伯之为人也，贪而无信，必欲攻我而无道也，故为大钟，方车二轨以遗君。君因斩岸堙谿以迎钟，师必随之。”弗听，有顷谏之。君曰：“大国为欢，而子逆之，不祥。子释之③。”赤章蔓枝曰：“为人臣不忠贞，罪也。忠贞不用，远身可也。”断毂而行④，至卫七日而内繇亡。欲钟之心胜也。欲钟之心胜，则安内繇之说塞矣。凡听说所胜不可不审也。故太上先胜。

【注释】

①内繇（róu yáo）：春秋时期的国家名，位于晋国附近，在今山西阳泉。②《诗》云：所引的诗为轶诗。③释：此处为停下来的意思。④毂（gǔ）：车轴中心的圆木，中间有孔，用来穿轴。

【译文】

中山国内有一个国家叫内繇，智伯想要攻打它，却没有路可以通到那个地方去，于是他就为内繇国铸造了一口大钟，用两辆车并排装载着去送给内繇国的国君。内繇国的国君将路面的高处削平溪谷深处填平来迎接智伯送来的大钟。赤章蔓枝劝谏说：“《诗经》上说过：‘只有遵循确定的准则才能使国家安定。’我们凭什么能从智伯那里得到一口大钟呢？智伯这个人贪婪而且不守信用，一定是他想攻打我们却没有路，所以才铸造了大钟，用两辆车并排装载着来送给您。您于是将路面的高处削平溪谷深处填平来迎接智伯送来的大钟。这样，智伯的军队必定跟随着到来。”内繇国的国君没有采纳他的意见，过了一会儿，赤章蔓枝再次劝谏。内繇国的国君说：“大国要跟你交好，而你却拒绝人家，这不吉祥，你不要再说了。”赤章蔓枝说：“当臣子的不忠贞，这是罪过；忠贞却不被信任，远远走开是可以的了。”于是，他砍掉车轴两端就走了。到了卫国七天，内繇国就灭亡了。这是内繇国的国君想要得到钟的心太迫切了。想要得到钟的心太迫切，那么安定内繇国的主张就不能实行了。凡是听取对自己过分行为的劝说不可不慎重啊！所以说最好是不要有过分的欲望。

昌国君将五国之兵以攻齐①。齐使触子将，以迎天下之兵于济上。齐王欲战，使人赴触子，耻而訾之曰："不战，必刓若类，掘若垄！"触子苦之，欲齐军之败，于是以天下兵战，战合，击金而却之。卒北，天下兵乘之。触子因以一乘去，莫知其所，不闻其声。达子又帅其余卒以军于秦周，无以赏，使人请金于齐王。齐王怒曰："若残竖子之类，恶能给若金？"与燕人战，大败，达子死，齐王走莒。燕人逐北入国，相与争金于美唐甚多②。此贪于小利以失大利者也。

【注释】

①昌国君：即乐毅。因受封于昌国，号昌国君。②美唐：应是齐国藏金的地方。

【译文】

昌国的国君乐毅率领秦、楚、韩、魏、赵五国的军队去攻打齐国，齐国派触子为将，在济水边准备迎击五国的军队。齐王想开战，派人到触子那里去，羞辱并且斥责他说："不开战，我一定灭掉你的家族，挖掉你家的祖坟！"触子感到很愤恨，想让齐军战败，于是同五国的军队开战。刚一交战，触子命令鸣金收兵。齐军败逃，五国的军队追击齐军。触子于是乘一辆兵车离开了，没有人知道他去了哪里，再也没有他的音讯。达子又率领残兵驻扎在秦周，没有东西赏赐士兵，就派人向齐王请求金钱，齐王生气地说："你们这些残存下来的家伙，金钱怎么能给你们呢？"齐军与燕国人交战，被打得大败。达子战死了，齐王逃到了莒。燕国人追赶败逃的齐军进入齐国国都，在美唐你争我夺抢了很多金钱。这是贪图小利而丧失了大利的下场啊！

下贤

【原典】

三曰：

有道之士，固骄人主；人主之不肖者，亦骄有道之士。日以相骄，奚时相得？若儒墨之议与齐荆之服矣①。

【注释】

①儒墨之议：指儒、墨两派相互非议。齐荆之服：指齐、楚两国相互不服。

【译文】

第三：

有道的士人，本来就傲视君主，不贤明的君主，也傲视有道的士人。他们天天这样互相傲视，何时才能相互了解？这就如同儒、墨两派相互非议，齐、楚两国相互不服一样。

【原典】

贤主则不然。士虽骄之，而已愈礼之，士安得不归之？士所归，天下从之，帝①。帝也者，天下之适也；王也者，天下之往也。得道之人，贵为天子而不骄倨，富有天下而不骋夸，卑为布衣而不瘁摄②，贫无衣食而不忧慑。恳乎其诚自有也，觉乎其不疑有以也，桀③乎其必不渝移也，循乎其与阴阳化也，匆匆④乎其心之坚固也，空空⑤乎其不为巧故也，迷乎其志气之远也，昏乎其深而不测也，确乎其节之不庳也，就就⑥乎其不肯自是也，鹄乎其羞用智虑也⑦，假乎其轻俗诽誉也。以天为法，以德为行，以道为宗。与物变化而无所终穷，精充天地而不竭，神覆宇宙而无望。莫知其始，莫知其终，莫知其门，莫知其端，莫知其源。其大无外，其小无内。此之谓至贵。士有若此者，五帝弗得而友，三王弗得而师，去其帝王之色，则近可得之矣。

【注释】

①帝："帝"上当有脱文。②瘁摄：形容忧伤屈服的样子。③桀：高出，突出。④匆匆：形容勤奋不懈的样子。⑤空空：形容诚实的样子。⑥就就：形容犹豫的样子。⑦鹄：浩，大。

【译文】

贤明的君主则不是这样。士人即使傲视自己，自己则更加以礼待之。这样，士人怎能不归附呢？士人归附了，天下人就会跟着他们归附。所谓帝，指的就是天下人都来亲附；所谓王，指的就是天下人都来投靠。得道的人，即使贵为天子也不会骄横傲慢，即使拥有天下也不放纵自夸，即使身份低微得同平民百姓一样也不会忧伤屈服，即使窘迫到无衣可穿、无饭可吃也不会忧虑恐惧。他们诚恳坦荡，确实具备了高尚的道德修养；他们大彻大悟，遇事不疑，必然是弄清了事理原因；他们卓尔不群，坚守信念，矢志不移；他们顺应天道，随着阴阳一起变化；他们明察事理，意志坚定牢固；他们忠厚淳朴，不弄虚作假，不做欺骗他人的事；他们志向远大，气魄宏伟；他们思想深邃，深不可测；他们刚毅坚强，节操坚贞；他们做事谨慎，不自以为是；他们光明正大，耻于运用智谋；他们胸襟宽广，看轻世俗的诽谤、赞誉；他们以天为法则，以德为品行，以道为根本，随万物变化而没有穷尽；他们精神充满天地，永不衰竭，布满宇宙，没有终极；他们所拥有的"道"，没有人知道它的开始，没有人知道它的终结，没有人知道它的门径在哪儿，没有人知道它的开端在哪儿，没有人知道它的本源在哪儿。道大至无所不包，小至微乎其微。这就叫做无比珍贵。士人能达到这种境界，五帝也不能和他交友，三王也不得以他为师。如果抛开帝王身上的尊贵光环，那就差不多能够和他们交友、以他们为师了。

【原典】

尧不以帝见善绻①，北面而问焉。尧，天子也；善绻，布衣也。何故礼之若此其甚也？善绻，得道之士也。得道之人，不可骄也。尧论其德行达智而弗若，故北面而问焉。此之谓至公。非至公其孰能礼贤？

【注释】

①善绻：亦作"善卷"，尧帝时的得道之士。

【译文】

尧不用帝王的身份去会见善绻，而面朝北恭敬地向他请教。尧是天子，善绻是平民，尧为什么要用如此尊贵的礼节对待他呢？因为善绻是得道之人。对得道的人，不可傲视。尧认为自己的德行、智慧比不上善绻，所以面向北恭敬地向他请教。这就叫做无比公正。若没有无比公正的人，谁又能礼遇贤者呢？

【原典】

周公旦，文王之子也，武王之弟也，成王之叔父也。所朝于穷巷之中，瓮牖之下者七十人。文王造之而未遂，武王遂之而未成，周公旦抱少主而成之。故曰成王不唯以身下士邪？

【译文】

周公旦是周文王的儿子，周武王弟弟，周成王的叔父。在他朝见过的人当中，居住在穷巷陋室的有七十人。这件事，周文王开了头而没有做到，周武王做了而没有完成，周公旦辅佐年幼的周成王才真正完成了。这不是正说明周成王亲自礼贤下士吗？

【原典】

齐桓公见小臣稷①，一日三至弗得见。从者曰："万乘之主，见布衣之士，一日三至而弗得见，亦可以止矣。"桓公曰："不然，士骜禄爵者②，固轻其主，其主骜霸王者，亦轻其士。纵夫子骜禄爵，吾庸敢骜霸王乎？"遂见之，不可止。世多举桓公之内行③，内行虽不修，霸亦可矣。诚行之此论，而内行修，王犹少。

【注释】

①小臣稷：春秋时期齐国隐士。②骜：通"傲"，傲视。③内行：此处指私生活的意思。

【译文】

齐桓公去见小臣稷，一天去三次都没能见到。跟随的人说："尊贵的君主去见一个普通百姓，一天去了三次都没能见到，就别见了吧！"桓公说："不可以这样。士傲视俸禄官爵，也傲视君主；傲视霸王之业的君主，也傲视士人。纵使先生他傲视

爵位俸禄，我怎能傲视霸王之业呢？"桓公终究见到了小臣稷，跟随的人没能阻止得了他。世人大多指责桓公的私生活，他的私生活虽然不检点，但有如此好士之心，成就霸业还是可以的。如果真的按上述原则去做，而且私生活又检点，就是称王恐怕还不止呢！

【原典】

子产相郑①，往见壶丘子林②，与其弟子坐必以年，是倚其相于门也。夫相万乘之国而能遗之，谋志论行而以心与人相索，其唯子产乎！故相郑十八年，刑三人，杀二人。桃李之垂于行者，莫之援也；锥刀之遗于道者，莫之举也。

【注释】

①子产：即公孙侨，字子产，春秋时郑国正卿。②壶丘子林：郑国人，复姓壶丘，名子林。

【译文】

公孙侨在郑国做宰相的时候，前去见壶丘子林，跟他的学生们坐在一起，一定按年龄就座。这是把相位的尊贵放在一边而不凭它去居上座。身为一国的宰相而能放下宰相的架子，谈论思想，议论品行，真心实意地与人探索，能这样做的大概只有公孙侨了吧。他在郑国做了十八年宰相，仅处罚过三个人，杀死两个人。在郑国，即使桃李树的果实下垂到了路边，也没有谁去摘；小刀丢在路上，也不会有人去拾取。

【原典】

魏文侯见段干木，立倦而不敢息。反见翟黄，踞于堂而与之言。翟黄不说，文侯曰："段干木官之则不肯，禄之则不受；今女欲官则相位，欲禄则上卿。即受吾实，又责吾礼，无乃难乎！"故贤主之畜人也，不肯受实者其礼之。礼士莫高乎节欲，欲节则令行矣。文侯可谓好礼士矣。好礼士，故南胜荆于连堤，东胜齐于长城，虏齐侯，献诸天子，天子赏文侯以上闻。

【译文】

魏文侯去见段干木，站得疲倦了却不敢休息。从段干木那里回来之后，又去见翟黄，箕踞于堂上来跟他谈话。翟黄很不高兴。文侯说："段干木这个人，给他官做他不愿意，给他俸禄他不接受。现在你想当官就给你相位，你想得到爵禄就给你上卿的爵禄，你既然接受了我给你的官位、爵禄，又要我对你以礼相待，这恐怕难以做到吧。"所以贤明的君主对待人，不肯接受官职俸禄的就以礼相待。礼遇士人没有比节制自己的欲望更好的了。欲望得到节制，命令就可以执行了。魏文侯可以说是礼贤下士的人了，礼贤下士，所以向南能在连堤战胜楚周，向东能在长城战胜齐国，俘虏齐侯，并把他献给周天子。周天子奖赏魏文侯，并封他为诸侯。

不广

【原典】

六曰：

智者之举事必因时，时不可必成，其人事则不广。成亦可，不成亦可，以其所能托其所不能，若舟之与车。北方有兽，名曰蹶，鼠前而兔后，趋则跲①，走则颠②，常为蛩蛩距虚取甘草以与之。蹶有患害也，蛩蛩距虚③必负而走。此以其所能托其所不能。

【注释】

①跲：绊倒。②颠：跌倒。③蛩蛩距虚：传说中的一种野兽，前足高，善走而不善求食。它常与蹶（另一种野兽）配合，互相依赖生存，即：蹶给蛩蛩距虚草吃，蹶有难则由蛩蛩距虚载其逃跑。

【译文】

第六：

明智的人做事情一定要依靠时机，时机不一定成熟，但人为的努力却不可废弃。时机成熟也好，不成熟也好，用别的事物所能做到的来弥补那些不能做到的，就如同船和车互相弥补其不足一样。北方有一种野兽，名叫蹶，前腿像鼠一样短，后腿像兔子一样长，走快了就会绊倒，一跑就跌倒。它常常采摘鲜美的草给蛩蛩距虚吃。蹶有祸患的时候，蛩蛩距虚一定背着它逃走。这就是用自己能够做到的来弥补自己不能做到的。

【原典】

鲍叔、管仲、召忽①，三人相善，欲相与定齐国，以公子纠为必立。召忽曰："吾三人者于齐国也，譬之若鼎之有足，去一焉则不成。且小白则必不立矣，不若三人佐公子纠也。"管子曰："不可，夫国人恶公子纠之母，以及公子纠；公子小白无母，而国人怜之。事未可知，不若令一人事公子小白。夫有齐国，必此二公子也。"故令鲍叔傅公子小白，管子、召忽居公子纠所。公子纠外物则固难必。虽然，管子之虑近之矣。若是而犹不全也，其天邪！人事则尽之矣。

【注释】

①召忽：春秋时期齐国大夫，周召公之后。

【译文】

鲍叔、管仲、召忽三个人彼此交往十分密切，想共同使齐国安定，认为公子纠一定能立为君主。召忽说："我们三个人对于齐国来说，就好比鼎有三足，缺少哪一个都不可以。况且公子小白是一定不会立为君主了，不如我们三个人都辅佐公子纠。"管仲说："不行，国人厌恶公子纠的母亲，因此而牵连到公子纠；公子小白没有了母亲，齐国人因此而非常怜惜他。谁会被立为君主还没有定论，不如让一个人去侍奉公子小白。将来享有齐国的，一定是这两位公子中的一个。"因此让鲍叔做公子小白的老师，管仲、召忽留在公子纠那里。公子纠在外边，未必能够成为齐国的国君，虽说如此，管仲的考虑还是差不多的。像这样考虑了如果还不周全，那大概是天意吧。人为的努力总算是用尽了。

【原典】

齐攻廪丘①。赵使孔青将死士而救之，与齐人战，大败之。齐将死，得车二千，得尸三万，以为二京②。宁越谓孔青曰："惜矣，不如归尸以内攻之。越闻之，古善战者，莎随③赍服。却舍延尸④，车甲尽于战，府库尽于葬，此之谓以内攻之。"孔青曰："敌齐不尸则如何？"宁越曰："战而不胜，其罪一；与人出而不与人入，其罪二；与之尸而弗取，其罪三。民以此三者怨上。上无以使下，下无以事上，是之谓重攻之。"宁越可谓知用文武矣。用武则以力胜，用文则以德胜。文武尽胜，何敌之不服！

【注释】

①廪丘：古地名，原为齐邑，后属赵。故址在今河南范县一带。②京：京观。古时伐不敬，收其死尸封土而成的高丘称京观。③莎随：相持，不进不退。赍服：匍匐，此处仍指进退的意思。④延尸：纳尸，此处指使敌军收尸的意思。

【译文】

齐国攻打廪丘。赵国派孔青率领敢于冒死迎战的将士前去救援，与齐国交战，大败齐军。齐军的将领战死，孔青俘获战车两千辆，得敌军尸体三万具，他把这些尸体封土堆成两个高丘。宁越对孔青说："太可惜了，不如把尸体归还给齐国而从内部攻击它。我听说古代有善战的，能够使敌军既不能进也不能退。不如我们后退三十里，让敌军收尸。齐国这样车甲就能在战争中用尽，府库中的财物也会因安葬死尸而耗尽，这就叫做从内部攻击它。"孔青说："若敌国不来收尸，将如何是好？"宁越说："作战不能取胜，这是他们的第一条罪状；率领士兵出去作战而不能使之回来，这是他们的第二条罪状；给他们尸体却不收取，这是他们的第三条罪状。人民因此就会怨恨他们的君主。他们的君主没有办法驱使臣民，臣民又不会再侍奉君主，这就叫做双重地攻击它。"宁越可以说是懂得运用文武两种办法了。用武就凭力量取胜，用文就凭仁德取胜。用文用武都能取胜，什么样的敌人能不归附？

【原典】

晋文公欲合诸侯，咎犯曰："不可，天下未知君之义也。"公曰："何若？"咎犯曰："天子避叔带之难，出居于郑，君奚不纳之，以定大义，且以树誉。"文公曰："吾其能乎？"咎犯曰："事若能成，继文之业，定武之功，辟土安疆，于此乎在矣；事若不成，补周室之阙^①，勤^②天子之难，成教垂名，于此乎在矣。君其勿疑！"文公听之，遂与草中^③之戎、骊土之翟，定天子于成周。于是天子赐之南阳之地，遂霸诸侯。举事义且利，以立大功，文公可谓智矣。此咎犯之谋也。出亡十七年，反国四年而霸，其听皆如咎犯者邪！

【注释】

①阙：同"缺"，缺点，过失。③勤：救助。③草中、骊土：皆为古代的地名，在当时晋国的东面。

【译文】

晋文公想要会盟各诸侯国，咎犯说："不行，天下人还不了解您的道义啊。"文公说："那我应该怎么做？"咎犯说："天子躲避叔带的灾难，逃往郑国避难，您何不接待他，借此来确立您的大义？并且借此还可以树立您的名声。"文公说："我能够成功吗？"咎犯说："事情如果能成功，那么继承文侯的事业，确立武公的功绩，开拓土地，安定边疆，都在此举；事情如果不能成功，那么弥补周王室的过失，救助周天子的灾难，成就教化，留名青史，也都在此举。您不要有所疑虑了。"文公听从了他的主张，于是就跟草中的戎族人、骊土的狄族人一起把周天子安置在成周。周天子将南阳的土地赐给了晋文公。文公从而称霸诸侯。做事情既符合道义又有利，建立了大功业，文公可以算做明智了。这都是咎犯的计谋啊！文公出亡十七年，回晋国四年就能称霸诸侯，他采纳的都是如同咎犯那样的人的主张啊。

【原典】

管子、鲍叔佐齐桓公举事，齐之东鄙人有常致苦者。管子死，竖刁、易牙用，国之人常致不苦，不知致苦。卒为齐国良工，泽及子孙，知大礼。知大礼，虽不知国可也。

【译文】

管仲、鲍叔辅佐齐桓公治理国事时，齐国东部偏远地区的人常常向上反映人民生活疾苦的情况。管仲去世之后，竖刁、易牙掌管了国事。国人常常向上反映人民生活不疾苦的情况。管仲终于成为齐国的优秀人物，他的恩泽施及子孙后代，是因为他懂得大礼。懂得大礼，即使不懂得国事也是可以的。

先识览第四

先识

【原典】

一曰：

凡国之亡也，有道者必先去，古今一也。地从于城，城从于民，民从于贤。故贤主得贤者而民得，民得而城得，城得而地得。夫地得岂必足行其地、人说其民哉？得其要而已矣。

【译文】

第一：

但凡国家将要灭亡时，有道之人一定会事先离开，古往今来都是一样的。土地的归属取决于城邑的归属，城邑的归属取决于人民的归属，人民的归属取决于贤人的归属。因此，贤明的君主得到贤士的辅佐，人民就会拥护他，人民拥护他，城邑自然就得到了；得到了城邑，土地自然就得到了。由此可见，得到土地难道必定要君主亲自到那里去巡视，必定要挨家挨户地劝说那里的人民吗？只要得到根本就够了。

【原典】

夏太史令终古出其图法，执而泣之。夏桀迷惑，暴乱愈甚。太史令终古乃出奔如商。汤喜而告诸侯曰："夏王无道，暴虐百姓，穷其父兄，耻其功臣，轻其贤良，弃义听谗，众庶咸怨，守法之臣，自归于商。"

【译文】

夏朝的太史令终古看到夏王昏庸时，就拿出法典来抱着哭泣。夏桀仍旧执迷不悟，暴虐荒淫更加厉害。终古于是离开夏去投奔商。商汤高兴地告诉诸侯说："夏王无道，残害百姓，使父兄窘困，功臣受辱，贤士遭到轻视，背弃道义，听信谗言。众人都怨恨他，他的掌管法典的臣子已自行归顺了商。"

【原典】

殷内史向挚见纣之愈乱迷惑也，于是载其图法，出亡之周。武王大说，以告诸侯曰："商王大乱，沈于酒德，辟远箕子，爰近姑与息。妲己为政，赏罚无方，不用法式，杀三不辜①，民大不服。守法之臣，出奔周国。"

【注释】

①杀三不辜：指剖比干之心，折材士之股，刳孕妇而观其胞。

【译文】

殷商的内史向挚看到纣王越来越淫乱昏惑，于是用车载着殷商法典出逃投奔周。武王非常高兴，把这事告诉诸侯说："商王淫乱昏惑到了极点，沉湎于酒色，躲避疏远箕子，亲近妇女和小人，让妲己参与政事，赏罚没有原则，不依法度行事，残杀了三个无辜的人，人民大为不服。掌管他法典的臣子已经逃出来到了我国的国都。"

【原典】

晋太史屠黍见晋之乱也，见晋公之骄而无德义也，以其图法归周。周威公①见而问焉，曰："天下之国孰先亡？"对曰："晋先亡。"威公问其故，对曰："臣比②在晋也，不敢直言，示晋公以天妖，日月星辰之行多以不当。曰：'是何能为？'又示以人事多不义，百姓皆郁怨。曰：'是何能伤？'又示以邻国不服，贤良不举。曰：'是何能害？'如是，是不知所以亡也。故臣曰晋先亡也。"居三年，晋果亡。威公又见屠黍而问焉，曰："孰次之？"对曰："中山③次之。"威公问其故，对曰："天生民而令有别，有别，人之义④也，所异于禽兽麋鹿也，君臣上下之所以立也。中山之俗，以昼为夜，以夜继日，男女切倚⑤，固无休息，康乐⑥，歌谣好悲，其主弗知恶，此亡国之风也。臣故曰中山次之。"居二年，中山果亡。威公又见屠黍而问焉，曰："孰次之？"屠黍不对。威公固问焉，对曰："君次之。"威公乃惧，求国之长者，得义莳、田邑而礼之，得史驎、赵骈以为谏臣，去苛令三十九物，以告屠黍。对曰："其尚终君之身乎！"曰：臣闻之，国之兴也，天遗之贤人与极言之士；国之亡也，天遗之乱人与善谀之士。"威公薨，殡⑦九月不得葬，周乃分为二。故有道者之言也，不可不重也。

【注释】

①周威公：战国时小国西周的君主。②比：近来。③中山：春秋时白狄别支鲜虞族建立的国家，战国时改称中山，后被魏文侯所灭。故址在今河北中部偏西一带。④人之义：人伦。⑤切偶：相依相偎，形容十分亲昵。⑥康乐：依许维遹的说法，今本疑有脱文，"康乐"之前应加"淫昏"二字。⑦殡：暂殡，即把棺椁暂时埋在地中，等以后再正式安葬。

【译文】

晋国的太史屠黍见晋国混乱，晋国的国君骄横又没有德行，于是带着晋国的法典去投奔周国。周威公接见了他并问道："天下的诸侯国哪个先灭亡？"屠黍回答说："晋国先灭亡。"威公问其原因，屠黍回答说："我前一段在晋国的时候，已经不敢对晋公直言劝谏了，只能以天所显示的灾异现象和观察日月星辰不合规律来向他示意，他说：'这些又能怎么样？'我又拿人事的处理大多不符合道义，百姓都烦闷怨恨的情况来向他示意，他说：'这些又能有什么妨害？'我又拿邻国不归服，贤士得不到重用来向他示意，他说：'这些又能有什么危害？'如此看来，晋公是不知道国家灭亡的原因啊。所以我说晋国先灭亡。"过了三年，晋国果然灭亡了。威公又接见并问屠黍说："哪一国接着要灭亡？"屠黍回答说："中山国接着要灭亡。"威公问其原因，屠黍回答说："上天生下人来就让男女有别。男女有别，这是人伦大义，也是区别于禽兽、麋鹿的地方，是君臣上下所以确立的基础。而中山国的习俗，是日夜不分，男男女女夜以继日地相依相偎，没有停止的时候，纵情安逸享乐，歌唱喜好悲声，对这种习俗，中山国的君主竟不知厌恶，这是国家灭亡的征兆啊。因此，中山国接着要灭亡。"过了两年，中山国果然灭亡了。威公又接见屠黍，问他说："哪一国接着要灭亡？"屠黍不回答。威公坚持问他，他回答说："接着要灭亡的是您。"威公这才害怕了。他四处访求德高望重的人，得到义莳、田邑，对他们以礼相待；得到史骈、赵骈，让他们作谏官，还废除了三十九条苛刻的法令。威公把这些情况告诉了屠黍，屠黍回答说："这也许会使您一生平安吧！"接

着，他继续说："我听说国家即将兴盛时，上天给它降下贤士和敢于直言相谏的人；国家即将灭亡时，上天给它降下乱臣贼子和善于阿谀谄媚的人。"威公去世后棺枢暂时埋在地下，九个月不得安葬，周国于是分裂为两个小国。所以有道之人的话，不可以不重视啊。

【原典】

周鼎著饕餮①，有首无身，食人未咽，害及其身，以言报更也。为不善亦然。

【注释】

①饕餮（tāo tiè）：传说中一种贪婪的恶兽。

【译文】

周鼎上铸上饕餮纹，有头没有身子，吃人未及下咽，祸害已连累自身，这是表明恶有恶报啊。做不善的事也是这样。

【原典】

白圭之中山①，中山之王欲留之，白圭固辞，乘舆而去。又之齐，齐王欲留之仕，又辞而去。人问其故，曰："之二国者皆将亡。所学有五尽。何谓五尽？曰：莫之必，则信尽矣；莫之誉，则名尽矣；莫之爱，则亲尽矣；行者无粮，居者无食，则财尽矣；不能用人、又不能自用，则功尽矣。国有此五者，无幸必亡。中山、齐皆当此。"若使中山之王与齐王闻五尽而更之，则必不亡矣。其患不闻，虽闻之又不信。然则人主之务，在乎善听而已矣。夫五割而与赵，悉起而距军乎济上，未有益也。是弃其所以存，而造其所以亡也。

【注释】

①白圭：战国时期魏人，名丹，字圭。

【译文】

白圭到中山国，中山国的国君想要留下他，他坚决婉言谢绝了，乘车离开了；他又到了齐国，齐国的君主想要他留下来做官，他又婉言谢绝了，离开了齐国。别人问他离开的原因，他说："这两个国家都将要灭亡。我听过'五尽'的说法，什么叫'五尽'呢？就是：没有人信任他，那么信义就丧尽了；没有人赞誉他，那么名声就丧尽了；没有人亲近他，那么亲人就丧尽了；路上的行人没有干粮、在家的人没有食物，那么财物就丧尽了；不能任用人，不能发挥自己的作用，那么功业就丧尽了，国家有这五种情况，一定会灭亡，那是不能幸免的。中山、齐国都正符合这五种情况。"假使中山国的君主和齐国的君主听到这"五尽"的说法，并改正自己的恶行，那就一定不会灭亡了。他们的祸患在于没有听到这"五尽"的说法，即使听到了又不相信。这样看来，君主需要努力做的，在善于听取意见罢了。中山国曾五次把地割让给赵国，齐湣王率领全部军队在济水一带抵御以燕国为首的五国军队，都没有什么益处，都没有逃脱国亡身死的下场。这是因为他们抛弃了国家赖以生存的东西，而为自己伏下了灭亡的祸患。

观世

【原典】

二曰：

天下虽有有道之士，国犹少。千里而有一士，比肩①也；累世②而有一圣人，继踵也。士与圣人之所自来，若此其难也，而治必待之，治奚由至？虽幸而有，未必知也，不知则与无贤同。此治世之所以短，而乱世之所以长也。故王者不四，霸者不六，亡国相望，囚主相及。得士则无此之患。此周之所封四百余，服国八百余，今无存者矣。虽存，皆尝亡矣。贤主知其若此也，故曰慎一日，以终其世。譬之若登山，登山者，处已高矣，左右视，尚巍巍焉山在其上。贤者之所与处，有似于此。身已贤矣，行已高矣，左右视，尚尽贤于己。故周公旦曰："不如吾者，吾不与处，累我者也；与我齐者，吾不与处，无益我者也。"惟贤者必与贤于己者处。贤者之可得与处也，礼之也。

【注释】

①比肩：并肩。与下文的"继踵"均表示人多。②累世：连续数代。

【译文】

第二：

天下即使有有道的人，但在一国之中还是很少的。如果方圆千里有一个士，那么就可以称得上是肩并着肩，非常多了；如果几代出一个圣人，那么就可以称得上是脚挨着脚，非常多了。士和圣人的出现，竟这样困难，可是国家的安定却一定得依靠他们，所以，治世怎么到来呢？即使幸而出现贤人，也未必被人知道。有贤人而不被人知晓，那就跟没有贤人一样。这就是治世短而乱世长的原因啊。所以成就王业的人没有出现四位，只有三位；称霸诸侯的人没有出现六位，只有五霸。被灭亡的国家接连不断，被囚禁的君主一个接着一个。得到士就没有这样的祸患了。这就是周朝所封的四百多个诸侯、归附的八百多个国家如今不复存在的原因。即使存在也都曾经灭亡过。贤明的君主知道情况是这样，所以一天比一天谨慎，以保自己终身平安。就好比登山，登山的人已经登得很高了，向左右看时，还有更高的山在他之上呢。贤人和人相处与此相似。自己已经很贤明了，品行已经很高尚了，向左右看时，还尽是超过自己的人。所以周公旦说："不如我的人，我不跟他在一起，他会牵累我；跟我一样的人，我不跟他在一起，他对我是没有益处的。"贤人一定要跟超过自己的人在一起。跟贤人在一起是能够办到的，那就是对他们以礼相待。

【原典】

主贤世治，则贤者在上；主不肖世乱，则贤者在下。今周室既灭，天子既废，乱莫大于无天子。无天子则强者胜弱，众者暴寡，以兵相刬，不得休息。而佞进①。今之世当之矣。故欲求有道之士，则于江河之上，山谷之中，僻远幽闲之所，若此则幸于得之矣。太公钓于滋泉，遭纣之世也，故文王得之。文王，千乘也；纣，天子也。天子失之，而千乘得之，知之与不知也。诸众齐民^②，不待知而使，不待礼而令。若夫有道之士，必礼必知，然后其智能可尽也。

【注释】

①而佞进：依王念孙的说法，该句疑应在"贤者在下"之后。②齐民：平民。

【译文】

君主贤明，世道安定，贤人就居于上位；君主不肖，世道混乱，贤人就处于下位，而奸佞小人得到重用。如今周王室已经灭亡，也废除了天子。世道混乱没有比无天子更严重的了。没有天子，强大的就胜过弱小的，人多势众的就欺凌势孤力单的，使用兵器相互残杀，无法止息。如今的时局与此相同。所以想要访求有道之士，就应该到江海边、山谷中、僻远幽静的地方去访求，或许还能有幸得到他们。太公望在滋泉边钓鱼，是因为正遭逢纣当政的时代，所以周文王得到了他。文王只是诸侯，纣贵为天子。然而天子失去了太公，而诸侯却得到了太公，这是因为文王了解太公，而纣不了解太公啊。平民百姓，不了解他们也可以役使，不用礼待也可以命令他们。至于有道之士，一定要以礼对待他们，一定要了解他们，然后才可以让他们把智慧才能全都贡献出来。

【原典】

晏子之晋，见反裘负刍息于涂者^①。以为君子也，使人问焉，曰："曷为而至此？"对曰："齐人累之^②，名为越石父。"晏子曰："嘻！"遽解左骖以赎之，载而与归。至舍，弗辞而入。越石父怒，请绝。晏子使人应之曰："婴未尝得交也，今免子于患，吾于子犹未邪也？"越石父曰："吾闻君子屈乎不己知者，而伸乎己知者。吾是以请绝也。"晏子乃出见之，曰："向也见客之容而已，今也见客之志。婴闻察实者不留声，观行者不讥辞，婴可以辞而无弃乎？"越石父曰："夫子礼之，敢不敬从。"晏子遂以为客。俗人有功则德，德则骄。今晏子功免人于厄矣，而反屈下之，其去俗亦远矣。此令功之道也。

【注释】

①反裘：反着穿皮衣。挑或背草的人为保护皮毛，反毛为里，故有此说。②累：此处指奴仆的意思。

173

【译文】

晏子来到晋国，看见一个反穿皮衣挑草的人正在路边休息。晏子认为此人是位君子，就派人问他说："你为什么到了这里？"那个人回答说："我是齐国的奴仆，名叫越石父。"晏子听了以后说："噢！"立刻解下车左边的马把这个人赎了出来，同坐一辆车回去。到了馆舍，晏子没有向越石父告辞就进去了。越石父很生气，请求与晏子绝交。晏子派人回答他说："我不曾跟你交朋友啊。现在我把你从患难中解救出来，我对你还不可以吗？"越石父说："我听说君子可以屈辱于不了解自己的人，在已经了解自己的人面前就要挺直身子做人。因此，我要跟您绝交。"晏子于是出来接见他说："刚才只是看到您的容貌，现在才看到您的心志。我听说考察他人实际功劳的人不留意他人的名声，观察他人行为的人不考虑他人的言辞。我可以向您谢罪而不被拒绝吗？"越石父说："先生您对我以礼相待，我怎敢不恭敬从命。"晏子于是把他待为上宾。世俗之人有功劳就自以为对别人有恩德，有了恩德就引以为傲；现在晏子有从困境中解救他人的功劳，却反而对被救的人谦卑有加，他超出世俗已经相当远了。这就是善于保全功劳的方法啊。

【原典】

子列子穷，容貌有饥色。客有言之于郑子阳者，曰："列御寇，盖有道之士也，居君之国而穷，君无乃为不好士乎？"郑子阳令官遗之粟数十秉[1]。子列子出见使者，再拜而辞。使者去，子列子入，其妻望而拊心[2]，曰："闻为有道者妻子，皆得逸乐。今妻子有饥色矣，君过而遗先生食[3]，先生又弗受也。岂非命也哉？"子列子笑而谓之曰："君非自知我也，以人之言而遗我粟也，至已而罪我也，有罪且以人言[4]。此吾所以不受也。"其卒民果作难，杀子阳。受人之养而不死其难，则不义；死其难，则死无道也。死无道，逆也。子列子除不义、去逆也，岂不远哉？且方有饥寒之患矣，而犹不苟取，先见其化也。先见其化而已动[5]，远乎性命之情也[6]。

【注释】

①秉：古量名，十六斛为一秉。②望：怨恨。拊心：拍胸、抚胸。③过：探望。④至已而罪我也，有罪且以人言：句意不通。依毕沅的说法，"罪"当为衍

字。⑤已：通"以"。⑥远：依毕沅的说法，当作"达"。

　　列子非常贫困，脸上现出饥饿的气色。有个宾客把这种情况告诉给郑相子阳，说："列子是位有道之士，居住在您的国家却很贫困，难道是您不喜好士吗？"子阳就派一个官吏将几百石粮食送给列子。列子恭敬地出来接见来使，拜了又拜后谢绝了。使者离开了，列子进了门，他的妻子怨恨地捶着胸脯说："我听说有道之人的妻子儿女都能得到安乐。现在你的妻子儿女都非常饥饿，相国派人探望并送给你粮食，你却不接受。我们岂不是命中注定要受贫困吗？"列子笑着对她说："相国自己并不了解我，他是因为听了别人的话才送我粮食，过不了多久，同样又将会因为别人的话治我的罪。我因此不接受。"结果人民果然发难，杀死了子阳。如果接受了别人的供养，在别人遭难时不去拼死，就是不义；为别人遭难而去死，就是为无道之人而死。为无道之人而死，就是悖逆。列子免除不义、避开悖逆，难道不是因为看得远吗？正当他有饥寒之苦的时候，尚且不

肯随随便便地接受别人的馈赠，这是因为事先预见到了事情的发展变化。事先预见到事物的发展变化，从而采取相应的行动，是因为他通晓性命之情啊。

察微

【原典】

六曰：

使治乱存亡若高山之与深溪，若白垩①之与黑漆，则无所用智，虽愚犹可矣。且治乱存亡则不然。如可知，如可不②知；如可见，如可不见。故智士贤者相与积心愁③虑以求之，犹尚有管叔、蔡叔之事与东夷八国不听之谋。故治乱存亡，其始若秋毫。察其秋毫，则大物不过矣。

【注释】

①白垩：白土。②可不：依毕沅的说法，当作"不可"。③愁：通"揫（jiū），聚积。

【译文】

第六：

如果治与乱、存与亡的区别如同高山与深谷，如同白土与黑漆那样分明，那就不必任用有智慧的人了，即使愚笨的人也可以知道了。然而治与乱、存与亡的区别却并非如此。好像可知，又好像不可知；好像可见，又好像不可见。所以有才智的人、贤明的人都在千思百虑、用尽心思去探求治乱存亡的征兆，尽管如此，管叔、蔡叔还是叛乱，东夷八国不听从王命。所以治乱存亡，刚开始时都如同鸟兽在秋天里生出的细毛一样纤小细微，如果能够明察秋毫，大事就不会出现过失了。

【原典】

鲁国之法，鲁人为人臣妾于诸侯①，有能赎之者，取其金于府。子贡赎鲁人于诸侯，来而让，不取其金。孔子曰："赐失之矣。自今以往，鲁人不赎人矣。"取其金，则无损于行；不取其金，则不复赎人矣。子路拯溺者，其人拜之以牛，子路受之。孔子曰："鲁人必拯溺者矣。"孔子见之以细，观化远也。

【注释】

①臣妾：奴仆。臣：男奴仆。妾：女奴仆。

【译文】

鲁国的法令规定，鲁国人在其他诸侯国给人当奴仆，有能赎出他们的，可以从国库中支取金钱。子贡在诸侯国那儿赎出了鲁国人，回来却辞让不到国库那儿去支取金钱。孔子说："端木赐做得不对啊。从今以后，鲁国人不会再赎人了。"支取金钱，对品行并没有损害；不支取金钱，就不会有人再赎人了。子路救了一个溺水的人，那个人用牛来酬谢他，他收下了。孔子说："鲁国人一定会救溺水的人了。"孔子能从细微处看出事情的结果，这是他对事物的发展变化观察得远的缘故啊。

【原典】

楚之边邑曰卑梁，其处女与吴之边邑处女桑于境上，戏而伤卑梁之处女。卑梁人操其伤子以让吴人①，吴人应之不恭，怒，杀而去之。吴人往报之，尽屠其家。卑梁公怒②，曰："吴人焉敢攻吾邑？"举兵反攻之，老弱尽杀之矣。吴王夷昧闻之，怒，使人举兵侵楚之边邑，克夷而后去之。吴、楚以此大隆③。吴公子光又率师与楚人战于鸡父④，大败楚人，获其帅潘子臣、小唯子、陈夏啮。又反伐郢，得荆平王之夫人以归，实为鸡父之战。凡持国，太上知始，其次知终，其次知中。三者不能，国必危，身必穷。《孝经》曰⑤："高而不危，所以长守贵也；满而不溢，所以长守富也。富贵不离其身，然后能保其社稷，而和其民人。"楚不能之也。

【注释】

①子：指上文受伤的卑梁姑娘。古时男孩女孩都可称作"子"。②卑梁公：卑梁邑的守邑大夫，当时楚僭越称王，故守邑大夫均称公。③隆：通"哄"，相斗。④鸡父：古代的地名。故址在今河南固始东南。⑤《孝经》：所引文字见《孝经·诸侯章》。

【译文】

楚国的边界中有个叫卑梁的地方，那里的姑娘与吴国边境城邑的姑娘一起在边境上采桑叶，嬉戏时，吴国的姑娘不小心弄伤了卑梁的姑娘。卑梁人带着受伤的姑娘去责问吴国人，吴国人应答很不恭敬，卑梁人一怒之下杀死了那个吴国人就离开了。吴国人去报复，把那个楚国人的全家都杀死了。卑梁的守邑大夫大怒道："吴国人怎么竟敢攻打我的城邑？"于是起兵前去攻打吴国，连老弱病残全部杀死了。吴王夷昧听到这事以后大怒，派人率兵侵犯楚国的边境城邑，攻克楚国边邑，将其夷为平地后才离开。吴国、楚国因此展开大战。吴公子亲自率军与楚军在鸡父开战，把楚军打得大败，俘虏了楚军的主帅潘子臣、小帷子以及陈国的夏啮。接着又攻打楚国的都城郢，得到了楚平王的夫人，把她带回吴国。这实际上还是鸡父之战的继续。守住国家的上策是洞察事情的开端，其次是预见到事情的结局，再次是随着事情的发展了解它。不能做到这三者，国家必然危急，自身必然受困。《孝经》上说："高却不倾危，因此能够长期保住尊贵；满却不外溢，因此能够长期保住富足。富贵而不离其身，然后才能保住国家，使人民和谐。"楚国恰恰未能做到这点。

【原典】

郑公子归生①率师伐宋。宋华元②率师应之大棘，羊斟③御。明日将战，华元杀羊飨士，羊斟不与焉。明日战，怒谓华元曰："昨日之事，子为制④；今日之事，我为制。"遂驱入于郑师。宋师败绩，华元虏。夫弩机⑤差以米则不发。战，大机也。飨士而忘其御也，将以此败而为虏，岂不宜哉！故凡战必悉熟偏⑥备，知彼知己，然后可也。

【注释】

①归生：字子家，春秋时郑国大夫。②华元：春秋时宋国大夫。归生伐宋时，华元为宋国部队的统军元帅。③羊斟：宋国人，给华元驾车的人，后投奔鲁国。④制：此处为控制、掌控的意思。⑤弩机：弩牙，即装置在弩的木臂后部的机械，控制发射用。弩：古代一种利用机械力量发射箭的弓。⑥偏：通"遍"。

【译文】

郑公子归生率领军队攻打宋国。宋国的华元率领军队在大棘迎敌，羊斟为华元驾车。第二天临战前，华元杀羊犒劳兵士，羊斟却不在其中。第二天作战时，羊斟愤怒地对华元说："昨天杀羊犒劳兵士的事由你掌握，今天驾车的事该由我掌握了。"于是故意把车一直赶进郑国军队里。宋国军队大败，华元被俘。弩牙存在一颗米粒大小的误差就不能发射。战争恰似这样一个放大的弩牙。杀羊犒劳兵士却忘记了给自己驾车的人，将帅因此战败被俘，难道不是应该的吗？所以，凡作战一定要熟悉全部情况，做好全面准备，知己知彼，然后才可以作战。

【原典】

鲁季氏与郈氏斗鸡，郈氏①介其鸡，季氏为之金距②。季氏之鸡不胜，季平子怒，因归③郈氏之宫，而益其宅。郈昭伯怒，伤之于昭公，曰："禘于襄公之庙也，舞者二人④而已，其余尽舞于季氏。季氏之舞道⑤，无上久矣。弗诛，必危社稷。"公怒，不审，乃使郈昭伯将师徒以攻季氏，遂入其宫。仲孙氏、叔孙氏相与谋曰："无季氏，则吾族也死亡无日矣。"遂起甲以往，陷西北隅以入之，三家为一，郈昭伯不胜而死。昭公惧，遂出奔齐，卒于乾侯⑥。鲁昭听伤而不辩其义，惧以鲁国不胜季氏，而不知仲、叔氏之恐，而与季氏同患也。是不达乎人心也。不达乎人心，位虽尊，何益于安也？以鲁国恐不胜一季氏，况于三季？同恶固相助。权物若此其过也，非独仲、叔氏也，鲁国皆恐。鲁国皆恐，则是与一国为敌也，其得至乾侯而卒犹远。

【注释】

①郈（hòu）氏：鲁国公室，此处指郈昭伯。②距：鸡爪。③归：依孙人和的说法，当是"侵"之误。④二人：依毕沅的说法，当作"二八"。古代舞剑，天子为八佾（yì：古代舞剑的行列，八人为一佾），诸侯为六佾，大夫为四佾，士为二佾。鲁国为诸侯国，应为六佾，但仅有二佾，有四佾被季氏占有，季氏应为四佾，但竟为八佾。⑤舞道：舞蹈的规矩原则。⑥乾侯：晋邑，在今河北成安县南。

【译文】

鲁国的季氏与郈氏斗鸡，郈氏在自己的鸡身上套上了一层皮的甲，季氏给鸡套上金属爪。季氏的鸡没有斗胜，季平子非常气愤，于是侵占郈氏的房屋，扩大自己的住宅。郈昭伯怒从中来，就在昭公面前诋毁季氏说："在鲁襄公举行庙祭的时候，舞蹈的人仅有十六人而已，其余的人都到季氏家去跳舞了。季氏家舞蹈人数超过规格，他目无君主已经很长时间了。如果不讨伐他，国家必然受到危害。"鲁昭公大怒，不加详察，就派郈昭伯率领军队去攻打季氏，攻入了他的庭院。仲孙氏和叔孙氏商议说："如果没有了季氏。那么我们家离灭亡就不远了。"于是发兵前往救助，攻陷西北角后进入了季氏庭院，三家合兵一处，郈昭伯因为失败而被杀掉了。昭公害怕了，于是逃亡到齐国，后来死在了晋国的干侯。鲁昭公听信诋毁季氏的话，却不分辨是否合乎道理，他只担心鲁国不能战胜季氏，却不知道仲孙氏和叔孙氏也很恐惧，他们与季孙氏是患难与共的。这表明鲁昭公对人心不了解。对人心不了解，地位即便尊贵，对安全又有什么益处呢？凭借鲁国尚且害怕不能胜过一个季氏，更何况三个季氏呢？三个季氏都厌恶鲁昭公，本来就会互相救助。鲁昭公权衡事情错误到如此地步，不仅仲孙氏、叔孙氏恐惧，整个鲁国也都感到恐惧。整个鲁国都感到恐惧，这就是与整个国家为敌了。鲁昭公与整个国家为敌，在国内就该被杀，如今能死在晋国的干侯，还算有幸死得远了呢！

审分览第五

审分

【原典】

一曰：

凡人主必审分①，然后治可以至，奸伪邪辟之途可以息，恶气苛疾无自至。夫治身与治国，一理之术也。今以众地②者，公作则迟，有所匿其力也；分地则速，无所匿迟也。主亦有地，臣主同地，则臣有所匿其邪矣，主无所避其累矣。

【注释】

①分：名分，职分。②地：用作动词，耕种土地。

【译文】

第一：

凡是君主，一定要明察君臣的职分，然后国家的安定才可以实现，奸诈邪僻的渠道才可以堵塞，恶俗的风气、严重的疾病才无从到来。修养自身与治理国家，其方法道理是一样的。如今动用许多人共同耕种同一块土地，大家一起劳作，速度就缓慢。这是由于人们有办法藏匿自己的力气；如果分开耕作就迅速，这是由于人们没有必要藏匿自己的力气。君主治理国家也如同种地一样，臣子和君主共同治理，臣子就有办法藏匿自己的私力，君主就无法避开负累了。

【原典】

凡为善难，任善易。奚以知之？人与骥俱走，则人不胜骥矣；居于车上而任骥，则骥不胜人矣。人主好治人官之事，则是与骥俱走也，必多所不及矣。夫人主亦有居车，无去车，则众善皆尽力竭能矣，谄谀诐①贼巧佞之人无所窜其奸矣，坚穷廉直忠敦之士毕竟劝骋骛矣②。人主之车，所以乘物也。察乘物之理，则四极可有。不知乘物，而自怙恃，夺其智能③，多其教诏，而好自以，若此则百官恫扰，少长相越，万邪并起。权威分移，不可以卒，不可以教，此亡国之风也。

【注释】

①诐（bì）：偏颇，邪僻。窜：藏匿。②穷：依刘师培的说法，当为"睿"之误。睿：明智。③夺：依陈昌齐的说法，当作"奋"。奋：矜夸。

【译文】

凡是亲自去做善事就困难，任用别人做善事就容易。用什么方式能知道呢？比如人跟千里马一同跑，人就无法超越千里马；如果人坐在车上驾驭千里马，千里马就不能超越人了。君主喜欢处理官吏职权范围内的事，这就如同和千里马一起跑，一定在很多方面都赶不上。君主也应该像驾驭千里马的人一样坐在车上，不要离开车子，那么所有做善事的人就都会尽心竭力了，那些热衷于阿谀奉承、邪僻奸巧的人就无法藏匿其中了，刚强明智、忠诚淳朴的人就会争相努力去奔走效劳。君主的车子是用来载物的，明察了载物的道理，那么四方边远之地都能够拥有；不懂得载物的道理而自以为是，夸耀自己的才智，颁发许多教育命令，好凭自己的意图行事，这样，各级官吏就都恐惧骚乱，长幼尊卑的秩序就会乱，各种邪恶的事情一齐涌现，权威分散下移，不可以善终，不可以施教，这是亡国的风气啊。

【原典】

王良之所以使马者，约审之以控其辔，而四马莫敢不尽力。有道之主，其所以使群臣者亦有辔。其辔何如？正名审分，是治之辔已。故按其实而审其名，以求其情；听其言而察其类，无使放悖。夫名多不当其实，而事多不当其用者，故人主不可以不审名分也。不审名分，是恶壅而愈塞也。壅塞之任，不在臣下，在于人主。尧、舜之臣不独义，汤、禹之臣不独忠，得其数也；桀、纣之臣不独鄙，幽、厉之臣不独辟，失其理也。

【译文】

王良驾驭马的办法是，明察驾马的要领，握住马缰绳，因而四匹马没有敢不用尽力气的。有道术的君主，也有用"缰绳"驾驭群臣的办法。那"缰绳"是什么呢？辨正名称，明察职分，就是驾驭群臣的"缰绳"。因此，要依照实际来审察名称，才能得到真实的情况；听到言论要考察其所行之事，不要让它们彼此悖逆。有不符合实际的名称，也有不切合实际的事情，所以君主不可不辨明名分。不辨明名分，这就是厌恶壅闭反而更加阻塞啊。阻塞的责任不在于臣子，而在于君主。尧和舜的臣子并不全是仁义的，汤和禹的臣子并不全是忠诚的，他们能称王天下，是因为驾驭臣子得法啊。桀和纣的臣子也并不全是鄙陋的，幽王和厉王的臣子也并不全是邪僻的，他们亡国丧身，是因为驾驭臣子不得法啊。

【原典】

今有人于此，求牛则名马，求马则名牛，所求必不得矣，而因用威怒，有司必诽怨矣，牛马必扰乱矣。百官，众有司也；万物，群牛马也。不正其名，不分其职，而数用刑罚，乱莫大焉。夫说以智通，而实以过悗①；誉以高贤，而充以卑下；赞以洁白，而随以污德；任以公法，而处以贪枉；用以勇敢，而埋以罢②怯。此五者，皆以牛为马、以马为牛，名不正也。故名不正，则人主忧劳勤苦，而官职烦乱悖逆矣。国之亡也，名之伤也，从此生矣。白之顾③益黑，求之愈不得者，其此义邪！

【注释】

①过悗（mán）：过：当作"遇"。遇：通"愚"。悗：迷惑。②罢：通"疲"。③顾：反。

【译文】

假如有这样一个人，想要牛却说马的名字，想要马却说牛的名字，那么他想要的必定无法得到，于是就发怒使用权威，主管人毫无疑问要责备怨恨他，牛马毫无疑问要受到扰乱。百官就如同众多的主管人员一样，万物就如同众多的牛马一样。不辨正他们的名称，不区别他们的职分，却接连不断地动用刑罚，惑乱没有比这更大的了。称道一个人明智通达，而实际上这人却愚蠢糊涂；称赞一个人高尚贤德，而实际上这人却卑贱低微；赞誉一个人品德高洁，而这人表现出来的却是道德败坏；委任一个人掌公法，而这人做起事来却贪赃枉法，由于一个人外表果敢任用他，而这人内心却疲惫胆怯。这五种情况，完全是把牛当成了马，把

马当成了牛，都是名分不正啊。所以，名分不正，那么君主就忧愁劳苦，百官就混乱乖逆。国家遭受灭亡，名声受到损害，就由此产生出来了。想要白，反倒更加黑了；想得到，却越发不能得到，大概都是这个道理吧！

【原典】

故至治之务，在于正名。名正则人主不忧劳矣，不忧劳则不伤其耳目之主。问而不诏，知而不为，和而不矜，成而不处，止者不行，行者不止，因形而任之，不制于物，无肯为使，清静以公，神通乎六合，德耀乎海外，意观乎无穷，誉流乎无止。此之谓定性于大湫①，命之曰无有②。故得道忘人，乃大得人也，夫其非道也？知德忘知，乃大得知也，夫其非德也？至知不几，静乃明几也，夫其不明也？大明不小事，假乃理事也，夫其不假也？莫人不能③，全乃备能也，夫其不全也？是故于全乎去能，于假乎去事，于知乎去几，所知者妙矣。若此则能顺其天，意气得游乎寂寞之宇矣，形性得安乎自然之所矣。全乎万物而不宰，泽被天下而莫知其所自姓，虽不备五者，其好之者是也。

【注释】

①大湫（qiū）：大的空洞。湫：空洞，此处为深邃幽微的意思。②无有：无形。③莫人：依俞樾的说法，当作"真人"，指修真得道之人。

【译文】

所以国家大治的关键在于辨正名分。辨正了名分,君主就没有忧愁劳苦了。没有忧愁劳苦,就不会损伤耳目的天性了。多询问,却不专断地下指示;虽然知道怎样做,却不亲自去做;和谐万物,但不会夸耀自己;事情做成了,但不会居功自傲,静止的事物不让它运动,运动的事物不让它静止。遵照法则来运用它们,不为外物所制约,不肯被外物役使。清静而公正,精神流传到天地四方,品德照耀到四海之外,思想永远不衰,美名流传不止。这就叫做把性命寄托在深邃幽远之处,命名为无形。所以,得道之人能忘掉别人,别人反而非常仰慕他,这就叫大得人心,这难道不是道吗?知道自己有德,不在乎让人知道,这样就更能为人所知,这难道不是有德吗?非常有德的人外表不机敏,安然处之,机敏就会显露出来,这难道不是聪明吗?特别贤明的人不着力于杂务,大事才着手去做,这难道不是伟大吗?修真得道的人无所能,可人们都会去归附他,于是就无所不能了,这难道不是伟大完美吗?因此,有众人效力就无须事必躬亲,做大事就需要抛却杂务,被人了解了就无须外表机敏,这样,所知道的就很微妙了,像这样,那就能顺应天性了,意气就可以在空廓寂静的宇宙中遨游了,形体就可以在自然的境界里获得安适了。包容万物却不去主宰,恩泽遍及天下却不知从何而来。这样,即使不具备上面说的五种情况,也可以说是爱好这些了。

慎势

【原典】

六曰:

失之乎数,求之乎信,疑;失之乎势,求之乎国,危。吞舟之鱼,陆处则不胜蝼蚁。权钧则不能相使,势等则不能相并,治乱齐则不能相正。故小大、轻重、少多、治乱,不可不察,此祸福之门也。

【译文】

第六:

失去了驾驭群臣的方法，却要求群臣信任，这是糊涂啊。失去了君主的权势，却要求国家治理得好，其结果自然是危险的。能吞下船的大鱼，一旦让它们上了岸，就连蝼蛄、蚂蚁都胜不过。权力相同就不能役使对方，势力相等就不能兼并对方，治乱相同就不能匡正对方。所以对大小、轻重，多少、治乱等情况，不能不审查明白，这是通向祸福的途径。

【原典】

凡冠带之国①，舟车之所通，不用象、译、狄鞮②，方三千里。古之王者，择天下之中而立国③，择国之中而立宫，择宫之中而立庙。天下之地，方千里以为国，所以极治任也。非不能大也，其大不若小，其多不若少。众封建，非以私贤也，所以便势全威，所以博义，义博利则无敌④，无敌者安。故观于上世，其封建众者，其福长，其名彰。神农十七世有天下，与天下同之也。

【注释】

①冠带之国：指文明开化的国家。冠带：帽子和腰间的带子，原指制服，引申为文明的代名词（古代边远地区的少数民族，其服饰与中原大不相同，所以被认为不开化）。②象、译、狄鞮：古代通译四方民族语言的官员。③立国：指建立王畿（jī）。王畿指王城附近受君主管辖的地域。④所以博义，义博利则无敌：当作"所以博义博利，博义博利则无敌"。

【译文】

凡是文明开化的国家，车船所能达到的地方，不用通译四方民族语言的官员做翻译的地方，面积有方圆三千里。古代称王的人，选择天下的正中来确立自己的管辖区域，选择在所确立管辖区域的正中来建立宫廷，选择宫廷的正中来建立祖庙。在普天下，只把方圆千里的地方作为自己的管辖区域，是为了更好地担起治理国家的担子。自己的管辖区域并不是不能扩大，但是大了不如小了好，多了不如少了好；多分封诸侯国，并不是偏爱贤明的人，而是为了更好地控制局势；保全威严，是为了使道义和利益扩大。道义和利益扩大了，那么就无敌于天下了。无敌于天下的人就安全了。所以对上世考察一下，那些分封诸侯国多的人，他们的福分就长久，他们的名声就显赫。神农享有天下十七世，是因为神农能够和天下万民共同享有啊。

【原典】

王者之封建也，弥近弥大，弥远弥小。海上有十里之诸侯。以大使小，以重使轻，以众使寡，此王者之所以家以完也①。故曰以滕、费则劳②，以邹、鲁则逸，以宋、郑则犹倍日而驰也，以齐、楚则举而加纲斿而已矣。所用弥大，所欲弥易。汤其无郼③，武其无岐，贤虽十全，不能成功。汤、武之贤，而犹藉知乎势，又况不及汤、武者乎？故以大畜小吉，以小畜大灭，以重使轻从，以轻使重凶。自此观之，夫欲定一世，安黔首之命，功名著乎槃盂，铭篆④著乎壶鉴，其势不厌尊，其实不厌多。多实尊势，贤士制之，以遇乱世，王犹尚少。

【注释】

①此王者之所以家以完也：当作"此王者之所以完义"。②滕：古时的国家名，在今山东滕县西南。费：鲁国季氏的私邑，在今山东省费县西北。③郼（yī）：商汤在成为天子之前的封国。④铭篆：铭文。

【译文】

称王的人分封诸侯国，越近的就越大，越远的就越小。四海边远的地方有方圆十里的诸侯国。用大的诸侯国役使小的诸侯国，用权势重的诸侯国役使权势轻的诸侯国，用人多的诸侯国役使人少的诸侯国，这就是称王的人能以家为国、国家又得以保全的原因。所以说，用滕、费这样的小国去役使其他国家就费力，用邹、鲁役使其他国家就省力，用宋、郑役使其他国家就加倍容易，用齐、楚役使其他国家，只需要用纲纪来约束就可以了。所使用的诸侯国越大，实现自己的愿望就越容易。汤如果没有郼，武王如果没有岐，即使贤明得近乎于完美，也不能成就功业。凭着汤、武王那样的贤德，尚且需要借助于权势，更何况不及汤、武王的君主呢？因此，用大的诸侯国役使小的诸侯国就吉祥，用小的诸侯国役使大的诸侯国就会招致灭亡，用权势重的诸侯国役使权势轻的诸侯国就顺从，用权势轻的诸侯国役使权势重的诸侯国就凶险。由此可以看出，想要使一世平定，使百姓安居乐业，使功名刻铸在盘盂上、铭刻在壶鉴上，这样的人，对尊贵的权势和雄厚的实力从不满足。有雄厚的实力和尊贵的权势，有贤德之人辅佐，凭着这些，遇上乱世，至少也能成就王业。

【原典】

天下之民穷矣苦矣。民之穷苦弥甚，王者之弥易。凡王也者，穷苦之救也。

水用舟，陆用车，涂用辀①，沙用鸠②，山用樏③，因其势也者令行④。位尊者其教受，威立者其奸止，此畜人之道也。故以万乘令乎千乘易，以千乘令乎一家易，以一家令乎一人易。尝识及此⑤，虽尧、舜不能。诸侯不欲臣于人，而不得已。其势不便，则奚以易臣？权轻重，审大小，多建封，所以便其势也。王也者，势也。王也者，势无敌也。势有敌则王者废矣。有知小之愈于大、少之贤于多者，则知无敌矣。知无敌则似类嫌疑之道远矣⑥。故先王之法，立天子不使诸侯疑焉，立诸侯不使大夫疑焉。立适子不使庶孽疑焉。疑生争，争生乱。是故诸侯失位则天下乱，大夫无等则朝廷乱，妻妾不分则家室乱，适孽无别则宗族乱。慎子曰："今一兔走，百人逐之，非一兔足为百人分也，由未定。由未定，尧且屈力⑦，而况众人乎？积兔满市，行者不顾，非不欲兔也，分已定矣。分已定，人虽鄙，不争。"故治天下及国，在乎定分而已矣。

【注释】

①涂：泥泞的道路。辀（chūn）：古时用于泥泞道路上的一种交通工具。②鸠：古时用于沙路上的一种交通工具。③樏（léi）：古代走山路时乘坐的一种交通工具。④因其势也者令行：当作"因其势也，因势者令其行"。⑤及：当作"反"。⑥疑：通"拟"，相比拟，即僭越。⑦屈：尽，竭。

【译文】

天下的人民很穷苦了。人民穷苦得越深重，想称王的人成就王业就越容易。凡是称王的，都需要把人民从穷苦的境地中解救出来。在水中行走要使用船，在陆上行走要使用车，在路上行走要使用辀，在沙路上行走要使用鸠，在山路上行走要使用樏，这是为了顺应不同的形势。可以顺应不同的形势人命令就能执行。地位尊贵的人，教化就能被接受；威严树立的人，国内的奸邪就能被制止。这就是治理人的原则。所以，用拥有万辆兵车的国家对拥有千辆兵车的国家发号施令就容易，用拥有千辆兵车的国家对大夫之家发号施令就容易，用大夫之家对一人发号施令就容易。如果认识到达一点，即使是尧、舜也都难以做到。诸侯都不想臣服于人，可是却不得不这样。君王的地位如果不利，那么怎能轻易地使之臣服呢？称王的人权衡轻重，审察大小，多分封诸侯国，是为了让自己处于有利的位置。所谓称王，凭借的是权势。所谓称王，是权势无人与之抗衡。权势有人抗衡，那么称王的人就会被废黜。有知道小可以超过大，少可以胜过多的人，就知道怎样去抗衡了。就知道怎样去抗衡，那么比拟僭越的事就会远远离开了。因此，先王的法度是，立天子不让诸侯僭越，立诸侯不让大夫僭越，立嫡子不让庶子僭越。一旦有僭越的现象发生就会招致争夺，争夺就会招致混乱。所以，如果诸侯的爵位丧失，那么天下就会混乱；大夫的等级丧失，那么朝廷就会混乱；妻妾的区分不明，那么家庭就会混乱；嫡子、庶子未加区别，那么宗族就会混乱。慎子说："如果有一只兔子跑，就会有上百人追赶它，并不是一只兔子可以满足上百人来分食，是由于兔子的归属没有确定。没有确定归属，尧尚且竭力追赶，更何况一般人呢？如果市上摆满了兔子，那么走路的人就会连看都不看，并不是不想要兔子，是由于归属已经确定了。已经确定了归属，人即使鄙陋，也不争夺。"所以治理天下及国家，只在于确定职分罢了。

【原典】

庄王围宋九月，康王围宋五月，声王围宋十月。楚三围宋矣，而不能亡。非不可亡也，以宋攻宋，奚时止矣？凡功之立也，贤不肖强弱治乱异也。

【译文】

楚庄王围困宋国九个月，楚康王围困宋国五个月，楚声王围困宋国十个月。楚国曾三次围困宋国，却不能灭亡它。并非宋国不能灭亡，拿一个如同宋国一样无德的国家去攻打宋国，什么时候才能结束呢？凡是功业的建立，都是因为贤与不肖、强与弱、治与乱不相同啊。

【原典】

齐简公有臣曰诸御鞅，谏于简公曰："陈成常与宰予，之二臣者，甚相憎也。臣恐其相攻也。相攻唯固，则危上矣。愿君之去一人也。"简公曰："非而细人所能识也。"居无几何，陈成常果攻宰予于庭，即简公于庙。简公喟焉太息曰："余不能用鞅之言，以至此患也。"失其数，无其势，虽悔无听鞅也，与无悔同。是不知恃可恃，而恃不恃也。周鼎著象，为其理之通也。理通，君道也。

【译文】

齐简公有位叫诸御鞅的大臣，他向简公进谏说："陈常与宰予，这两个臣子彼此非常仇恨。我担心他俩会相互攻击。他们若一味地互相攻击，就会危害到君王。希望您将他们中的一个免去职位。"简公说："这不是你这样的浅陋之人所能知道的。"过了没多久，陈常果然在朝廷上攻打宰予，在宗庙里追上了简公。简公长叹着说，"我未能听从诸御鞅的意见，才招致这样的祸患。"失去了驾驭群臣的办法，丧失了君主的权势，即使后悔没有采纳诸御鞅的意见，与不后悔的结果是一样的。这就是不知道依靠可以依靠的东西，却依靠不可依靠的东西。周鼎上刻铸有物象，以此来让事理通达。事理通达，这是君主治理国家的原则啊。

执一

【原典】

八曰：天地阴阳不革，而成万物不同。目不失其明，而见白黑之殊。耳不失其听，而闻清浊之声。王者执一，而为万物正。军必有将，所以一之也；国必有君，所以一之也；天下必有天子，所以一之也；天子必执一，所以抟①之也。一则治，两则乱。今御骊马②者，使四人人操一策，则不可以出于门闾者，不一也。

【注释】

①抟（tuán）：聚，此处引申为团结。②骊马：并列驾车的马。

【译文】

第八：

天地阴阳的规律不变，生成的万物却各不相同。眼睛不丧失视力，就能区分出黑、白的不同；耳朵不丧失听力，就能听出清浊不同的乐音。称王的人如果能执守住一个根本，就可以成为万物的主宰。军队必须得有将帅，这是为了统一军队的行动；国家必须得有君主，这是为了统一全国的行动；天下必须得有天子，这是为了统一天下的行动；天子必须得执守住根本，这是为了集中权力。统一就能治理好天下，不统一就会造成天下大乱。譬如并排驾驭四匹马，让四个人分别拿一个马鞭，那就连街门都出不去，这是因为行动不统一啊。

【原典】

楚王问为国于詹子①，詹子对曰："何闻为身，不闻为国。"詹子岂以国可无为哉？以为为国之本，在于为身。身为而家为，家为而国为，国为而天下为。故曰以身为家，以家为国，以国为天下。此四者，异位同本。故圣人之事，广之则极宇宙，穷日月，约之则无出乎身者也。慈亲不能传于子，忠臣不能入②于君，唯有其材者为近之。

【注释】

①詹子：名何，战国时哲学家。
②入：纳。

【译文】

楚王向詹何询问治理国家的方法，詹何回答说："我只听说过修养自身的方法，没有听说过治理国家的方法。"詹何难道认为国家可以不需要治理吗？他是认为治理国家的根本在于修养自身。自身修养好了，家庭就能治理好；治理好了家庭，国家就能治理好；治理好了国家，天下就能治理好。所以说，凭借自身修养来治理家庭，凭借治理好家庭来治理国家，凭借治理好国家来治理天下。这四种情况，所处位置虽然不一样，但却是源自同一个根本。因此，圣人所做的事，往大处说可以达到天地四方、日月所能照到之处，往简要处说没有离得开修养自身的。慈父慈母不一定能传给儿子好的品德，君主不一定能听取忠臣的意见，唯有修养自身的人才接近于这种情况。

【原典】

田骈以道术说齐，齐王应之曰："寡人所有者，齐国也，愿闻齐国之政。"田骈对曰："臣之言，无政而可以得政。譬之若林木，无材而可以得材。愿王之自取齐国之政也。"骈犹浅言之也，博①言之，岂独齐国之政哉？变化应来而皆有章，因性任物而莫不宜当，彭祖以寿，三代以昌，五帝以昭，神农以鸿②。

【注释】

①博：广。②鸿：昌盛。

【译文】

田骈以道术劝说齐王，齐王回答他说："我所拥有的只是齐国，希望听听治理齐国政事的方法。"田骈回答说："我所说的虽未提及政事，但可以由此推知政事。譬如树木，它本身虽不是木材，但能够由它得到木材。希望您可以从我的话中悟出治理齐国政事的方法。"田骈还是就浅显的方面说的，广而言之，难道仅仅是治理齐国的政事是这样的吗？万物的变化应和都是有规律的，根据万物的本性来运用它们，就没有不适宜得当的，彭祖因此而长寿，三代因此而昌盛，五帝因此而卓著，神农因此而兴盛。

【原典】

吴起谓商文曰："事君果有命矣夫！"商文曰："何谓也？"吴起曰："治四境之内，成训教，变习俗，使君臣有义，父子有序，子与我孰贤？"商文曰："吾不若子。"曰："今日置质为臣，其主安重；今日释玺辞官，其主安轻。子与我孰贤？"商文曰："吾不若子。"曰："士马成列，马与人敌，人在马前，援枹一鼓，使三军之士乐死若生，子与我孰贤？"商文曰："吾不若子。"吴起曰："三者子皆不吾若也，位则在吾上，命也夫事君！"商文曰："善。子问我，我亦问子。世变主少，群臣相疑，黔首不定①，属之子乎，属之我乎？"吴起默然不对，少选，曰："与子。"商文曰："是吾所以加于子之上已！"吴起见其所以长，而不见其所以短；知其所以贤，而不知其所以不肖。故胜于西河，而困于王错，倾造大难，身不得死②焉。

【注释】

①黔首不定：依毕沅的说法，此句后应补出"当此之时"四字。②不得死：

不得善终。

【译文】

吴起对商文说："侍奉君主果然靠的是命运啊！"商文说："这话是什么意思？"吴起说："治理全国，完成教化，改变习俗，使君臣之间有道义，父子之间有次序，您和我相比哪一个强？"商文说："我没有您强。"吴起说："假使有一天献身君主成为臣子，君主的地位就尊贵；假使有一天交出印玺、辞去官职，君主的地位就轻微。您和我在这方面相比哪一个强？"商文说："我没有您强。"吴起说："士兵、战马已摆成阵列，让他们互相配合，士兵在战马的前面将要发起进攻，拿起鼓槌击鼓，让三军的士兵视死如归，您和我在这方面相比哪一个强？"商文说："我没有您强。"吴起说："这三种情况下您没有我强，可您的职位却在我之上，侍奉君主果然靠的是命运啊！"商文说："好。您问我，我也问问您。世道改变，君主年少，群臣疑虑重重，百姓不安宁，遇到这种情况，政权是应该托付给您呢，还是应该托付给我呢？"吴起沉默不语，过了一会儿，他说："应该托付给您。"商文说："这就是我的职位在您之上的原因啊。"吴起看到了自己的长处，却没有看到自己的短处；知道自己的优点，却不知道自己的缺点。所以他能在西河打胜仗，但却被王错弄得处境困难，没过多久就遭遇大的祸患，自身不得善终。

【原典】

夫吴胜于齐①，而不胜于越②。齐胜于宋③，而不胜于燕④。故凡能全国完身者⑤，其唯知长短赢绌之化邪⑥！

【注释】

①吴胜于齐：即吴王夫差在艾陵打败齐国一事。②不胜于越：即越王勾践打败吴王夫差一事。③齐胜于宋：即齐湣王灭掉宋国一事。④不胜于燕：即乐毅率领六国打败齐湣王一事。⑤全国：保全国家。⑥赢绌：伸屈。

【译文】

吴国战胜了齐国，却不能胜过越国。齐国战胜了宋国，却不能战胜燕国。所以凡是能保全国家和自身不被灭亡的，大概只有知道长短伸屈的变化才能做到吧！

审应览第六

审应

【原典】

一曰：

人主出声应容①，不可不审。凡主有识，言不欲先。人唱我和，人先我随，以其出为之入，以其言为之名，取其实以责其名，则说者不敢妄言，而人主之所执其要矣②。

【注释】

①应容：脸上做出反应。②要：要领，关键，根本。

【译文】

第一：

君主对自己的言语和神态，不可不慎重。凡是有见识的君主，言谈都不想先开口。别人唱，自己应和；别人先做，自己紧紧相随。凭借他外在的表现来审视他的内心，凭借他的言谈来考察他的名分，凭借他的功绩来推求他的名声。那么游说的人就不敢胡言乱语，而君主就能掌握住根本了。

【原典】

孔思请行①，鲁君曰："天下主亦犹寡人也，将焉之？"孔思对曰："盖闻君子犹鸟也，骇则举②。"鲁君曰："主不肖而皆以然也，违不肖③，过不肖，而自以为能论天下之主乎？凡鸟之举也，去骇从不骇。去骇从不骇，未可知也。去骇从骇，则鸟曷为举矣？"孔思之对鲁君也，亦过矣。

【注释】

①孔思：即孔伋，字子思，孔子之孙。②举：此处为起飞的意思。③违：离开。

【译文】

孔思请求离开鲁国，鲁国君主说："天下的君主也像我一样啊，你准备到哪儿去呢？"孔思回答说："我听说君子就如同鸟一样，一旦受到了惊吓就会飞走。"鲁国君主说："君主不贤德，天下都是一样的情形啊。离开不贤德的君主，还到不贤德的君主那里去，你自己认为这样就可以了解天下的君主了吗？大凡鸟飞走，都是离开惊吓过自己的地方，到所谓没有惊吓的地方去，惊吓与不惊吓，并不能知道，如果离开惊吓它的地方到另一个地方仍然会受到惊吓，那么鸟为何还要选择飞走呢？"孔思那样回答鲁国君主，是不对的。

【原典】

魏惠王使人谓韩昭侯曰："夫郑乃韩氏亡之也，愿君之封其后也。此所谓存亡继绝之义。君若封之，则大名。"昭侯患之，公子食我曰："臣请往对之。"公子食我至于魏，见魏王，曰："大国命弊邑封郑之后，弊邑不敢当也。弊邑为大国所患。昔出公之后声氏为晋公，拘于铜鞮，大国弗怜也，而使弊邑存亡继绝，弊邑不敢当也。"魏王惭曰："固非寡人之志也，客请勿复言。"是举不义以行不义也。魏王虽无以应，韩之为不义，愈益厚也。公子食我之辩，适足以饰非遂过。

【译文】

魏惠王派人对韩昭侯说："郑国是被韩国灭掉的，希望您封郑国君主的后代。这就是所谓的使被灭掉的国家能够保存、使灭绝的诸侯能够延续的道理。您如果封郑国君主的后代，那么就会使您的名声显赫。"韩昭侯对这件事感到非常担忧，公子食我说："请允许我前去回答他。"公子食我到了魏国，见到魏王之后，说："贵国想要让我国君主封郑国君主的后代，我国不敢应承。贵国一向视我国为祸患。从前，晋出公的后代声氏在做晋国君主的时候，被囚禁在铜鞮，贵国不怜悯他，却让我国保存被灭掉的国家、延续灭绝的诸侯，我国不敢应承。"魏王听后很惭愧，说："这本来不是我的意思，请您别再说了。"这是举出别人的不义行

为来为自己做不义的事辩解。魏王虽然无言应对，但是韩国做不义的事却更加厉害了。公子食我的能言善辩，恰好足以用其漂亮的言辞掩饰了自己国家的过失和错误。

魏昭王问于田诎曰："寡人之在东宫之时，闻先生之议曰：'为圣易。'有诸乎？"田诎对曰："臣之所举也。"昭王曰："然则先生圣于？"田诎对曰："未有功而知其圣也，是尧之知舜也；待其功而后知其舜也，是市人之知圣也①。今诎未有功，而王问诎曰'若圣乎'，敢问王亦其尧邪？"昭王无以应。田诎之对，昭王固非曰"我知圣也"耳，问曰"先生其圣乎"，已因以知圣对昭王。昭王有非其有，田诎不察。

【注释】

①待其功而后知其舜也，是市人之知圣也：应作"待其功而后知其圣也，是市人之知舜也"。

【译文】

魏昭王对田诎说："我在东宫当太子的时候，听到先生您议论说：'当圣贤很容易。'有这回事吗？"田诎回答说："的确有这回事。"昭王问："那么先生您是圣贤吗？"田诎回答说："在一个人还没有建功立业的时候就可以知道他是圣贤的，这是尧对舜的了解；等到一个人建功立业之后才知道他是圣贤的，这是一般人对舜的了解；现在我还没有建功立业，可是您却问我说'先生您是圣贤吗？'请问您也是尧吗？"昭王无言以对。田诎回答昭王的时候，昭王本来不是说"我了解圣贤"，而是问田诎说"先生您是圣贤吗"，田诎自己于是就用了解圣贤的话回答昭王，这样，就使昭王享有了自己不应该享有的声誉，而田诎并未觉察到自己是在答非所问。

【原典】

赵惠王谓公孙龙曰："寡人事偃兵十余年矣①，而不成，兵不可偃乎？"公孙龙对曰："偃兵之意，兼爱天下之心也。兼爱天下，不可以虚名为也，必有其实。今蔺、离石入秦②，而王缟素布总；东攻齐得城，而王加膳置酒。秦得地而王布总③，齐亡地而王加膳，所非兼爱之心也④。此偃兵之所以不成也。"今有人于此，无礼慢易而求敬，阿党不公而求令⑤，烦号数变而求静，暴戾贪得而求定，虽黄帝犹若困。

【注释】

①事：治。偃兵：停止战争。②蔺、离石：二县名，原属赵国，后被秦国夺去。位于今山西省西部。③布总：以布束发，为古人服丧时的一种装束。④所：这，此。⑤阿党：偏私。令：善，好。

【译文】

赵惠王对公孙龙说："我致力于停止战争已经有十多年了，但却未能取得成功。战争不能够停止吗？"公孙龙回答说："停止战争的本意，是要实现兼爱天下人的意愿。兼爱天下人，不可以依靠虚名去实现，必须要有实际的行动。现在蔺、商石二县被秦国占领了，您就穿上丧国之服；向东攻打齐国攻占了他们的城池，您就安排酒筵加餐庆贺。秦国得到土地您就穿上丧服，齐国丧失土地您就加餐庆贺，这都不符合兼爱天下人的意愿。这就是停止战争未能取得成功的原因啊。"假使现在有这样一个人，傲慢无礼却想要得到尊敬，结党营私、处事不公却想要赢得好名声，号令频繁、屡次变更却希望获得平静，乖戾残暴、贪得无厌却希望得到安定，即使是黄帝也会感到束手无策啊。

【原典】

卫嗣君欲重税以聚粟，民弗安，以告薄疑曰："民甚愚矣。夫聚粟也，将以为民也。其自藏之与在于上，奚择①？"薄疑曰："不然。其在于民而君弗知②，其不如在上也；其在于上而民弗知，其不如在民也。"凡听必反诸己，审则令无不听矣。国久则固，固则难亡。今虞、夏、殷、周无存者，皆不知反诸己也。

①择：区别。②知：此处指得到的意思。

【译文】

卫嗣君想通过加重赋税的方式来聚积粮食，人民对这种举动感到忧虑难安，卫嗣君就将此事告诉薄疑说："人民非常愚昧啊。我聚积粮食，是为人民着想。粮食储藏在他们的家中与储藏在官府里，有什么区别呢？"薄疑说："不对。粮食储藏在人民的家中，您就无从获取，这就不如储藏在官府里了；粮食储藏在官府里，人民就无从获取，这就不如储藏在人民的家中了。"凡是在听到某种意见的时候务必反躬自求，能详察，那么命令就没有不被听从的了。立国时间长了就稳固，国家稳固就难以灭亡。如今虞、夏、商、周没有长时间保存下来，都是不知道反躬自求的缘故啊。

【原典】

公子沓相周，申向说之而战。公子沓訾之曰："申子说我而战，为吾相也夫？"申向曰："向则不肖，虽然，公子年二十而相，见老者而使之战，请问孰病哉？"公子沓无以应。战者，不习也；使人战者，严驵①也。意者②恭节而人犹战，任不在贵者矣。故人虽时有自失者，犹无以易恭节。自失不足以难，以严驵则可。

【注释】

①严驵：严厉骄横。驵（jù）：通"怚"，骄。②意者：或者。

【译文】

公子沓当周国的国相，申向劝说他时战栗不止。公子沓责备他说："您劝说我时战栗不止，是由于我是相的缘故吧？"申向说："我是没有那么贤德，虽说这样，但是您年纪二十岁就当了相，会见年老的人却让他战栗不止，请问这是谁的过错呢？"公子沓无话回答。战栗的人，不只是因为不习惯见尊者；使人战栗的人，不只是因为严厉骄横。倘或谦虚恭敬待人而别人还是战栗不止，那么责任就不在尊贵的人了。因此，虽说人经常会犯过失，但自己还是不能改变谦虚恭敬待人的态度。别人犯过失不足以责难，用严厉骄横的态度待人则应该责难。

重言

【原典】

二曰：

人主之言，不可不慎。高宗①，天子也。即位，谅闇②三年不言。卿大夫恐惧，患之。高宗乃言曰："以余③一人正四方，余唯恐言之不类④也，兹⑤故不言。"古之天子，其重言如此，故言无遗者。

【注释】

①高宗：即武丁，子姓，名昭，商朝第二十三位君主。②谅闇（ān）：也作"亮阴""梁闇""凉阴"。有两种说法：一说为天子、诸侯居丧（守孝）；二说为居丧之所。③余一人：古代天子的自称。④类：善。⑤兹：此。

【译文】

第二：

君主说话，不可不慎重。殷高宗武丁是商朝的君主。即位后守孝，三年不说话。卿、大夫们非常恐慌，对这件事感到担忧。殷高宗这才说："凭我一己之力使天下得到匡正，我唯恐所说的言辞不恰当啊，因此才不说话。"古代的天子，他们对言谈慎重到这种地步，所以说的话没有失误的。

【原典】

成王与唐叔虞燕居①，援梧叶以为珪②。而授唐叔虞曰："余以此封女。"叔虞喜，以告周公。周公以请曰："天子其封虞邪？"成王曰："余一人与虞戏也。"周公对曰："臣闻之，天子无戏言。天子言，则史书之，工诵之，士称之。"于是遂封叔虞于晋。周公旦可谓善说矣，一称而令成王益重言，明爱弟之义，有③辅王室之固。

【注释】

①燕居：退朝而居，闲居。②珪：古玉名，诸侯用作守邑的符信。③有：通"又"。

【译文】

周成王与唐叔虞闲居时，周成王将摘下的梧桐叶当作诸侯用作守邑的符信，交给唐叔虞说："我拿这个来封你。"叔虞兴致勃勃地把这件事上报给了周公。周公向成王请示说："您果真封叔虞了吗？"成王说："我跟叔虞开个玩笑而已。"周公回答说："我听说过，天子是不可随意说玩笑话的，天子的言论，史官都要如实记录下来，乐人吟诵，士人也跟着称颂。"成王于是就把叔虞封在了晋。周公旦可以说是善于劝说了，他一劝说就使成王对言谈更加慎重，使爱护弟弟这种道义彰明，又因为把叔虞封在了晋而更加巩固了周王室的统治。

【原典】

荆庄王立三年，不听而好谗①。成公贾入谏，王曰："不穀禁谏者，今子谏，何故？"对曰："臣非敢谏也，愿与君王谗也。"王曰："胡不设穀矣②？"对曰："有鸟止于南方之阜，三年不动不飞不鸣，是何鸟也？"王射之③，曰："有鸟止于南方之阜，其三年不动，将以定志意也；其不飞，将以长羽翼也；其不鸣，将以览民则也。是鸟虽无飞，飞将冲天；虽无鸣，鸣将骇人。贾出矣，不穀知之矣。"明日朝，所进者五人，所退者十人。群臣大说，荆国之众相贺也。故《诗》曰④："何其久也，必有以也。何其处也，必有与也。"其庄王之谓邪！成公贾之谗也，贤于太宰嚭之说也。太宰嚭之说，听乎夫差，而吴国为墟；成公贾之谗。喻乎荆王，而荆国以霸。

【注释】

①听：听朝，听政。谗（yǐn）：隐语。②设：此处指讲隐语的意思。③射：揣测，猜度，猜测。④故《诗》曰：引诗见《诗经·邶风·旄丘》，文字稍有出入，原诗作："何其处也，必有与也。何其久也，必有以也。"

【译文】

楚庄王登上王位三年，不听朝处理朝政之事，却爱好隐语。成公贾入朝劝谏，庄王说："我禁止人们来劝谏，现在你却来劝谏，这是什么原因呢？"成公贾回答说；"我不敢来劝谏，我希望可以和君王您一同讲隐语。"庄王说："你为什么对我讲隐语呢？"成公贾回答说："有只鸟在南方的土山上停留，三年不动、不飞、也不鸣叫，这是什么鸟啊？"庄王猜测说："有只鸟在南方的土山上停留，它三年不动的原因，是想要通过这种方式来安定意志啊；它不飞的原因，是想要通过这种方式来生长羽翼啊；它不鸣的原因，是想要通过这种方式来观察民间的法度啊。这只鸟虽然不飞，一飞就会冲上天空；虽然不鸣，一鸣就将会惊人。你出去吧，我知道其中蕴含的意思了。"庄王在第二天上朝的时候，将五个人提拔，将另外十个人罢免了。群臣都非常高兴，楚国的百姓也都互相庆贺。所以《诗经·邶风·旄丘》中说："为什么这么久不行动呢？一定是有原因的；为什么安居不动呢？一定是有缘故的。"这大概说的就是庄王吧。成公贾讲的隐语，胜过太宰嚭劝说的言论。太宰嚭的意见被吴王夫差采纳了，吴国因此成为废墟；成公贾讲的隐语被庄王领悟了，楚国因此称霸诸侯。

【原典】

齐桓公与管仲谋伐莒，谋未发而闻于国，桓公怪之，曰："与仲父谋伐莒，谋未发而闻于国，其故何也？"管仲曰："国必有圣人也。"桓公曰："譆！日之役者，有执蹠癐而上视者①，意者其是邪！"乃令复役，无得相代。少顷，东郭牙至。管仲曰："此必是已。"乃令宾者延之而上②，分级而立。管子曰："子邪言伐莒者？"对曰："然。"管仲曰："我不言伐莒，子何故言伐莒？"对曰："臣闻君子善谋，小人善意。臣窃意之也。"管仲曰："我不言伐莒，子何以意之？"对曰："臣闻君子有三色：显然喜乐者③，钟鼓之色也；湫然清静者④，衰绖之色也⑤；艴然充盈⑥、手足矜者，兵革之色也。日者臣望君之在台上也，艴然充盈、手足矜者，此兵革之色也。君呿而不唫⑦，所言者'莒'也；君举臂而指，所当者莒也。臣窃以虑诸侯之不服者，其惟莒乎！臣故言之。"凡耳之闻，以声也。今不闻其声，而以其容与臂，是东郭牙不以耳听而闻也。桓公、管仲虽善匿，弗能隐矣。故圣人听于无声，视于无形。詹何、田子方、老聃是也⑧。

【注释】

①蹠癐：指可以用足踏的耒（lěi，一种农具）。蹠：踏，蹈。癐：疑为"枱（sì）"，枱：翻土农具上的木柄。②宾者：即傧相，接引宾客和赞礼之人。③显然：形容欢乐的样子。④湫然：形容冷清的样子。⑤衰绖（cuī dié）：丧服。衰：古时用粗麻布做成的丧衣。绖：旧时用麻做的丧带。⑥艴（bó）然：形容恼怒的样子。⑦呿（qù）：张口。唫（jìn）：闭口。⑧詹何：战国时期道家人物。一

日坐，弟子侍，有牛鸣于门外，可知牛之色，田子方：战国时期魏人，学于子贡，崇尚礼义。

【译文】

　　齐桓公与管仲共同谋划攻打莒国的对策，对策还没公布国人就知道了，桓公感到很奇怪，说："与仲父谋划攻打莒国，对策还没公布国人就知道了，这是为什么呢？"管仲说："国内一定有聪明睿智的人。"桓公说："呵呵，那天在服役的人中间，有一个拿着农具向上张望的，我料想大概就是这个人吧！"于是就命令那天服役的人再来服役，不允许有替代的事发生。过了一会儿，东郭牙来了。管仲说："那个把攻打莒国的消息传出去的人必定是他了。"于是就派礼宾官员领他上来，管仲和他分宾主在台阶上站定。管仲说："你就是那个传播要攻打莒国这一消息的人吧？"东郭牙回答说："不错，是我。"管仲说："我没有说过攻打莒国的话，你为什么要传播这个消息呢？"东郭牙回答说："我听说君子善于谋划，小人善于揣测，我是私下里猜测罢了。"管仲说："我没有说过攻打莒国的话，你又凭什么猜测呢？"东郭牙回答说："我听说君子有三种神色：脸上浮现出喜悦之情，这是欣赏钟鼓等乐器时的神色；脸上带有冷清安静之色，这是守孝时的神色；脸上充满恼怒，手足挥动，这是要用兵打仗的神色。那天我望见您在台上脸上充满恼怒，手足挥动，这就是要用兵打仗的神色。您的嘴张开了而没有闭上，这表明您所说的是'莒'，您抬起手臂所指的方向正是莒国。我私下里考虑，诸侯国当中还没有归附齐国的，大概只有莒国了吧，因此我就传播了攻打莒国的消息。"大凡耳朵能听到，是因为有声音；现在没有听到声音，能从别人的神色和动作上去猜测别人的意图，这是东郭牙不靠耳朵就能听到别人的话啊。桓公、管仲虽然善于保守秘密，也不能掩盖住。因此，圣人能在无声之中有所听闻，能在无形之中有所察见。詹何、田子方、老聃正是这样的人啊。

离谓

【原典】

四曰：

言者以谕意也。言意相离，凶也。乱国之俗，甚多流言，而不顾其实，务以相毁，务以相誉，毁誉成党，众口熏天①，贤不肖不分。以此治国，贤主犹惑之也，又况乎不肖者乎？惑者之患，不自以为惑，故惑惑之中有晓焉②，冥冥之中有昭焉③。亡国之主，不自以为惑，故与桀、纣、幽、厉皆也④。然有亡者国，无二道矣⑤。

【注释】

①熏天：形容气势极其盛大。熏：侵袭。②惑惑：迷惑。③冥冥：昏暗。④皆：通"偕"，偕同，相同。⑤无二道：没有另外的途径。即被灭亡的国家，都是因为"不自以为惑"造成的。

【译文】

第四：

言语是用来表达意思的。言语和意思相分离，是凶险的。混乱国家的习俗是流言很多，却不顾事实如何，一部分人极力互相诽谤，另一部分人极力互相恭维，诽谤的、恭维的各自结成朋党，众口喧嚣，气势冲天，贤与不肖混淆不分。通过这种方式来治理国家，贤明的君主尚且会感到迷惑，更何况不贤明的君主呢？迷惑之人的祸患是，自己不感到迷惑。因此，贤明的人可以在迷惑之中洞察出事物所蕴含的哲理，可以在昏暗之中寻求到光明的境界。亡国的君主，自己不感到迷惑，因此与夏桀、商纣、周幽王、周厉王是相同的。由此可见，那些遭到灭亡的国家，是没有另外的途径可供选择了啊。

【原典】

郑国多相县以书者①，子产令无县书，邓析致之②。子产令无致书，邓析倚之③。令无穷，则邓析应之亦无穷矣。是可不可无辨也。可不可无辨，而以赏罚，其罚愈疾，其乱愈疾。此为国之禁也。故辩而不当理则伪，知而不当理则诈。诈伪之民，先王之所诛也。理也者，是非之宗也④。

【注释】

①相县以书：把法令悬挂出来以示人。县：悬挂。②邓析：郑国大夫，"名辨之学"倡始人。反对"刑书"，私造"竹刑"。邓析不满子产所铸刑书，于是私自编了一部成文法，以适应新兴地主阶级的要求，把它写在竹简上，称作"竹刑"。③倚：偏颇。此处用作动词，指歪曲的意思。④宗：根本。

【译文】

郑国有许多人把新法令悬挂出来相互辩答，子产严令禁止将法令悬挂出来，邓析就对新法加以修饰。子产严令禁止修饰新法，邓析就歪曲新法令的本意。子产的命令无穷无尽，邓析对付的办法也就无穷无尽。这样，可以的与不可以的就辨别不了了。可以的与不可以的辨别不了，却借助它来施加赏罚，那么赏罚越厉害，混乱的程度就会越严重。这是治理国家的禁忌。因此，如果善辩但却与事理不相吻合就会奸巧，如果聪明但却与事理不相吻合就会狡诈。狡诈奸巧的人，是先王要予以惩罚的人。事理，是判断是非的根本啊。

【原典】

洧水①甚大，郑之富人有溺者，人得其死者②。富人请赎之，其人求金甚多。以告邓析，邓析曰："安之。人必莫之卖矣③。"得死者患之，以告邓析，邓析又答之曰："安之。此必无所更买矣。"夫伤忠臣者有似于此也。夫无功不得民，则以其无功不得民伤之；有功得民，则又以其有功得民伤之。人主之无度者，无以知此，岂不悲哉？比干、苌弘以此死，箕子、商容以此穷，周公、召公以此疑，范蠡、子胥以此流，死生存亡安危，从此生矣。

【注释】

①洧（wěi）水：即今天的双洎（jì）河，位于河南省境内。②死：尸体。③莫之卖：无处可卖尸体。

【译文】

洧水很大，郑国有个富人不小心溺水淹死了，有个人得到了这个人的尸体。富人的家人请求拿钱将尸体赎回去，得到尸体的那个人要的钱很多。富人的家人把这件事上报给了邓析，邓析说："你放心。得到尸体的那个人肯定没有地方再去卖尸体了。"得到尸体的人对此很担忧，于是把这件事上报给了邓析，邓析又回答说："你放心。这个人肯定没有地方再去买尸体了。"那些诋毁忠臣的人，与这种情况相类似。忠臣没有功劳没有受到民众的爱戴，就拿他们没有受到民众的爱戴去诽谤他们，他们有功劳受到民众的爱戴，就又拿他们受到民众的爱戴去诽谤他们。君主中没有原则的，就无从知晓这种情况。无从知晓这种情况，难道不可悲吗？比干、苌弘就是因此而被杀死的，箕子、商容就是因此受到猜疑的，范蠡、伍子胥就是因此而泛舟五湖、流尸干江的，生死、存亡、安危都从这里产生了。

【原典】

子产治郑，邓析务难之，与民之有狱者约：大狱一衣，小狱襦裤①。民之献衣襦裤而学讼者，不可胜数。以非为是，以是为非，是非无度，而可与不可日变。所欲胜因胜，所欲罪因罪。郑国大乱，民口讙哗。子产患之，于是杀邓析而戮之，民心乃服，是非乃定，法律乃行。今世之人，多欲治其国，而莫之诛邓析之类②，此所以欲治而愈乱也。

【注释】

①襦：短衣。裤（kù）：即后来的"裤"，不过古代的裤子没有裆，只套在腿上，因此又被称作"胫"。②莫之诛：即"莫诛之"。

【译文】

子产治理郑国，邓析想尽办法去刁难他，并与有狱讼的人约定：学习大的狱讼要送上一件上衣，学习小的狱讼要送上短衣、下衣。通过送上上衣、短衣、下衣的方式来学习狱讼的人数也数不清。将错误的看作是正确的，将正确的看作是错误的，正确的和错误的之间没有一个界定的标准，可以的与不可以的每天都在改变。想让人诉讼胜了就能让人诉讼胜了，想让人获罪就能让人获罪。郑国大乱，民怨沸腾。子产对此感到忧虑，于是将邓析处决并且陈尸示众，民心才得以归附，是非才得以确定，法律才得以实行。如今世上的人，大都想治理好自己的国家，却不处决邓析这类的人，这就是想把国家治理好而国家却更加混乱的原因啊。

【原典】

齐有事人者，所事有难而弗死也。遇故人于涂，故人曰："固不死乎①？"对曰："然。凡事人，以为利也。死不利，故不死。"故人曰："子尚可以见人乎？"对曰："子以死为顾可以见人乎？"是者数传。不死于其君长，大不义也，其辞犹不可服，辞之不足以断事也明矣。夫辞者，意之表也。鉴其表而弃其意，悖。故古之人，得其意则舍其言矣。听言者以言观意也，听言而意不可知，其与桥言无择②。

【注释】

①固：诚然，果真。死：殉死。②桥：乖戾。择：区别。

【译文】

齐国有个侍奉人的人，他所侍奉的主人遇了难，可他却不殉死。这个人在路上遇到熟人，熟人说："你果真不殉死吗？"这个人回答说："是的。侍奉别人是为了谋求利益。可殉死无利可图，因此就不去殉死。"熟人说："那你这样还能见人吗？"这个人回答说："你以为殉死以后反而就能见人了吗？"这样的话他多次传述。不去为自己的君主和上司殉死，是非常不义的，可这个人还强词夺理。单凭言辞是不能够决断事情的，这是很明显的了。言辞是思想的外在表现，只顾欣赏外在的表现却丢弃思想，这是糊涂啊。因此，古人知晓了人的思想就不需要再听他的言语了。听别人讲话是要通过其言语观察其思想。听别人讲话却不了解他的思想，那样的言语就与乖戾之言没有区别了。

【原典】

齐人有淳于髡者①，以从②说魏王。魏王辩之，约车十乘，将使之荆。辞而行，有以横说魏王，魏王乃止其行。失从之意，又失横之事，夫其多能不若寡能，其有辩不若无辩。周鼎著倕而龁其指③，先王有以见大巧之不可为也。

【注释】

①淳于髡（kūn）：战国时期齐人，以博学多才、善于辩论著称。②从：通"纵"，即合纵。③倕（chuí）：相传为尧时的巧匠。龁（hé）：咬。

【译文】

齐国人有个人叫淳于髡，用合纵之术劝说魏王。魏王认为淳于髡说得有道理，就套好十辆车，准备派他出使楚国。他临行时，又用连横之术劝说魏王，魏王于是取消了这次出行。既让合纵的主张落空，又让连横的事落空，那么淳于髡的才能多倒不如才能少，有辩才倒不如没有辩才。周鼎刻铸上倕的图像却让他咬断自己的手指，先王通过这些来说明太过于智巧是不可取的。

具备

【原典】

八曰：

今有羿、蠭蒙、繁弱于此①，而无弦，则必不能中也。中非独弦也，而弦为弓中之具也。夫立功名亦有具，不得其具②，贤虽过汤、武，则劳而无功矣。汤尝约于郼、薄矣③，武王尝穷于毕、郢矣④，伊尹尝居于庖厨矣，太公尝隐于钓鱼矣。贤非衰也，智非愚也，皆无其具也。故凡立功名，虽贤，必有其具，然后可成。

【注释】

①繁弱：古代良弓名。②具：器具，此处指条件的意思。③约：穷困。薄：通"亳"，汤的都城。④毕：毕原，在今陕西咸阳北。郢：古代的邑名，故址在今陕西咸阳东。

【译文】

第八：

假如有羿、蠭蒙这样的善射之人和繁弱这样的良弓，却没有弓弦，一定是射不中的。射中不单单是依靠了弓弦的，可弓弦是射中的条件之一。建立功名也是要有条件的。不具备条件，即使拥有超过汤、武王的贤德，那也会劳而无功。汤曾一度在郼、亳陷入困境，武王曾一度在毕、郢遭受窘困的境遇，伊尹曾经在厨房里当奴仆，太公望也曾经隐居钓鱼。并不是他们的贤德衰微了，也不是他们的才智愚蠢了，而是因为条件还没有具备啊。所以凡是建立功名，即使贤德，也必定要具备条件，然后才可以成功。

【原典】

宓子贱①治亶父，恐鲁君之听谗人，而令己不得行其术也，将辞而行，请近吏二人于鲁君与之俱。至于亶父，邑吏皆朝。宓子贱令吏二人书。吏方将书，宓子贱从旁时掣摇其肘，吏书之不善，则宓子贱为之怒。吏甚患之，辞而请归。宓子贱曰："子之书甚不善，子勉②归矣！"二吏归报于君，曰："宓子不可为书。"君曰："何故？"吏对曰："宓子使臣书，而时掣摇臣之肘，书恶而有甚怒，吏皆笑宓子。此臣所以辞而去也。"鲁君太息而叹曰："宓子以此谏寡人之不肖也。寡人之乱子③，而令宓子不得行其术，必数有之矣。微④二人，寡人几过。"遂发所爱而令之亶父，告宓子曰："自今以来，亶父非寡人之有也，子之有也。有便于亶父者，子决为之矣。五岁而言其要。"宓子敬诺，乃得行其术于亶父。三年，巫马旗短褐⑤衣弊裘而往观化于亶父，见夜渔者，得则舍之。巫马旗问焉，曰："渔为得也，今子得而舍之，何也？"对曰："宓子不欲人之取小鱼也。所舍者小鱼也。"巫马旗归，告孔子曰："宓子之德至矣，使民暗行若有严刑于旁。敢问宓子何以至于此？"孔子曰："丘尝与之言曰：'诚乎此者刑⑥乎彼。'宓子必行此术于亶父也。"夫宓子之得行此术也，鲁君后得之也。鲁君后得之者，宓子先有其备也。先有其备，岂遽必哉？此鲁君之贤也。

【注释】

①宓子贱：即宓不齐，字子贱，孔子的弟子之一。亶父：即单父，春秋时期鲁邑，在今山东单县。②勉：此处指赶快的意思。③乱子：当作"乱宓子"。④微：假如没有。⑤短褐：古时平民百姓所穿的粗陋衣服。短：通"裋"，童仆所穿的衣服。弊裘：破旧的皮衣。弊：通"敝"。⑥刑：通"形"。

【译文】

宓子贱前去治理单父，担心鲁国的君主听信谗言，从而导致自己无法落实自己的主张，临行时，他向鲁君请求他身边的两个近臣跟随自己一同前去。到了单父，单父的官吏都来朝见，宓子贱让那两个鲁君的近臣书写。在他们刚要下笔书写的时候，宓子贱从旁边不时地摇动他们的胳膊肘，鲁君的近臣书写得不美观，宓子贱又因为写得不美观而生气。鲁君的近臣对此厌恨，就告辞请求回去。宓子贱说："你们写得不美观，还是快快回去吧！"两个近臣回去以后向鲁国君主禀报说："宓子贱这个人不可以给他书写。"鲁国君主说："这是什么原因？"那两个近臣回答说："宓子贱让我们书写，却不时地摇动我们的胳膊肘，写得不美观又大发脾气，单父的官吏都因宓子贱这样做而发笑。这就是我们要告辞离开的原因。"鲁国君主长叹道："宓子贱是想通过这种办法对我的不足之处进行劝谏啊。我扰乱宓子贱，使他无法落实自己的主张，类似于这种情况的事情必定是发生过多次了。假如没有你们两个人，我差点犯过错了。"于是就派他喜欢的人去单父，告诉宓子贱说："至此之后，单父不归我所有，而是归你所有了。只要是有利于单父的事，你自己做决断吧。五年之后来向我汇报施政的要点。"宓子贱恭敬地答应了，这才能够在单父落实自己的主张。过了三年，巫马旗穿着粗陋的衣服和破旧的皮衣，到单父去观察施行教化的情况。他看到渔夫在夜晚捕鱼的时候，把捕到的鱼又放回到了水中。亚马旗问他说："捕鱼是为了得到鱼，把捕到的鱼又放回到了水中，这是什么原因啊？"那人回答说："宓子贱不想让人们捕取小鱼。所以我就把捕到的小鱼又放回到水中去了。"亚马旗回去以后，告诉孔子说："宓子贱的德政达到极点了，他能让人们黑夜中独自做事，就如同有严刑在身旁一样不敢为非作歹。请问宓子贱是通过什么方式实现这种愿望的？"孔子说："我曾经跟宓子贱说过：'自己心诚的，就能在外实行。'宓子必定是在单父落实这个主张了。"宓子贱能够落实这个主张，是因为鲁国君主后来领悟到这一点。鲁国君主后来领悟到了这一点，是因为宓子贱事先有了准备。事先有了准备，难道就一定能让君主领悟到吗？这就是鲁国君主的贤明之处啊。

【原典】

三月婴儿，轩冕①在前，弗知欲也；斧钺②在后，弗知恶也；慈母之爱，谕焉。诚也。故诚有诚乃合于情，精有精乃通于天。乃通于天，水木石之性，皆可动也，又况于有血气者乎？故凡说与治之务莫若诚。听言哀者，不若见其哭也；听言怒者，不若见其斗也。说与治不诚，其动人心不神。

【注释】

①轩冕：古时卿大夫的车服。轩：古时大夫以上的人乘坐的车子。冕：古时大夫以上的人穿的衣服。②钺：古代兵器，形状与斧子类似，个头较之大些。

【译文】

三个月的婴儿，卿大夫的车服摆放在他们面前不知道羡慕，斧钺这样的兵器放在身后不知道厌恶，对慈母的爱却可以领会。这是婴儿心赤意诚的缘故啊，所以诚而又诚才合乎真情，精而又精才与天性相通。与天性相通，水、木，石的本性都可以改变，更何况有血气的人呢？所以，凡是劝说别人与治理政事，没有比赤诚之心更重要的了。听别人说的话很悲哀，不如看到他哭泣；听别人说的话很愤怒，不如看到他搏斗；劝说别人与治理政事的心意不赤诚，那就不能感化人心。

离俗览第七

高义

【原典】

二曰：

君子之自行也，动必缘义，行必诚义，俗虽谓之穷，通也。行不诚义，动不缘义，俗虽谓之通，穷也。然则君子之穷通，有异乎俗者也。故当功以受赏，当罪以受罚。赏不当，虽与之必辞；罚诚当①，虽赦之不外②。度之于国，必利长久。长久之于主，必宜内反于心不惭然后动。

【注释】

①诚：如果。②外：摒弃。

【译文】

第二：

君子自身的所作所为，举动必定要遵循道义，行为必定要忠于道义，纵然世俗认为这是行不通的，君子也认为行得通。行为不忠于道义，举动不遵循道义，纵然世俗认为这是行得通的，君子还是认为行不通。如此说来，君子所说的行不通或行得通，就和世俗有所区别了。因此，他们在有功劳的时候就会接受与之相匹配的奖赏，在有罪过的时候就接受与之相对应的惩罚。如果不该受赏，那么即使赏给自己，也一定谢绝；如果应该受罚，那么即使赦免自己，也不躲避惩罚。运用这种道义考虑国家大事，必定会对国家带来长远的利益。要对君主带去长远的利益，君子必定进行内心反省，在不感到惭愧的前提下才采取行动。

【原典】

孔子见齐景公，景公致廪丘以为养。孔子辞不受，入^①谓弟子曰："吾闻君子当功以受禄。今说景公，景公未之行而赐之廪丘，其不知丘亦甚矣！"令弟子趣^②驾，辞而行。孔子，布衣也，官在鲁司寇，万乘难与比^③行，三王之佐不显焉，取舍不苟也夫！

【注释】

①入：当为"出"之误。②趣：催促。③比：并列。

【译文】

孔子拜见齐景公，景公将廪丘赐予孔子作为他的食邑。孔子谢绝了，不肯接受，出来以后告诉他的学生说："我听说君子在有功劳的时候才因此接受俸禄，现在我劝说景公听取我的意见，景公还没有实行，却要把廪丘赏赐给我，他太不了解我了。"于是，他让学生赶快套好车，告辞景公之后就快速离开了。孔子这时还是平民的身份，他在鲁国只当过司寇的官，然而拥有万辆兵车的大国君主难以跟他相提并论，三位帝王的辅佐之臣也没有他显赫，这是因为他取舍都不苟且啊！

【原典】

子墨子游公上过于越^①。公上过语墨子之义，越王说之，谓公上过曰："子之师苟肯至越，请以故吴之地阴江之浦书社三百以封夫子。"公上过往复于子墨子，子墨子曰："子之观越王也，能听吾言、用吾道乎？"公上过曰："殆未能也。"墨子曰："不唯越王不知翟之意，虽子亦不知翟之意。若越王听吾言用吾道，翟度身而衣，量腹而食，比于宾萌^②，未敢求仕。越王不听吾言、不用吾道，虽全越以与我，吾无所用之。越王不听吾言、不用吾道，而受其国，是以义翟也。义翟何必越，虽于中国亦可。"凡人不可不熟论。秦之野人，以小利之故，弟兄相狱，亲戚相忍。今可得其国，恐亏其义而辞之，可谓能守行矣。其与秦之野人相去亦远矣。

【注释】

①游：使……游。②宾萌：即客民，客居之民，从外面迁入的人。

【译文】

墨子让公上过前往越国游说。公上过给越王论述了墨子的主张，越王非常欣赏，于是就对公上过说："如果您的老师能够到越国来，我愿意把过去吴国的土地阴江沿岸三百社的地方封给他老先生。"公上过回去后，把越王的话告诉了墨子，墨子说："你看越王会听取我的言论、采纳我的主张吗？"公上过说："怕是不会。"墨子说："不仅越王未能知晓我的心意，就是你也未能知晓我的心意。倘若越王听取我的言论、采纳我的主张，我量体裁衣，量肚吃饭，就如同从外面迁入的人一样，不敢要求做官；倘若越王不听取我的言论、不采纳我的主张，即使把整个越国给我，对于我也没什么用处。既然越王不听取我的言论、不采纳我的主张，我却接受他的国家，这就是用义理来做交易。用义理来做交易，还有到越国去的必要吗？即使是中原之国也是可以的。"大凡对于人不可不仔细考察。秦国边远地区的人，仅仅因为一点小利，弟兄之间就相互打官司，亲人之间就相互残害。如今墨子可以得到越王的国土，却担心损害了自己的道义，因而谢绝了，这可以称得上是保持住自己的操行了。秦国边远地区的人与他相距也太远了。

【原典】

荆人与吴人将战，荆师寡，吴师众。荆将军子囊曰："我与吴人战，必败。败王师，辱王名，亏壤土，忠臣不忍为也。"不复于王而遁。至于郊，使人复于王曰："臣请死。"王曰："将军之遁也，以其为利也。今诚利，将军何死？"子囊曰："遁者无罪，则后世之为王臣者，将皆依不利之名而效臣遁。若是，则荆国终为天下挠[①]。"遂伏剑而死。王曰："请成将军之义。"乃为之桐棺三寸[②]，加

斧③锧其上。人主之患，存而不知所以存，亡而不知所以亡。此存亡之所以数至也。郚、岐之广也，万国之顺也，从此生矣。荆之为④四十二世矣，尝有乾谿、白公之乱矣⑤，尝有郑襄、州侯之避矣，而今犹为万乘之大国，其时有臣如子囊与！子囊之节，非独厉一世之人臣也。

【译文】

楚国与吴国即将交战，楚军人少，吴军人多。楚国的将军子囊说："我国与吴国交战，一定会失败。君主的军队一旦失败，将使君主的名声蒙受羞辱，使国家的土地遭受损失，忠臣不忍心这样做。"于是没有禀告楚王就逃跑回来了。到达郊外的时候，他派人禀告楚王说："我请求被处死。"楚王说："将军你跑回来，是认为这样做有利啊。现在确实有利，你为何还要请求被处死呢？"子囊说："逃跑回来的，如果不予以惩处，那么后世做君主、将领的人，就都会以作战不利为借口而仿效我逃跑。这种情形下，楚国最终就会被天下诸侯挫败。"于是，子囊用剑自刎身亡。楚王说："让我成全将军的大义。"于是，给子囊做了三寸厚的桐木棺材表示对他的惩处；将斧子、腰斩时用的垫座等刑具放在棺材上，表示他被处以死刑。君主的弊病是，保存了国家却不知道之所以能够保存的原因，丧失掉国家却不知道之所以会丧失掉的原因。这就是保存了国家与丧失掉国家的情况频繁出现的原因啊。郚、岐的扩大、各国的归顺，就由此而出现了。楚国从建立自己的国家算起，已经传至第四十二代了，曾经发生了灵王在干溪被迫自缢身亡、白公胜杀死子西、子旗攻陷楚都那样的祸乱，曾经发生了郑袖、州侯帮楚王行邪僻的事情，可如今依然是一个拥有万辆兵车的大国，这或许就是因为楚国经常会出现像子囊那样的臣子吧！子囊的气节，不单单是磨砺了一代臣子啊！

【原典】

荆昭王之时，有士焉曰石渚。其为人也，公直无私，王使为政，道有杀人者，石渚追之，则其父也。还车而反，立于廷曰："杀人者，仆之父也。以父行法，不忍；阿有罪，废国法，不可。失法伏罪，人臣之义也。"于是乎伏斧锧，请死于王。王曰："追而不及，岂必伏罪哉！子复事①矣。"石渚辞曰："不私其亲，不可谓孝子；事君枉法，不可谓忠臣。君令赦之，上之惠也；不敢废法，臣之行也。"不去斧锧，殁头②乎王廷。正法枉必死，父犯法而不忍，王赦之而不肯，石渚之为人臣也，可谓忠且孝矣。

【注释】

①事：职事，职务。②殁头：刎颈。

【译文】

楚昭王时，有个名叫石渚的贤士。他为人公正无私，昭王授予他执法的官职。一次，有一个人在路途中杀人了，石渚去追赶他，杀人的人原来是石渚的父亲。他掉转车回来，站在朝廷上说："杀了人的那个人是我的父亲。对父亲施刑法，我不忍心；包庇犯了罪的人，废弃国家刑法，这又是不可行的。在执法过程中出现过失就要接受惩处，这是臣子应遵守的道义。"于是就趴伏在刑具上，请求昭王将自己处死。昭王说："追赶杀人的人而未能将他追上，哪里一定要受惩处呢？你继续担任原职吧。"石渚说："不偏爱自己的父亲，不能称其为孝子；侍奉君主而违法曲断，不能称其为忠臣。您下令赦免我，这是君主您给予我的恩惠；不敢废弃刑法，这是作为人臣的德行。"石渚不让拿掉刑具，在昭王朝廷上自刎而死。按照公正的刑法，违法必定处死，父亲犯法，自己不忍心处以死刑，君主赦免了自己却不肯接受。石渚作为臣子，可以称得上是忠孝两全了。

上德

【原典】

三曰：

为天下及国，莫如以德，莫如行义。以德以义，不赏而民劝，不罚而邪止。此神农、黄帝之政也。以德以义，则四海之大，江河之水，不能亢矣①；

太华之高②，会稽之险，不能障矣；阖庐之教③，孙、吴之兵，不能当矣。故古之王者，德回乎天地，澹乎四海，东西南北，极日月之所烛④。天覆地载，爱恶不臧⑤。虚素以公，小民皆之⑥，其之敌⑦而不知其所以然，此之谓顺天。教变容改俗，而莫得其所受之，此之谓顺情。故古之人，身隐而功著，形息⑧而名彰，说通而化奋，利行乎天下，而民不识，岂必以严罚厚赏哉？严罚厚赏，此衰世之政也。

【注释】

①亢：通"抗"，抵抗。②太华：西岳华山。③阖庐：即"阖闾"。④烛：照耀。⑤臧：通"藏"，隐匿。⑥皆：通"偕"。⑦敌：通"适"，往。⑧形息：指死。

【译文】

第三：

治理天下和国家，莫过于用德，莫过于行义。用德用义，不凭借赏赐，就能使人民向善；不凭借刑罚，就能使邪恶制止。这是神农、黄帝的政治。用德用义，那么四海的广大，长江黄河的流水，都无法与之抗衡；华山的高大，会稽山的险峻，都无法将其阻挡；阖闾的教化，孙武、吴起的军队，都不能抵挡。因此，古代能够称王的人，他们的道德可以说遍及了天地之间，充满四海之内，东西南北，一直延伸到日、月能够照耀到的地方。他们的道德如同天一样覆盖万物，如同地一样承载万物，无论对喜爱的还是厌恶的，都丝毫不会藏他们的道德；他们宁静淡泊，处事公正而毫无偏袒之心，民众也都随之公正，民众与帝王一同公正地处理事务，自己却不知道会这样做的原因，这可以称作是顺应天性了。帝王的教化改变了民众的面貌和习俗，民众自己却没有意识到蒙受了教化，这就可以称作是顺应人情了。因此，古代的人，他们自身虽然隐退了，可是功绩却卓著；他们本身虽然死去了，可是名声却显扬。他们的主张畅通，教化大行。他们带给天下人福音，可是人民并没有察觉到。哪里一定要用严刑厚赏呢？严刑厚赏，这是衰落社会的政治。

【原典】

三苗不服①，禹请攻之，舜曰："以德可也。"行德三年，而三苗服。孔子闻之，曰："通乎德之情，则孟门、太行不为险矣。故曰德之速，疾乎以邮传命②。"周明堂金在其后，有以见先德后武也。舜其犹此乎！其臧武通于周矣。

【注释】

①三苗：古代的部族名称。在今江、淮、荆州一带。②疾：速。邮：古代用于传递文书的驿站。

【译文】

三苗不归附，禹请求前去征伐它，舜说："对他们施行德政就能够使其归附了。"果然，施行三年的德政之后，三苗就归附了。孔子听到了这件事，说："懂得了德教的本质，那么孟门、太行山都算不得险峻了。所以说德教的迅速，都超过了驿车传递命令的速度。"周代的朝堂把金属乐器和器物摆在后边，用以表示先施行德教后动用武力啊。舜大概就是这样做的吧，他不轻易动用武力的精神流传到周代了。

【原典】

晋献公为丽姬①远太子。太子申生居曲沃，公子重耳居蒲，公子夷吾居屈。丽姬谓太子曰："往昔②君梦见姜氏②。"太子祠③而膳于公，丽姬易之④。公将尝膳，姬曰："所由远，请使人尝之。"尝人，人死；食狗，狗死。故诛太子。太子不肯自释，曰："君非丽姬，居不安，食不甘。"遂以剑死。公子夷吾自屈奔梁。公子重耳自蒲奔翟。去翟过卫，卫文公无礼焉。过五鹿⑤，如齐，齐桓公死。去齐之曹，曹共公视其骈胁⑥，使袒而捕池鱼。去曹过宋，宋襄公加礼焉。之郑，郑文公不敬，被瞻谏曰："臣闻贤主不穷穷。今晋公子之从者，皆贤者也。君不礼也，不如杀之。"郑君不听。去郑之荆，荆成王慢焉。去荆之秦，秦缪公入之。晋既定，兴师攻郑，求被瞻。被瞻谓郑君曰："不若以臣与之。"郑君曰："此孤之过也。"被瞻曰："杀臣以免国，臣愿之。"被瞻入晋军，文公将烹之，被瞻据镬而呼曰⑦："三军之士皆听瞻也：自今以来，无有忠于其君，忠于其君者将烹。"文公谢焉，罢师，归之于郑。且被瞻忠于其君，而君免于晋患也；行义于郑，而见说于文公也。故义之为利博矣。

【注释】

①丽姬：即骊姬。春秋时晋献公的宠妃。②昔：通"夕"。③祠：用作动

词，祭祀。④易之：此处指将太子申生送来的食物调换成了有毒的食物。⑤五鹿：卫国的城邑名，在今河南濮阳东北。⑥曹共公：曹国国君，公元前652年——前618年在位。骈胁：一种胁下肋骨并连在一起的畸形病。⑦镬：一种无足的鼎，形状与大锅相似。

【译文】

晋献公为了讨骊姬的欢心而疏远了太子申生。太子申生住在曲沃，公子重耳住在蒲城，公子夷吾住在屈邑。骊姬对太子说："前几天夜里君主梦见了姜氏。"太子就祭祀姜氏，并将食品进献给献公，骊姬将太子送来的食物调换成了有毒的食物。献公要吃送来的食物，骊姬说："食物是在曲沃祭祀完姜氏后送来的，路途十分遥远，还是先请让人尝尝。"结果，让人尝了之后，那人死了；让狗吃，狗也死了。因此，献公想要杀掉太子。太子不肯为自己申辩，说："如果君主身边没有了骊姬，那他睡觉就不会安稳，吃饭就不会可口。"于是就用剑自杀了。公子夷吾从屈邑逃到梁国。公子重耳从蒲城逃到翟。公子重耳离开翟，经过卫国的时候，卫文公不以礼待他；经过五鹿，到了齐国，恰好齐桓公去世了；离开齐国到了曹国，曹共公因为想看公子重耳身体上紧紧相连的肋骨，就让他脱了衣服去捕池里的鱼；离开曹国，经过宋国，宋襄公以礼待他；到了郑国，郑文公对他不尊重，被瞻劝告说："我听说贤明的君主是不会一直都受窘困的。现在随行晋公子的人都是贤德的人。您不以礼待他，不如将他杀了。"郑国君主不听从他的劝告；离开郑国，到了楚国，楚成王非常不敬重他；离开楚国，到了秦国，秦穆公把他送回晋国。重耳登上王位之后，起兵征伐郑国，索取被瞻。被瞻对郑国君主说："还是把我交给晋国吧。"郑国君主说："这是我的过错。"被瞻说："杀掉我从而使国家幸免于难，我愿意这样做。"被瞻到了晋国军队里，晋文公要煮死他，被瞻抓住大锅喊道："三军的兵士都听我说：自此之后，不要再忠于自己的君主了，如果忠子自己的君主就会被煮死。"文公向他道歉，撤回了准备征伐郑国的军队，让被瞻回到了郑国。被瞻忠于自己的君主，因而使郑国君免除了祸患；他在郑国按义的原则行事，因而受到了晋文公的喜欢。所以义带来的利益太大了。

【原典】

墨者钜子①孟胜，善荆之阳城君。阳城君令守于国②，毁璜③以为符，约曰：

"符合听之。"荆王薨,群臣攻吴起,兵于丧所,阳城君与焉。荆罪之,阳城君走。荆收其国。孟胜曰:"受人之国,与之有符。今不见符,而力不能禁,不能死,不可。"其弟子徐弱谏孟胜曰:"死而有益阳城君,死之可矣;无益也,而绝墨者于世,不可。"孟胜曰:"不然。吾于阳城君也,非师则友也,非友则臣也。不死,自今以来,求严师必不于墨者矣,求贤友必不于墨者矣,求良臣必不于墨者矣。死之,所以行墨者之义,而继其业者也。我将属钜子于宋之田襄子。田襄子,贤者也,何患墨者之绝世也?"徐弱曰:"若夫子之言,弱请先死以除路。"还④殁头前于孟胜。因使二人传钜子于田襄子。孟胜死,弟子死之者百八十。三人⑤以致令于田襄子,欲反死孟胜于荆,田襄子止之曰:"孟子已传钜子于我矣,当听。"遂反死之。墨者以为不听钜子不察。严罚厚赏,不足以致此。今世之言治,多以严罚厚赏,此上世之若客⑥也。

【注释】

①钜子:战国时期墨家对自己的学派具有巨大成就之人的尊称,

如同"大师"。钜子的职务由上一任钜子认可并传递。②国：指阳城君的食邑（中国古代诸侯封赐所属卿、大夫作为世禄的田邑）。③璜：古代的玉器名，形状像璧的一半，古代朝聘、祭祀、丧葬时所用的礼器。④还：返回。前于：当作"于前"。⑤三人：当作"二人"。⑥若客：意不可通。依许维遹的说法，当作"苛察"。苛察：以烦琐、苛刻和残酷为明察。

【译文】

　　墨家学派大师孟胜与楚国的阳城君交往甚密。阳城君让孟胜守卫楚国封赐给自己的田邑，剖分开璜玉作为符信，与他约定说："相合之后才能听从命令。"楚王去世了，群臣攻打吴起，在停丧的地方动用了兵器，阳城君也参与了这场斗争。楚国治这些群臣的罪，阳城君出逃了。楚国要收回封赐给阳城君的田邑。孟胜说："我接受了楚国封赐给阳城君的田邑，与人家有符信为凭证。现在没有见到符信，而凭借自己的力量又无法制止楚国收回封赐给阳城君的田邑，不能为此而死，是不可以的。"他的学生徐弱劝阻他说："如果您的死对阳城君有益，那么为此而死是可以的；如果你的死对阳城君是没有益处的，却使墨家在世间断绝了，这是万万使不得的。"孟胜说："不对。我对于阳城君来说，不是老师就是朋友，不是朋友就是臣子。如果不为此而死，自此之后，寻求严师就必定不会从墨家中寻求了，寻求贤友就必定不会从墨家中寻求了，寻求良臣就必定不会从墨家中寻求了。为此而死，正是要以这种方式来实行墨家的道义，使墨家的事业得到传承啊！我将把钜子的职务托付给宋国的田襄子。田襄子是位具备贤德的人，哪里用得着担忧墨家会在这世间断绝呢？"徐弱说："像先生您说的这样，那我请求先死以便扫清道路。"于是徐弱转过身在孟胜面前刎颈身亡。孟胜于是就派两个人把钜子的职务传给田襄子。孟胜去世后，为他殉死的学生有一百八十人。那两个人把孟胜的命令传达给田襄子，想返回去在楚国为孟胜殉死，田襄子制止他们说："孟胜已将钜子的职务传给了我，你们应当听我的。那两个人不肯听从，最终还是返回去为孟胜殉死。墨家认为，不听从钜子的话就是不懂得墨家的义。严刑厚赏，尚且还不能达到这种境界。现在社会上谈到治理天下国家，大都认为要用严刑厚赏，这就是古代所认为的以烦琐、苛刻和残酷为明察啊。

用民

【原典】

四曰：

凡用民，太上以义，其次以赏罚。其义则①不足死，赏罚则不足去就②，若是而能用其民者，古今无有。民无常用也，无常不用也，唯得其道为可。阖庐之用兵也，不过三万。吴起之用兵也，不过五万。万乘之国，其为三万五万尚多，今外之则不可以拒敌，内之则不可以守国，其民非不可用也，不得所以用之也。不得所以用之，国虽大，势虽便，卒无众，何益？古者多有天下而亡者矣，其民不为用也。用民之论，不可不熟。

【注释】

①则：若，如果。②去就：此处指去恶就善的意思。

【译文】

第四：

大凡使用人民，最好的情况是凭借仁义，其次是凭借赏罚。凭借仁义如果不能够使民众为之效死，凭借赏罚如果不能够使民众去恶从善，这样却能使用自己民众的，古往今来都没有过。民众不是总能使用的，也不总是不能使用的，只有掌握了正确的方法，才可以使用他们。阖庐用兵，不超过三万人；吴起用兵，不超过万人；拥有万辆兵车的大国，其兵力比三万、五万人还多，可如今对外却无法抵御敌军，对内却无法保家卫国，它们的民众并不是不可以使用，而是统治者没有掌握使用民众的方法。不掌握使用民众的方法，国家即使强大，形势即使有利，士兵即使很多，又有什么用呢？古代很多人拥有天下，却又丢了天下，就是因为民众不被他们使用啊。使用人民的道理，不可不详尽了解啊。

【原典】

剑不徒①断，车不自行，或使之也。夫种麦而得麦，种稷而得稷②，人不怪也。用民亦有种，不审其种，而祈民之用，惑莫大焉。

①徒：凭空，自动。②稷：即谷子。

【译文】

剑不会平白斩断物体，车子不会自己运行，总是有人驱使它们这样做。播种麦子就收获麦子，播种稷就收获稷，人们对此并不感到奇怪。使用民众也有播种的问题，不考察播下什么种子，却要求民众为自己所使用，没有什么比这更加糊涂的了。

【原典】

当禹之时，天下万国，至于汤而三千馀国，今无存者矣，皆不能用其民也。民之不用，赏罚不充①也。汤、武因夏、商之民也，得所以用之也。管②、商亦因齐、秦之民也，得所以用之也。民之用也有故，得其故，民无所不用。用民有纪有纲③。壹引其纪，万目④皆起；壹引其纲，万目皆张。为民纪纲者何也？欲也恶也。何欲何恶？欲荣利，恶辱害。辱害所以为罚充也，荣利所以为赏实也。赏罚皆有充实，则民无不用矣。阖庐试其民于五湖⑤，剑皆加于肩，地流血几不可止。句践试其民于寝宫，民争入水火，死者千馀矣，遽击金而却之。赏罚有充也。莫邪⑥不为勇者兴惧者变，勇者以工，惧者以拙，能与不能也。

【注释】

①充：实。此处指赏罚"当"，便是实；赏罚"不当"，便是虚。②管：指管仲。商：指商鞅。③纪：网的头绪，此处引申为有法纪、法度。纲：网的总绳，此处引申为有纲纪。④目：网眼，此处引申为有细目。⑤五湖：指太湖。⑥莫邪：古代的良剑名。

【译文】

在大禹的时代，天下有上万个国家，到了商汤时代，就只有三千多个国家了，如今这些诸侯国没有存在的了，都是因为不能使用自己的民众啊。民众不被使用，在于赏罚不能够落实。商汤、周武王依靠的是夏朝和商朝的民众，这是由于他们通晓使用民众的方法；管仲、商鞅依靠的是齐国和秦国的民众，这是由于他们也通晓使用民众的方法。民众被使用是有原因的，通晓其中的原因，民众就会听凭使用了。使用民众有纲要，只要把握了纲要，万目都随之张开。治理民众的纲要是什么呢？是希望和厌恶。希望什么、厌恶什么呢？希望荣誉和利益，厌恶耻辱和祸害。耻辱和祸害是用来实现惩罚的，荣誉和利益是用来实现赏赐的。赏罚都有内在的实质，这样民众就没有不能被使用的了。阖闾曾经在太湖演习试验他的国民，剑架在他们的肩头，血流到地上，几乎都不能制止国民前进；勾践曾经在寝宫演习试验他的国民，他们争着赴汤蹈火，死了有一千多人，他立即敲锣收兵，才使国民后退，这是因为他们的赏罚得当。莫邪那样的良剑不因为勇敢的人与怯懦的人而改变锋利的程度，但在勇敢的人手里就灵巧，在怯懦的人手里就笨拙，这是由于他们善于使用或不善于使用造成的。

【原典】

凤沙①之民，自攻其君而归神农。密须②之民，自缚其主而与③文王。汤、武非徒能用其民也，又能用非己之民。能用非己之民，国虽小，卒虽少，功名犹可立。古昔多由布衣定一世者矣，皆能用非其有也。用非其有之心，不可察④之本。三代之道无二，以信为管⑤。

【注释】

①凤沙：相传为上古时期部族名。因该部落的首领昏庸无道，故有下文的"自攻"之说。②密须：古国名，姞姓，后被周文王消灭，故址在今甘肃灵台西南。③与：归附。④不可察：当作"不可不察"。⑤管：准则，关键。

【译文】

凤沙部落的民众，自发起来杀掉了他们的首领后归附于神农；密须国的民众，自发起来捆住他们的国君后投靠了文王；商汤、周武王不只是能使用自己的民众，还能使用不属于自己的民众。能够使用不属于自己的民众，国家即使小，士兵即使少，功名仍然可以建立。古代有很多由平民百姓出道而平定天下的人，这是由于他们都能正确使用不属于自己的民众啊。使用不属于自己所有之民众的这种心思，是不可不考察清楚的根本啊。夏、商、周三代的法度没有别的，就是以守信用作为关键。

【原典】

宋人有取道①者，其马不进，倒而投之鸂水②。又复取道，其马不进，又到而投之鸂水。如此者三。虽造父之所以威马③，不过此矣。不得造父之道，而徒得其威，无益于御。人主之不肖者，有似于此。不得其道，而徒多其威。威愈多，民愈不用。亡国之主，多以多威使其民矣。故威不可无有，而不足专恃。譬之若盐之于味，凡盐之用，有所托也。不适，则败托而不可食。威亦然，必有所托，然后可行。恶乎托？托于爱利。爱利之心谕，威乃可行。威太甚则爱利之心息，爱利之心息，而徒疾行威，身必咎矣。此殷、夏之所以绝也。君利势也，次官也。处次官，执利势，不可而不察于此。夫不禁而禁者，其唯深见此论邪。

【注释】

①取道：出行，赶路。取：通"趣"，趋。②倒：当为"到"，杀。鹨水：当作"鳠水"。③造父：春秋末期晋国人，善于驾驶车。

【译文】

宋国有个驱车赶路的人，他的马不肯前进，就把它杀死后扔到了溪水中。换过一匹马继续驱车赶路，那匹马还是不肯前进，他又就把它杀死后扔到了溪水中，这样反复了三次。即使善于驾驶车的造父，他驾驭马的威严也不过如此了。没有掌握造父驾驭马的方法，而只学到了他驾驭马的威严，这对于驾驭马没有什么好处。一些不贤明的国君，与这种情形相似。他们不懂得使用民众的方法，却仅仅学到许多做君主的威严。威严愈多，民众愈不能被使用。亡国的君主，大多凭借增加威严来使用他的民众。所以威严不可以没有，也不足以专门依仗。这好比食盐与口味的关系，凡是使用盐，一定要有凭借的东西。用得不适当就会败坏所凭借的东西，而不能食用。威严也是如此，必须有所凭借，然后才能施行威严。凭借什么呢？凭借爱民利民的措施。爱民利民的心理被人理解了，威严才可以施行。威严太过分了就会使爱民利民的心思熄灭，爱民利民的心思熄灭，却只是厉行威严，自身就必然遭殃，这就是商朝和夏朝为什么灭亡的原因。君主有利有势，能决定官吏的等级。处于决定官吏等级的地位，又执掌利禄和威势，君主对这种情况不可不审察清楚。不发布禁令，邪恶就自行禁止，要做到这一步，大概只有深刻地认识到达个道理吧。

为欲

【原典】

六曰:

使民无欲,上虽贤,犹不能用。夫无欲者,其视为天子也,与为舆隶①同;其视有天下也,与无立锥之地同;其视为彭祖也,与为殇子②同。天子,至贵也;天下,至富也;彭祖,至寿也。诚无欲,则是③三者不足以劝。舆隶,至贱也;无立锥之地,至贫也;殇子,至夭也。诚无欲,则是三者不足以禁。会有一欲,则北至大夏④,南至北户,西至三危,东至扶木⑤,不敢乱矣;犯白刃,冒流矢,趣水火,不敢却也;晨寤兴,务耕疾庸,樶为烦辱⑥,不敢休矣。故人之欲多者,其可得用亦多;人之欲少者,其得用亦少⑦;无欲者,不可得用也;人之欲虽多,而上无以令之,人虽得其欲,人犹不可用也。令人得欲之道,不可不审矣。

【注释】

①舆隶:两字同义,均指奴仆,奴隶。②殇子:未成年而夭折的孩子。③是:此。④大夏:古代的胡泽名。⑤扶木:扶桑,古代传说中的东方国家。⑥樶:古"耕"字。烦辱:繁杂劳务。辱:同"耨"。⑦其得用亦少:依孙锵鸣的说法,"得"字之后当补"可"字。

【译文】

第六:

倘若人们没有欲望,即使是贤明的君主,仍然无法使用他们。在没有欲望之人的眼中,做天子与做奴仆是一样的,享有天下与没有立足之地是一样的,成为像彭祖那般长寿的人与做个夭折的孩子是一样的。天子是最尊贵的了,天下是最富饶的了,彭祖是最长寿的了,如果没有欲望,那么即使是这三种情况也不能够让人们受到鼓励;奴仆是最低贱的了,没有立足之地是最贫穷的了,夭折的孩子是最短命的了,如果没有欲望,那么即使是这三种情况也不能够禁止人们。如果

有一种欲望，那向北到大夏，向南到北户，向西到三危，向东到扶桑，人们就都不敢胡作非为了，迎着闪光的刀，冒着乱飞的箭，奔赴水火之中，人们也不敢后退；清早一醒来就起床，勤奋地在田间耕作；受人雇佣，即使所从事的耕作劳务繁杂，也不敢休息。因此，欲望多的人，可以使用的地方也就多；欲望少的人，可以使用的地方也就少；没有欲望的人，就不可以使用了啊。人们的欲望即使很多，可如果君主没有适宜的方法去使用他们，人们虽然得到了自己的欲望，还是不可以使用。满足人们欲望的方法，不可不审察清楚。

【原典】

善为上者，能令人得欲无穷，故人之可得用亦无穷也。蛮夷反舌殊俗异习之国，其衣服冠带、宫室居处、舟车器械、声色滋味皆异，其为欲使一也。三王不能革，不能革而功成者，顺其天也；桀、纣不能离。不能离而国亡者，逆其天也。逆而不知其逆也，湛①于俗也。久湛而不去则若性。性异非性，不可不熟。不闻道者，何以去非性哉？无以去非性，则欲未尝正矣。欲不正，以治身则夭，以治国则亡。故古之圣王，审顺其天而以行欲，则民无不令矣，功无不立矣。圣王执一②，四夷皆至者，其此之谓也！执一者至贵也，至贵者无敌。圣王托于无敌，故民命敌③焉。

【注释】

①湛：通"沉"。②执一：此处指掌握住根本之道。③敌：通"适"，归附。

【译文】

善于当君主的人，能够不断地满足人们的欲望，因此，也就可以不断地使用他们。言语、风俗、习惯与华夏都不同的蛮夷之国，他们的衣服、帽子、衣带、房屋、住处、车船、器物、声音、颜色、饮食，都与华夏不同，但是他们在为欲望所驱使这一点上与华夏却是相同的。三王没能够改变这种情况，没能够改变这种情况而能成就功业，这是顺应了人们天性的缘故，桀、纣无法背离这种情况，无法背离这种情况而国家遭到灭亡，这是违背了人天性的缘故。违背了天性可是却还不知道，这是沉湎在习俗之中的缘故。长期沉湎在习俗之中而无法自拔，那就变成自己的习性了。本性与非本性是不同的，这是不能不谨慎审查清楚的。不懂得满足人们欲望的方法的人，哪能有办法去除非本性的东西呢？没有办法去掉非本性的东西，那么欲望就不会正当了。欲望不正当，用这种思想来治理自身就会导致夭折，用这种思想来治理国家就会使国家遭受灭亡。因此，古代圣贤的君主，审察并顺应人们的天性，通过这种方式来让人们的欲望得到满足，那么人们就没有不听从命令的了，功业就没有不建立的了。圣贤的君主掌握住了根本之道，四方部族都来归附，或许说的就是这种情况吧！掌握住了根本之道，最尊贵的人没有对手。圣贤的君主立身于没有对手的境地，所以人们的命运就都依附于他们了。

【原典】

群狗相与居，皆静无争。投以炙鸡，则相与争矣。或折其骨，或绝①其筋，争术存也。争术存，因争；不争之术存，因不争。取争之术而相与争②，万国无一。

【注释】

①绝：断。②取争之术而相与争：此句句意不可通，当作"取不争之术而相与争"。

【译文】

一群狗待在一起，都安静而无所争夺。如果扔给它们烤熟的鸡，那么就相互争夺起来了。有的被咬折了骨，有的被咬断了筋，这是因为存在着争夺的条件。存在着争夺的条件，就发生了争夺；不存在争夺的条件，争夺之事就不会发生。不存在争夺的条件却相互争夺，全天下没有任何一国发生过这样的事。

【原典】

凡治国，令其民争行义也；乱国，令其民争为不义也。强国，令其民争乐用也；弱国，令其民争竞不用也。夫争行义乐用与争为不义竞不用，此其为祸福也，天不能覆，地不能载。

【译文】

大凡治理得当的国家，都是让人们争着做符合道义的事；治理不当的国家，都是让人们争着做不符合道义的事。强盛的国家，都是让人们乐于争着被君主使用；弱小的国家，都是让人们争着不被君主使用。争着做符合道义的事，争着被君主使用与争着做不符合道义的事，争着不被君主使用，这两种情况带来的祸和福，天都覆盖不住，地都承载不起。

【原典】

晋文公伐原，与士期七日。七日而原不下，命去之。谋士言曰："原将下矣。"师吏请待之，公曰："信，国之宝也。得原失宝，吾不为也。"遂去之。明年，复伐之，与士期必得原然后反。原人闻之，乃下。卫人闻之，以文公之信为至矣，乃归文公。故曰"攻原得卫"者，此之谓也。文公非不欲得原也，以不信得原，不若勿得也。必诚信以得之。归之者非独卫也。文公可谓知求欲矣。

【译文】

晋文公攻打原国，与士兵约定以七天为最终的期限，七天过去了，可原国却还是不肯投降，于是，文公下令撤军。谋士们说："原国就要投降了。"军官们都请求等待一下，文公说："信用是国家的珍宝。得到原国失掉珍宝，我不愿意做这样的事情。"最终还是撤军了。第二年，又攻打原国，与士兵约定必须在攻下原国之后才可返回。原国人听到这约定，于是就投降了。卫国人听到件事，认为文公的信用真是达到极点了，就归顺了文公。因此人们说的"攻打原国同时得到了卫国"，指的就是这个。文公并不是不希望攻下原国，以不守信用为代价得到原国，还不如别攻下。一定要凭借诚信来得到。归顺的不仅仅是卫国啊。文公可以称得上是通晓实现自己欲望的方式了。

恃君览第八

长利

【原典】

二曰：

天下之士也者，虑天下之长利，而固处之以身若①也。利虽倍于今，而不便于后，弗为也；安虽长久，而以私其子孙，弗行也。自此观之，陈无宇之可丑亦重矣②，其与伯成子高、周公旦、戎夷也③，形虽同④，取舍之殊，岂不远哉？

【注释】

①若：依王念孙校本，应作"者"。②陈无宇：齐国大夫。丑：耻辱。按：陈无宇与鲍文子攻打栾氏、高氏，栾、高出奔，陈、鲍乃分其土地财产，故此处说他"可丑"。③伯成子高：相传为尧、舜时的诸侯。戎夷：齐国的仁者。④形：身形，形体。

【译文】

第二：

天下杰出的人士，考虑的是天下长远的利益，而自己必定要身体力行。即使对现在有加倍的利益，但对后世没有益处，也不会去做；即使能长久安定，但如果是为自己的子孙谋利，也不会去做。如此看来，陈无宇也太贪婪可耻了，他与伯成子高、周公旦、戎夷相比，虽然同是人，但取舍标准的不同，相差难道不是很远吗？

【原典】

尧治天下，伯成子高立为诸侯。尧授舜，舜授禹，伯成子高辞诸侯而耕。禹

往见之，则耕在野。禹趋就下风①而问曰："尧理天下，吾子立为诸侯②。今至于我而辞之，故何也③？"伯成子高曰："当尧之时，未赏而民劝④，未罚而民畏。民不知怨，不知说，愉愉其如赤子⑤。今赏罚甚数，而民争利且不服，德自此衰，利自此作⑥，后世之乱自此始。夫子盍行乎⑦？无虑⑧吾农事！"协而耰⑨，遂不顾。夫为诸侯，名显荣，实佚乐⑩，继嗣皆得其泽，伯成子高不待问而知之，然而辞为诸侯者，以禁后世之乱也。

【注释】

①趋就下风：快步走到下风，以表谦卑。下风：风向的下方，比喻下位或劣势。②吾子：对人的敬称。③故何也：《庄子·天地》作"其故何也"，意即什么缘故呢。④劝：勉力向善。⑤愉愉：形容和悦的样子。⑥作：起。⑦盍："何不"的合音词。⑧虑：乱，打扰。⑨协：和悦。耰（yōu）：播种后用土盖上种子。⑩佚乐：安乐。

【译文】

尧管理天下时，伯成子高被

封为诸侯。尧将帝位禅让给舜，舜又禅让给禹，这时伯成子高辞去诸侯的官位，去田间耕种了。禹去见他，他正在田里耕作。禹快步走到下风头问他："尧管理天下时，封您为诸侯。现在传位给我而您却辞去官职，这是为什么呢？"伯成子高说："尧的时候，没有奖赏可是人们却勉力向善，没有惩罚可是人们也会有所畏惧。人们不知道什么是怨恨，不知道什么是高兴，颜色和悦得如同天真无邪小孩一样。现在奖赏和惩罚很频繁，可人们却相互争取利益而且不顺服，道德从此衰微了，谋私利的事从此兴起了，后世的混乱从此开始了。先生您为什么不离开呢？请您不要耽搁我的农活。"说罢，面带和悦之色来覆盖种子，不再回头看禹。作为诸侯，可使声名显赫，又可以得到安逸快乐的生活，后嗣都能得到恩惠，这些，伯成子高不需问便能知道，然而却推辞不当诸侯，是通过这种方式来制止后世的混乱啊！

【原典】

辛宽①见鲁缪公曰："臣而今而后，知吾先君周公之不若太公望封之知也。昔者太公望封于营丘②之渚，海阻山高，险固之地也。是故地日广，子孙弥隆。吾先君周公封于鲁，无山林溪谷之险，诸侯四面以达。是故地日削，子孙弥杀③。"辛宽出，南宫括入见。公曰："今者宽也非周公，其辞若是也④。"南宫括对曰："宽少者⑤，弗识也⑥。君独不闻成王之定成周之说乎⑦？其辞曰：'惟余一人⑧，营居于成周。惟余一人，有善易得而见也，有不善易得而诛也⑨。'故曰善者得之，不善者失之，古之道也。夫贤者岂欲其子孙之阻山林之险以长为无道哉？小人哉宽也！"今使燕爵为鸿鹄凤皇虑⑩，则必不得矣。其所求者，瓦之间隙，屋之翳蔚也⑪，与一举则有千里之志，德不盛、义不大则不至其郊。愚庳之民，其为贤者虑，亦犹此也。固妄诽訾，岂不悲哉？

【注释】

①辛宽：他书或作"辛栎"，鲁穆公臣。鲁缪公：即鲁穆公，战国时期鲁国君主，公元前407年—前376年在位。②营丘：齐国国都，在今山东省临淄北。③杀：衰弱。④若是：如此。⑤少者：指年轻无知之人。⑥识：知道。⑦成周：古邑名，在今河南省洛阳东北。周初成王时，为防止殷顽民作乱，周公营建成周，迁殷顽民于此。⑧余一人：古代帝王自称。⑨诛：责备。⑩爵：通"雀"，

在此比喻胸无大志目光短浅者。鸿鹄：即天鹅。凤皇：俗作"凤凰"。鸿鹄、凤凰在此比喻志向远大之人。⑪翳（yì）蔚：遮盖。翳，遮蔽。

【译文】

辛宽在拜见鲁穆公的时候说："从今以后，我知道了我们先君周公在受封这件事上没有太公望聪明。从前，太公望被封到营丘一带滨海之地，那里是受大海阻隔、山高大、地势险要坚固的地方，所以国家的地域一天天地广大起来，子孙也一天天地兴旺了。我们先君周公被封到鲁国，这里没有山林溪谷之险，诸侯都可以从各个方向侵入，所以国家的地域一天一天地缩小起来，子孙也一天天地衰弱了。"辛宽出去以后，南宫括进来拜见穆公。穆公说："刚才辛宽责备了周公，他的话是如此如此说的。"南宫括听后说："辛宽真是个年幼无知的人，不懂道理，您难道没有听说过成王在修建成周的时候所说的话吗？他说的是：'我营建并居住在了成周，我有好的地方容易被发现，不好的地方容易受责备。'因此，行善的人拥有天下，行恶的人使天下沦丧，这是自古以来的规律。贤德的人难道想让自己的子孙凭借山林之险来长久地干无道之事吗？辛宽是个小人啊！"如果让燕子和麻雀为天鹅和凤凰谋划，那必定有失妥当。燕子和麻雀所追求的，只不过是瓦缝之间、屋檐之下的荫蔽罢了，怎能与天鹅和凤凰一飞就有飞千里的志向相提并论呢？如果君主品德不盛大、道义不宏大，就连郊外也飞不到；愚昧卑下的人，他们为贤德的人谋划，和这种情况相类似啊。固陋狂妄，横加诽谤，难道不是很可悲吗？

【原典】

戎夷违齐如鲁①，天大寒而后门②，与弟子一人宿于郭外。寒愈甚，谓其弟子曰："子与我衣，我活也；我与子衣，子活也。我，国士也，为天下惜死；子，不肖人也，不足爱也。子与我子之衣。"弟子曰："夫不肖人也，又恶能与国士之衣哉？"戎夷太息叹曰："嗟乎！道其不济夫④！"解衣与弟子，夜半而死。弟子遂活，谓戎夷其能必定一世，则未之识⑤。若夫欲利人之心，不可以加矣⑥。达乎分⑦，仁爱之心识也⑧，故能以必死见其义。

【注释】

①违：离开。如：到……去。②后门：后于门，即关了门之后才到达。门：

用作动词，关城门。③惜：爱惜，舍不得。下文"不足爱也"中的"爱"与此义同。④济，成功。⑤未之识：不能知道是否是这样。⑥加：超过。⑦达乎分：指达乎死生之分，意思是，通晓生和死的区别，当生则生，当死则死。⑧识：依陈昌齐的说法，当作"诚"。

【译文】

戎夷离开齐国前往鲁国，天气特别寒冷，他和学生在城门关闭之后才到达目的地，只好与学生在城外露宿。寒冷越来越逼人了，戎夷便对他的学生说："你如果给我衣服，我就可以活下来；我如果给你衣服，你就可以活下来。我是万民景仰的士人，为天下着想舍不得去死；你是个不贤德的人，不值得爱惜生命，你把你的衣服给我吧。"学生说："不贤德的人，又怎么能给万民景仰的士人衣服呢？"戎夷长叹一声说："哎！道义大概行不通啦！"说罢就把自己的衣服脱下来给他的学生了，他半夜里冻死了。学生最终活了下来。要说戎夷的才能一定能让整个社会安定，那是不能知道的；至于他希望利人的心，那是已经达到极点了。他通晓死和生的区别，仁爱之心是很诚恳的，所以他能用必死的行为来显示自己的道义。

召类

【原典】

四曰：

类同相召，气同则合，声比①则应。故鼓宫而宫应，鼓角而角动。以龙致雨，以形逐影。祸福之所自来，众人以为命，焉不知其所由②。故国乱非独乱，有必召寇。独乱未必亡也，召寇则无以存矣。

【注释】

①比：相近。②焉不知其所由：依王念孙说，当为"焉知其所"。焉：哪里。

【译文】

第四：

物类如果相同，就会互相招引；气味如果相同，就会互相投合；声音如果相同，就会互相应和。因此，敲击宫，那么其他的宫就会与它共鸣；敲击角，那么其他的角就会与它共振。用龙就能招来雨，凭形体就能找到影子。祸与福的到来，普通大众会认为这是天命，哪里知道它们到来的原因呢？所以国家混乱不仅仅是内部混乱，又一定会招致外患。国家如果仅仅是内部混乱，则不一定会灭亡，一旦招致外患就无法保存了。

【原典】

凡兵之用也，用于利，用于义。攻乱则服，服则攻者利；攻乱则义，义则攻者荣。荣且利，中主犹且为之，有况于贤主乎？故割地宝器戈剑、卑辞屈服，不足以止攻，唯治为足①。治则为利者不攻矣，为名者不伐矣。凡人之攻伐也，非为利则固为名也。名实不得，国虽强大，则无为攻矣。

【注释】

①足：指阻止外敌入侵。

【译文】

凡是用兵作战，就要用在有利的地方，用在有道义的事上。攻打混乱的国家就能使之屈服，使敌国屈服了，那么对于进攻的国家来说就获得了利益；攻打混乱的国家就符合道义，符合道义，那么对于进攻的国家来说就获得了荣耀。既获得了荣耀又获得了利益，中等才能的君主都会去做，更何况贤明的君主呢？因此，割让土地，献出宝器，奉上金戈利剑，言辞卑谦，屈服于人，它们都不能够阻止外敌的进攻，只有国家治理得好才能够阻止外敌的进攻。国家治理得好，那么图利的就不来进攻了，图名的就不来讨伐了。凡是发动攻伐的，要么是图利要么就是图名。名利都得不到，国家即使强大，也不会发动进攻了。

【原典】

兵①所自来者久矣。尧战于丹水②之浦，以服南蛮；舜却苗民，更易其俗；禹攻曹、魏、屈骜、有扈，以行其教。三王以上，固皆用兵也。乱则用，治则止。治而攻之，不祥莫大焉；乱而弗讨，害民莫长焉。此治乱之化也，文武之所由起也。文者爱之征也，武者恶之表也。爱恶循义，文武有常，圣人之元③也。譬之若寒暑之序，时至而事生之。圣人不能为时，而能以事适时。事适于时者，其功大。

【注释】

①兵：此处指战争的意思。②丹水：传说中的水名。③元：此处指根本的意思。

【译文】

战争的由来已经很久了。尧在丹水边作战，是为了便于降服南蛮；舜击退了苗民，是为了便于改变他们的习俗，禹攻打曹、魏、屈骜、有扈，是为了便于推行自己的教化。由三王往上，本来都用过兵。对发生混乱的国家就用兵，对治理得不错的国家就不用兵。一个国家如果治理得非常不错却还要去攻打它，没有比这更不吉祥的了，一个国家发生混乱却不去讨伐它，对人民的残害没有比这更大的了。这就是随治乱的情况不同而所采取策略上的变化，用文和用武就从此产生了。用文是仁爱的象征，用武是厌恶的表现。仁爱或厌恶都遵循道义的原则，用文或用武都有常规，这是圣人的根本。这就像寒暑变化的次序那样，时令到了就去做与之相应的事。圣人不能改变时令，却能使所做之事与时令相吻合。所做之事与时令相吻合，取得的功效就大。

【原典】

士尹池①为荆使于宋，司城子罕觞之。南家之墙犨②于前而不直，西家之潦③径其宫而不止。士尹池问其故，司城子罕曰："南家工人也，为鞍④者也。吾将徙之，其父曰：'吾恃为鞍以食三世矣，今徙之，是宋国之求鞍者不知吾处也，吾将不食。愿相国之忧吾不食也。'为是故，吾弗徙也。西家高，吾宫庳，潦之经吾宫也利，故弗禁也。"士尹池归荆，荆王适兴兵而攻宋，士尹池谏于荆王曰："宋不可攻也。其主贤，其相仁。贤者能得民，仁者能用人。荆国攻之，其无功而为天下笑乎！"故释宋而攻郑。孔子闻之曰："夫修之于庙堂之上，而折冲⑤乎千里之外者，其司城子罕之谓乎！"宋在三大万⑥乘之间，子罕之时，无所相侵，边境四益，相平公、元公、景公以终其身，其唯仁且节与？故仁节之为功大矣。故明堂茅茨⑦蒿柱，土阶三等，以见节俭。

【注释】

①士尹池：复姓士尹，名池，楚国人。②犨："依陈昌齐的说法，"犨"为"雕"的本字，作"当"讲。直：正见。于前而不直：意即挡住了子罕堂前而无

法看到正面的远方。③潦：地上的积水。④鞔（mán）：鞋帮，此处代指鞋。⑤折冲：使敌人的战车后退，即击退敌军。⑥三大万乘之间：宋国南面有楚国，北面有晋国，东面有齐国，故有此说。⑦茅茨：用茅草覆盖屋顶。蒿柱：用蒿草做柱子。

【译文】

士尹池为楚国出使到宋国，司城子罕宴请他。子罕南边邻居的墙挡住了子罕堂前而无法看到正面的远方，西边邻居家的积水流过子罕的院子却不加制止。士尹池询问其中的缘由，司城子罕说："南边的邻居是做鞋的工匠。我准备让他搬走，他的父亲说：'我家通过做鞋来维持生活已经三代了，现在如果搬了家，那宋国买鞋的人就找不到我家的住处了，我将无法生存下去。希望相国您怜悯我。'由于这个原因，我就再没叫他搬家。两边邻居家院子地势高，我家院子地势低，积水流过我家院子很便利，所以没有加以制止。"士尹池回到楚国，楚王正准备兴兵征伐宋国，士尹池劝谏楚王道："不能征伐宋国。它的君主贤明，它的国相仁慈。贤明的人可以赢得民心，仁慈的人可以得到民众的拥护。楚国前去征伐它，大概不会有功，而且还要被天下人耻笑啊！所以楚国放弃了宋国而去攻打郑国。孔子听到这事以后说："在朝廷上修养自己的品德，就能够击退千里之外的敌军，这大概说的就是司城子罕吧!"宋国处在三个拥有万辆兵车的大国之间，司城子罕担任国相时，没有受到外敌的侵犯，四方边境都很安宁，司城子罕辅佐平公、元公、景公一直到身终，这大概正是因为他既仁慈又节俭吧! 所以仁慈和节俭的功效太大了。因此，周朝处理政事的朝堂是用茅草覆盖屋顶，用蒿秆做柱子，土台阶只有三级，用这些来表示节俭。

【原典】

赵简子将袭卫，使史默往睹之，期以一月。六月而后反，赵简子曰："何其久也?"史默曰："谋利而得害，犹弗察也。今蘧伯玉①为相，史鳛②佐焉，孔子为客，子贡使令于君前，其听。《易》③曰:'涣其群，元吉。'涣者，贤也; 群者，众也; 元者，吉之始也。'涣其群，元吉'者，其佐多贤也。"赵简子按兵而不动。

【注释】

①蘧伯玉:名瑗，春秋末卫国大夫。②史鳛:即史鱼，字子鱼。春秋末年魏国史官，以正直著称。③《易》曰:引文见《周易·涣》。

【译文】

赵简子准备要侵袭卫国，派史默去卫国了解情况，约定一个月为期。过了六个月史默才回来。赵简子问他:"为什么去了这么久才回来?"史默回答说:"您侵袭卫国的目的要谋取利益，结果反要遭受祸害，这个情况您还不了解啊。现在蘧伯玉担任卫国的国相，史鳅辅佐卫国的君主，孔子当宾客，子贡在卫国的君主面前供差遣，卫君非常信任他们。《周易·涣》篇中说:'涣其群，元吉。''涣'是贤德的意思，'群'是众多的意思，'元'是吉的开始的意思。'涣其群，元吉'，即辅佐他的多是贤德之人。"于是赵简子才按兵不动。

【原典】

凡谋者，疑也。疑则从义断事。从义断事，则谋不亏。谋不亏，则名实从之。贤主之举也，岂必旗偾①将毙而乃知胜败哉? 察其理而得失荣辱定矣。故三代之所贵，无若贤也。

【注释】

①偾:倒。

凡是进行谋划，都是因为存有疑惑。存有疑惑，就要按照义的原则决断事情。按照义的原则决断事情，那么谋划就不会不得当。谋划得当，那么名声和利益就会随之而来。贤明君主行事，怎能一定要等到旗倒、将士死了之后才知道胜负呢？明察事理，得失荣辱就能确定了。所以夏、商、周三代所尊崇的，没有什么能超过贤德的了。

观表

八曰：

凡论人心，观事传①，不可不熟，不可不深。天为高矣，而日月星辰云气雨露未尝休矣；地为大矣，而水泉草木毛羽裸鳞②未尝息也。凡居于天地之间、六合之内者，其务为相安利也，夫为相害危者，不可胜数。人事皆然。事随心，心随欲。欲无度者，其心无度。心无度者，则其所为不可知矣。人之心隐匿难见，渊深难测。故圣人于事志焉③。圣人之所以过人以先知，先知必审征表④。无征表而欲先知，尧、舜与众人同等。征虽易，表虽难，圣人则不可以飘⑤矣。众人则无道至焉。无道至则以为神，以为幸。非神非幸，其数不得不然。郈成子⑥、吴起近之矣。

【注释】

①事传：事迹，事情。传：迹。②毛：虎狼之类有毛皮的动物。羽：飞禽。裸：麋鹿之类的裸蹄动物。鳞：龙鱼之类的动物。③志焉：观其志。志：用作动词。④征：与内心相一致的征兆。表：与内心不同的虚假的表象。⑤飘：疾速。⑥郈成子：鲁国大夫，以善于观察人而闻名天下。

【译文】

第八：

凡是衡量人心，观察事物，不可不精审，不可不深入。天算是很高了，而日、月、星辰、云气、雨露却从来没有停止过；地算是很大了，而水、草木、飞禽、走兽却从来没有灭绝过。凡是处于天地之间、四方之内的，本该都致力于互安互利，可是它们之间互相危害的却数也数不清。人和事情也都是如此。事情由人心来决定，人心由欲望来决定。欲望没有限度的，人心也没有限度；人心没有限度的，那他的所作所为也就不能够为人所知晓了。人的心思隐藏着，难以窥见，就如同深渊一样难以测量。所以圣人在考察事情之前，一定先要观察行事之人的志向。圣人之所以可以超过普通人，是因为他能够先知先觉，要先知先觉必须审察征兆和表象。没有征兆和表象却想先知先觉，就是尧、舜这样的圣人也和普通人一样是不可能做到的。虽然真相易于观察，假象难于考察，对于圣人而言，无论哪种情况都是不可以匆忙下结论的。普通人不能审察征兆和表象，所以就无法达到先知先觉了。无法达到先知先觉，就认为先知者依靠的是神力，是侥幸。其实先知所依靠的并不是神力，也并不是侥幸，而是圣人根据征兆表象看到事理不得不如此。邱成子、吴起就接近于先知先觉了。

【原典】

邱成子为鲁聘①于晋，过卫，右宰谷臣②止而觞之。陈乐而不乐③，酒酣而送之以璧。顾反，过而弗辞。其仆曰："向者右宰谷臣之觞吾子也甚欢，今侯渫过而弗辞④？"邱成子曰："夫止而觞我，与我欢也。陈乐而不乐，告我忧也。酒酣而送我以璧，寄之我也。若由是观之，卫其有乱乎！"倍卫三十里⑤，闻宁喜⑥之难作，右宰谷臣死之，还车而临⑦，三举而归⑧。至，使人迎其妻子，隔宅而异⑨之，分禄而食之。其子长而反其璧。孔子闻之，曰："夫智可以微谋、仁可以托财者，其邱成子之谓乎！"邱成子之观右宰谷臣也，深矣妙矣。不观其事而观其志，可谓能观人矣。

【注释】

①聘：出使，指国与国之间派出使臣相互问好。②右宰谷臣：卫国大夫。③乐：前一个指乐器，后一个指快乐。④侯：何。渫（xiè）：重过。⑤倍：通"背"，离开。⑥宁喜之难：指《左传》中，在襄公二十七年公孙免杀宁喜和右宰谷臣一事。⑦临：哭悼死者。⑧三举：举哀三次，即哭了三次。⑨异：使……分开住。

【译文】

鲁国派出使臣邱成子向晋国问好，经过卫国时，右宰谷臣请他暂作停留并用酒食予以款待，右宰谷臣陈列上乐器奏乐，乐曲却不欢快，酒饮到正尽兴的时候，把璧玉送给了邱成子。邱成子问候完晋国回来，经过卫国时，却不向右宰谷臣告别。他的车夫说："先前右宰谷臣请您宴饮时，感情很欢洽，如今重新经过这里却不向他告别，这是为什么？"邱成子说："他留下我并宴请我，是要跟我欢乐一番。可陈列上乐器奏乐，乐曲却不欢快，这是告诉我他有忧虑的事啊。酒饮到正尽兴的时候，他把璧玉送给了我，这是把璧玉托付给我啊。如果从这些迹象来看，卫国大概要降临灾难了吧！"邱成子离开卫国三十里，就听说宁喜作乱杀死了卫国的君主，右宰谷臣为卫君殉难，邱成子就掉转车子返回去哭悼右宰谷臣，哭了三次然后才回国。到了鲁国，派人去接右宰谷臣的妻子和孩子，把自己的住宅分隔开来，让他们母子与自己分开居住，并分出自己的俸禄来养活他们。右宰谷臣的儿子长大后，邱成子把璧玉还给了他。孔子听到这件事，说："论智慧可以通过隐微的方式跟他进行谋划，论仁德可以托付给他财物的，大概就是邱成子吧！"邱成子观察右宰谷臣，真是深入精妙了。不仅仅是观察他做的事情，而是通过他所做之事来观察他的思想，可以说是能观察人了。

【原典】

吴起治西河之外，王错谮①之于魏武侯，武侯使人召之。吴起至于岸门，止车而休，望西河，泣数行而下。其仆谓之曰："窃观公之志，视舍天下若舍屣。今去西河而泣，何也？"吴起雪②泣而应之曰："子弗识也。君诚知我，而使我毕能，秦必可亡，而西河可以王。今君听谗人之议，而不知我，西河之为秦也不久矣，魏国从此削矣。"吴起果去魏入荆，而西河毕入秦。魏日以削，秦日益大。此吴起之所以先见而泣也。

【注释】

①谮（zèn）：诬陷。②雪：擦拭。

【译文】

吴起治理西河郡，王错就在魏武侯跟前诬陷他，武侯于是派人把他召了回来。吴起到了岸门，停下车子休息，望着西河，眼泪一行行流了下来。吴起的车夫说："我私下里观察先生您的志向，您看待抛弃天下就如同丢弃鞋子一样。如今离开西河却哭泣，这是什么原因呢？"吴起擦拭着眼泪回答说："你不知道啊。

国君如果真的了解我，能够让我施展自己所有的才能，就必定能够消灭秦国，凭着西河就可以成就王业。可如今国君听信谗言，不了解我，西河不久就会成为秦国的了，魏国从此就要削弱了。"结果吴起离开魏国去了楚国，西河最终全部被秦国侵占。魏国日渐削弱，秦国却越来越强大。这就是吴起事先预见到这种情况故而哭泣的原因啊。

【原典】

古之善相马者，寒风是①相口齿，麻朝相颊，子女厉相目，卫忌相髭，许鄙相尻②，投伐褐相胸胁，管青相膹肳，陈悲相股脚③，秦牙相前，赞君相后。凡此十人者，皆天下之良工也。其所以相者不同，见马之一征也，而知节之高卑，足之滑易④，材之坚脆，能之长短。非独相马然也，人亦有征，事与国皆有征。圣人上知千岁，下知千岁，非意之也，盖有自云也。绿图幡薄⑤，从此生矣。

【注释】

①寒风是：即韩风氏，与下文"麻朝""子女厉""卫忌""许鄙""投伐褐""管青""陈悲""秦牙""赞君"均为古代善于相马的人。②尻（kāo）：臀部。③膹：当作"唇"。肳：同"吻"。股：大腿。脚：小腿。④滑易：

跑得快，马力足。⑤绿图：当指"河图"。相传黄河出现河图，是一种吉祥的征兆。幡薄：当指簿册。

【译文】

古代善于相马的人：韩风氏观察品评马的口齿，麻朝观察品评马的面颊，子女厉观察品评马的眼睛，卫忌观察品评马的须髭，许鄙观察品评马的臀部，投伐褐观察品评马的胸肋，管青观察品评马的嘴唇，陈悲观察品评马腿，秦牙观察品评马的前部，赞君观察品评马的后部。以上这十人，均为天下善于相马的人。尽管他们相马的方法各不相同，但他们看到马的一处特征，就能够得知马骨节的高低、腿脚的快慢、体质的强弱、才能的高低。不仅相马是这样，人也有征兆，事情和国家都有征兆。圣人往上通晓千年以前的事，往下通晓千年以后的事，并不是靠猜想，而是有根据的。河图、簿册这些吉祥的征兆，就由此而产生了。

卷三 · 六论

开春论第一

期贤

【原典】

三曰：

今夫爝①蝉者，务乎明其火、振其树而已。火不明，虽振其树，何益？明火不独在乎火，在于暗。当今之时，世暗甚矣，人主有能明其德者，天下之士，其归之也，若蝉之走明火也。凡国不徒安，名不徒显，必得贤士。

【注释】

①爝（yuè）：（用火）照。

【译文】

第三：

如今以火照蝉的人，所做之事只在于让火照得明亮、摇动树枝而已。如果火光不够明亮，纵使摇动树枝，又有什么用处呢？让火照得明亮，不仅在于火光本身，还在于黑暗的映衬。如今这个世界黑暗到了极点，国君中如有能昭明自己德行的，天下的士人归附他，就如同蝉奔向明亮的火光那样。凡国家的安定，不会无缘无故地实现；国君的名声，也不会无缘无故地显赫，一定要凭借求得贤能之人的辅助才可以。

【原典】

赵简子昼居①，喟然太息曰："异哉！吾欲伐卫十年矣，而卫不伐。"侍者曰："以赵之大而伐卫之细，君若不欲则可也；君若欲之，请令②伐之。"简子曰："不如而③言也。卫有士十人于吾所，吾乃且伐之，十人者其言不义也，而我伐之，是我为不义也。"故简子之时，卫以十人者按赵之兵，殁④简子之身。卫可谓知用人矣，游十士而国家得安。简子可谓好从谏矣，听十士而无侵小夺弱之名。

【注释】

①居：闲坐。②令：当作"今"，即刻。③而：你。④殁：终。

【译文】

赵简子白天闲坐的时候，慨然叹息说："真是不寻常啊，我想征伐卫国已有十年之久了，可卫国还是没有被征伐。"侍从的人说："凭借赵国这样强大的国家去征伐卫国那样弱小的国家，您要是不想征伐它也就罢了；您要是想这样做，就请立即出兵。"赵简子说："事情不像你说的那样啊，我这儿有卫国的十位士人。我确实希望征伐卫国，可是那十人全部说征伐卫国是不义的行为，如果我还硬去征伐它，那么我就是做了不义之事了。"所以说，赵简子的时候，卫国仅仅动用了十位士人就阻止住了赵国的军队，直到简子去世。卫国可以称得上是通晓使用人才了。让十位士人出游赵国，国家就获得了安全。简子可以算是喜欢听从劝谏了，听取了十位士人的劝言，从而避免了侵夺弱小的坏名声。

【原典】

魏文侯过段干木之闾而轼之，其仆①曰："君胡为轼？"曰："此非段干木之闾欤？段干木盖贤者也，吾安敢不轼？且吾闻段干木未尝肯以己易寡人也，吾安敢骄之？段干木光②乎德，寡人光乎地；段干木富乎义，寡人富乎财。"其仆曰："然则君何不相之？"于是君请相之，段干木不肯受。则君乃致禄百万，而时往馆③之。于是国人皆喜，相与诵之曰："吾君好正，段干木之敬④；吾君好忠，段干木之隆。"居无几何，秦兴兵欲攻魏，司马唐⑤谏秦君曰："段干木，贤者也，而魏礼之，天下莫不闻，无乃不可加兵乎？"秦君以为然，乃按兵，辍不攻之。魏文侯可谓善用兵矣。尝闻君子之用兵，莫见其形，其功已成，其此之谓也。野人之用兵也，鼓声则似雷，号呼则动地，尘气充天，流矢如雨，扶伤舆⑥死，履肠涉血，无罪之民，其死者量⑦于泽矣，而国之存亡、主之死生犹不可知也。其离仁义亦远矣！

【注释】

①仆：驾车的人。②光：光明，此处比作显耀。③馆：此处指到……探望。

④段干木之敬：即"敬段干木"。下文"段干木之隆"即"隆段干木"。⑤司马唐：战国时期秦国大夫。⑥舆：抬。死：当作"尸"。⑦量：满。

【译文】

魏文侯从段干木居住的里巷前经过，手扶车前面的横木表示敬意。他的车夫说："您为什么要手扶车前面的横木致敬呢？"魏文侯说："这不是段干木的住处吗？段干木是位贤能的人啊，我怎么敢不手扶车前面的横木致敬呢？而且我听说，段干木把操守看得比什么都重要，即使拿我的君位同他的操守相交换，他也绝不会同意，我怎么敢对他骄慢无礼呢？段干木是在德行上显耀，而我只是在地位上显耀；段干木是在道义上富有，而我只是在财物上富有。"他的车夫说："既然是这样，那您为什么不请他担任国相之职呢？"于是魏文侯就授予段干木国相的职位，段干木不肯接受。文侯就给了他丰厚的俸禄，并且时常到家里去探望他。于是国人上下欢庆，共同吟咏道："我们国君喜好廉正，把段干木来敬重；我们国君喜好忠诚，把段干木来推崇。"没过多久，秦国出兵，想要攻打魏国，司马唐劝谏秦君说："段干木是位贤能的人士，魏国对他以礼相待，天下没有谁不知道，恐怕不能对魏国动兵吧？"秦国的国君认为司马唐说得非常有道理，于是息兵不再攻打魏国。魏文侯可以说是善于用兵了。曾听说君子用兵，没有人看见军队的举动，大功却已告成，大概说的就是魏文侯了吧。鄙陋无知的人用兵，击鼓声像雷鸣般，喊声动地，烟尘满天，飞箭如雨，扶救伤兵，抬运死尸，踩着尸体，踏着血泊，使无辜的百姓尸横遍野。尽管这样，国家的存亡、君主的生死仍然无从得知。这种做法离仁义实在是太远了。

246

审为

【原典】

四曰：

身者，所为①也；天下者，所以为②也。审所以为，而轻重得矣。今有人于此，断首以易冠，杀身以易衣，世必惑之③。是何也？冠，所以饰首也，衣，所以饰身也，杀所饰要所以饰，则不知所为矣。世之走利有似于此。危身伤生，刈颈断头以徇利，则亦不知所为也。

【注释】

①所为：指行为动作的目的。②所以为：指用以达到目的的凭借、手段。③惑之：认为他糊涂。

【译文】

第四：

自身的生命是有所作为的目的，天下是用来为生命服务的手段。弄清哪个是目的，哪个是手段，二者孰轻孰重就知晓了。假如有这样一个人，为了换帽子而砍掉头颅，为了换衣服而残杀身躯，世上的人一定认为他糊涂。这是什么原因呢？帽子是用来打扮头部的，衣服是用来打扮身体的，残杀需要打扮的头颅和身躯以求得作打扮用的衣帽的完好，这就是不通晓自己行动的目的。世上的人趋向财利正与这种情形类似。他们危害身体，损伤生命，甚至不惜割断脖子、砍掉头颅来追求财利，这也是不通晓自己行动的目的。

【原典】

太王亶父①居邠，狄人攻之。事以皮帛而不受，事以珠玉而不肯，狄人之所求者，地也。太王亶父曰："与人之兄居而杀其弟，与人之父处而杀其子，吾不忍为也。皆勉处矣②！为吾臣与狄人臣，奚以异？且吾闻之，不以所以养害所养③。"杖策而去④。民相连而从之，遂成国于岐山之下。太王亶父可谓能尊生矣。能尊生，虽贵富，不以养伤身；虽贫贱，不以利累形。今受其先人之爵禄，则必重失之⑤。生之所自来者久矣，而轻失之，岂不惑哉！

【注释】

①太王亶父（dǎnfǔ）：即古公亶父，周人祖先。自邠迁居岐山之下，领导周人开发周原，周部族势力从此日渐强盛。武王灭商后追尊为太王。邠（bīn）：又作"豳"，古地名，在今中国陕西旬邑县。②勉处（chǔ）：好好住下去。③所以养：指土地。所养：指民众。④杖：动词，拄着。⑤重：用如意动，把……看得重，舍不得。下文"轻"用法与此同，指把……看得轻，不在乎。

【译文】

太王亶父在邠地居住，北方狄人攻打他。太王亶父将皮毛、丝帛进献给他们，狄人不肯接受；将珍珠美玉进献给他们，狄人同样不肯接受。狄人所要的是土地。太王亶父说："和别人的兄长在一起，却使他的弟弟被杀；和别人的父亲在一起，却使他的儿子被杀，我不忍心这样做。你们就都在这里好好住下去吧，给我做臣民和给狄人做臣民有什么不同呢？而且我听说，不应该拿养育百姓的土地去危害所养育的百姓。"于是拄着手杖离开了邠。百姓们成群结队地追随着太王亶父，终于在岐山下又建起了国家。太王亶父可称得上是看重生命了。看重生命，即使富贵，也不会因供养丰足而损害它；即使贫贱，也不会因谋取财利而拖累它。假如人们继承了先人的官爵俸禄，一定舍不得失去。而生命由来已久了，人们却把失去生命看得轻，这难道不是糊涂吗？

【原典】

韩魏相与争侵地①。子华子见昭釐侯，昭釐侯有忧色。子华子曰："今使天下书铭②于君之前，书之曰：'左手攫③之则右手废，右手攫之则左手废，然而攫之必有天下。'君将攫之乎？亡④其不与？"昭釐侯曰："寡人不攫也。"子华子曰："甚善。自是观之，两臂重于天下也。身又重于两臂。韩之轻于天下远；今之所争者，其轻于韩又远。君固⑤愁身伤生以忧之戚不得也？"昭釐侯曰："善。教寡人者众矣，未尝得闻此言也。"子华子可谓知轻重矣。知轻重，故论不过。

【注释】

①争侵地：争夺侵占来的土地。②铭：铭文，书写或刻镂于器物之上用以记功、记事或自警的文字。③攫（jué）：抓取。废：此处指砍掉。④亡（wú）其：

选择连词，还。⑤固：通"顾"，反而。戚：近。

【译文】

　　韩、魏两国互相争夺侵占来的土地。子华子拜见韩昭釐侯，昭釐侯面带忧虑的神色。子华子说："假使现在天下人在您面前写下铭文，这样写道：'左手抓取这篇铭文就砍去右手，右手抓取这篇铭文就砍去左手，但只要抓取了就必定能够占有天下。'您是抓取呢，还是不抓取呢？"昭釐侯说："我是不抓取的。"子华子说："您的选择很对。这样看来，两臂比天下重要。而身体又比两臂重要。韩国要比天下次要多了，现在您争夺侵占来的土地，又要比韩国次要多了。您丢掉两臂占有天下尚且不愿去做，反倒要劳神伤生为得不到这些土地而忧虑吗？"昭釐侯说："好，已经有很多人教诲过我，但您这样的话我还是第一次听说。"子华子可说是知晓孰轻孰重了。知晓孰轻孰重，因此议论不犯错误。

【原典】

　　中山公子牟①谓詹子曰："身在江海之上②，心居乎魏阙之下③，奈何？"詹子曰："重生。重生则轻利。"中山公子牟曰："虽知之，犹不能自胜也。"詹子曰："不能自胜④则纵之，神无恶乎！不能自胜而强不纵者，此之谓重伤⑤。重伤之人无寿类矣⑥。"

【注释】

　　①中山公子牟：即魏公子牟。战国时期人，名牟，受封于中山，故有"中山公子牟"之称。②身在江海之上：指隐居于江海之上。③心居乎魏阙之下：指向往荣华富贵。魏阙：宫门两侧高大的楼观，其下两旁为宣布法令的地方，因以为朝廷的代称。④自胜：自我克制。神：精神。恶：害。⑤重（chóng）伤：再伤，双重受伤。⑥寿类：长寿的人。

【译文】

　　中山公子牟对詹子说："我隐居于江海之上，可是心却在朝廷之中，该怎么办？"詹子说："看重生命。看重生命就可以淡泊名利了。"中山公子牟说："虽然懂得这个道理，但还是无法克制住自己。"詹子说："无法克制住自己就放纵它，这样，精神就不会受到伤害了，无法克制住又强迫自己不放纵，这叫做双重损伤，双重损伤的人没有长寿的。"

慎行论第二

慎行

【原典】

一曰：

行不可不孰①。不孰，如赴深豀，虽悔无及。君子计行虑义，小人计行其②利，乃不利。有知不利之利者，则可与言理矣。

【注释】

①孰：通"熟"，熟思，熟虑。②其：通"期"，期求。

【译文】

第一：

行动不可不深思熟虑。不深思熟虑，就如同奔向深谷一样，即使后悔也无法补救。君子谋划行动的时候考虑的是道义，小人谋划行动的时候期求的是利益，结果反而没有得到利益。假如有人通晓不谋求利益实际上就包含着利益，那么就可以跟他谈论道义了。

【原典】

荆平王有臣曰费无忌①，害②太子建，欲去之。王为建取妻于秦而美，无忌劝王夺。王已夺之，而疏太子。无忌说王曰："晋之霸也，近于诸夏；而荆僻也，故不能与争。不若大城城父而置太子焉，以求北方③，王收南方④，是得天下也。"王说，使太子居于城父。居一年，乃恶之曰："建与连尹⑤将以方城外反。"王曰："已为我子⑥矣，又尚奚求？"对曰："以妻事怨，且自以为犹宋也。齐晋又辅之。将以害荆，其事已集矣。"王信之，使执连尹，太子建出奔。左尹郤宛⑦，国人说之。无忌又欲杀之，谓令尹⑧子常曰："郤宛欲饮令尹酒。"又谓郤宛曰："令尹欲饮酒于子之家。"郤宛曰："我贱人也，不足以辱令尹⑨。令尹必来辱，我且何以给待之？"无忌曰："令尹好甲兵，子出而寘之门，令尹至，必观之已，因以为酬。"及飨日，惟门左右而寘甲兵焉⑩。无忌因谓令尹曰："吾几祸令尹。郤宛将杀令尹，甲在门矣。"令尹使人视之，信。遂攻郤宛，杀之。国人大怨。动作者莫不非令尹⑪。沈尹戍谓令尹曰⑫："夫无忌，荆之谗人也。亡夫太子建，杀连尹奢，屏王之耳目。今令尹又用之杀众不辜，以兴大谤，患几及令尹。"令尹子常曰："是吾罪也，敢不良图？"乃杀费无忌，尽灭其族，以说其国。动而不论⑬其义，知害人而不知人害己也，以灭其族，费无忌之谓乎！

【注释】

①荆平王：即楚平王，春秋时期楚国国君，公元前528年—前516年在位。费无忌：春秋末年楚国佞臣。②害：嫉恨。③北方：指宋、郑、鲁、卫等中原各国。④南方：指吴、越等国。⑤连尹：楚国的官职名，此处指伍奢，伍子胥的父亲。方城：山名。为当时楚国北部要塞。故址在今河南叶县南。⑥子：此处专指太子。⑦左尹：楚国的官职名，位在令尹之下。郤（xì）宛：楚国大夫。⑧令尹：楚国的官职名，为百官之长。⑨辱：此处为表示尊敬的委婉语。⑩惟：通"帷"，作动词用，指设置帷幕。⑪动作：疑作"进胙"。进胙：卿大夫祭祀后进献给国君的祭肉。胙：祭庙的肉。非：批评，指责。⑫沈尹戍：楚庄王曾孙。⑬论：察知。

【译文】

楚平王有个叫费无忌的臣子，嫉恨太子建，就想将他除掉。平王为太子建从秦国娶了个妻子，长得非常漂亮，费无忌就鼓动平王强占为己有。平王强占这个女子以后，就疏远了太子。费无忌又劝平王说："晋国之所以可以称霸，是因为它靠近华夏各国，而楚国地域偏远，因此无法与晋国争霸。不如扩建城父，让太子驻守在那里，以谋求北方各国的尊奉，您自己收取南方各国，如此一来，大王您就可以取得天下了。"平王非常高兴，就让太子居住在城父。过了一年，费无忌又诋毁太子建说："太子建与连尹伍奢准备依靠方城以外发动叛乱。"平王说：

"他已经做了我的太子了，还想要谋取什么呢？"费无忌回答说："太子由于娶妻之事而怨恨您，并且他认为自己就如同宋国这样的独立小国一样。现在又有齐、晋两国在帮助他。他将要以此危害楚国，事情肯定要成功了。"平王听信了费无忌的谗言，派人逮捕了连尹伍奢，太子建出逃到国外。左尹郤宛特别受国人的爱戴，费无忌又想将他也除掉，于是就对令尹子常说："郤宛想请令尹您喝酒。"又对郤宛说："令尹想到你家来喝酒。"郤宛说："我是个身份卑微之人，没有资格让令尹来我的寒舍饮酒。假如令尹一定屈尊光临，我该拿什么酬报他、招待他呢？"费无忌说："令尹喜好铠甲、兵器一类的东西，你把这些东西搬出来放在门口，令尹来了一定会观赏它们，你就乘机用这些东西作为礼物来答谢他。"等到宴飨这天，郤宛把门口两旁用帷幕遮起来，把铠甲兵器放在里边。费无忌又对令尹说："我差一点害了您。郤宛想要暗杀您，他已经将铠甲、兵器藏在门口了。"令尹派人去察看，结果正如费无忌所说。于是令尹派兵进攻郤宛，将他杀掉了。国人非常痛恨令尹，卿大夫没有一个人不指责他的。沈尹戌对令尹说："费无忌是楚国的奸诈小人，他使太子建被迫出逃国外，又害死了连尹伍奢，使国君的耳目闭塞。现在您又听信他的话杀害无辜的人，从而招致了各种严厉的指责，祸害很快就会来到您身上。"令尹子常说："这是我的罪过啊，怎敢不认真想办法处理呢？"于是就杀死了费无忌，并把他的宗族全部诛灭，以这种方式来取悦国人。做事情不讲道义，只知道害别人，却不知道别人也会害自己，致使宗族被诛灭，指的就是费无忌吧！

【原典】

崔杼①与庆封谋杀齐庄公。庄公死，更立景公，崔杼相之。庆封又欲杀崔杼而代之相，于是椓②崔杼之子，令之争③后。崔杼之子相与私哄。崔杼往见庆封而告之。庆封谓崔杼曰："且留，吾将兴甲以杀之。"因令卢满嫳④兴甲以诛之。尽杀崔杼之妻子及枝属，烧其室屋，报崔杼曰："吾已诛之矣。"崔杼归，无归，因而自绞也。庆封相景公，景公苦之。庆封出猎，景公与陈无宇、公孙灶、公孙虿诛封⑤。庆封以其属斗，不胜，走如鲁。齐人以为让⑥，又去鲁而如吴，王予之朱方⑦。荆灵王⑧闻之，率诸侯以攻吴，围朱方，拔之。得庆封，负之斧质⑨，以徇⑩于诸侯军，因令其呼之曰："毋或⑪如齐庆封，弑其君而弱⑫其孤，以亡⑬其大夫。"乃杀之。黄帝之贵而死，尧舜之贤而死，孟贲之勇而死，人固皆死，若庆封者，可谓重死⑭矣。身为僇⑮，支属⑯不可以见，行忮⑰之故也。

【注释】

①崔杼：春秋时期齐国大夫。庆封：齐国大夫。齐庄公：姜姓，吕氏，名光，春秋时期齐国国君，公元前553年——前548年在位。②椓（zhuó）：挑拨。③争后：争立为继承人。④卢满嫳（piè）：齐国大夫，庆封的同党。⑤陈无宇、公孙灶、公孙虿（chài）：三人均为齐国大夫。⑥以为让：齐国以接纳庆封一事责备鲁国。⑦朱方：春秋时期吴国邑名。故址在今江苏镇江丹徒镇南。⑧荆灵王：即楚灵王，春秋时期楚国国君，公元前540年——前529年在位。⑨质：杀人时垫在身下的砧板。⑩徇：巡行示众。⑪或：句中语气助词，无义。⑫弱：欺凌。孤：此处指新君齐景公。⑬亡：通"盟"，盟誓。⑭重死：庆封之死，被杀为一死，被杀前受辱为一死，故有此说。⑮僇：通"戮"。⑯支属：宗族亲属。⑰忮：嫉恨。

【译文】

崔杼和庆封共同谋划杀掉了齐庄公。庄公死后，两个人另立齐景公为国君，由崔杼担任国相。庆封又想杀掉崔杼，自己代他为相。于是就挑拨崔杼的儿子们，让他们相互争夺继承人的资格。崔杼的儿子们私自争斗起来。崔杼去见庆封，将这件事告诉了他。庆封对崔杼说："你姑且留在这里，我立即派兵去杀掉他们。"于是派了卢满嫳起兵去诛杀他们。卢满嫳把崔杼的妻儿老小以及宗族亲属全部杀光，烧了他的房屋住宅，回来向崔杼禀报说："我已经把他们杀死了。"崔杼回去，已经无家可归，因而自缢而死。庆封做了齐景公的相，齐景公为此深感痛苦。一次，在庆封外出打猎的时候，齐景公乘机与陈无宇、公孙灶、公孙虿起兵讨伐庆封。庆封率领他的家丁与齐景公展开了一场战斗，未能取胜，就逃到鲁国。齐国就这件事责备鲁国。庆封又离开鲁国去了吴国，吴王将朱方邑赐封给他。楚灵王听说了，就率领诸侯进攻吴国，包围朱方，攻克朱方后俘获了庆封，让他背负着刑具和砧板在诸侯军中巡行示众，并让他喊道："不要像齐国庆封那样，杀害他的君主，欺凌丧父的新君，强迫大夫盟誓！"然后才将他处死了。黄帝那样尊贵，最后也要死亡；尧、舜那样贤明，最后也要死亡；孟贲那样勇武，最后也要死亡。人本来都是要死亡的，但像庆封这样的人，受尽凌辱而死，可以说是死而又死了。自己被杀，宗族亲属也不能保全，这是嫉妒、憎恨别人招致的祸患啊。

【原典】

凡乱人之动也，其始相助，后必相恶。为义者则不然，始而相与，久而相信，卒而相亲，后世以为法程。

【译文】

大凡邪恶的小人为人处事，开始的时候互相帮忙，而到后来一定互相憎恶。坚守道义的人却不会是这样。他们开始时互相帮助，时间越长越互相信任，最后更是互相亲近。后代以他们作为效法的准则。

无义

【原典】

二曰：

先王之于论也极之矣。故义者，百事之始也，万利之本也，中智之所不及

也。不及则不知，不知趋利①。趋利固不可必②也。公孙鞅、郑平、续经、公孙
竭是已。以义动则无旷事矣，人臣与人臣谋为奸，犹或与之，又况乎人主与其臣
谋为义，其孰不与③者？非独其臣也，天下皆且与之。

【注释】

①不知趋利：当作"不知则趋利"。②必：绝对相信和依赖。③与：赞同。

【译文】

第二：

先王对于事理论述得非常透彻了。义是各种事情的开端，是一切利益的本
源，这是才智平庸的人认识不到的。认识不到就不明事理，不明事理就会追求私
利。追求私利的做法肯定是靠不住的。公孙鞅、郑平、续经、公孙竭等人就是这
样一种情形。依据道义的原则去行动就没有事情做不成了。臣子共同谋划去做坏
事，尚且有人支持，又何况国君和他的臣子谋划施行道义，有谁还会不支持呢？
不只是群臣支持，天下的人都将支持他。

【原典】

公孙鞅之于秦，非父兄也，非有故①也，以能用也。欲埋②之责，非攻无
以③。于是为秦将而攻魏。魏使公子卬将而当④之。公孙鞅之居魏也，固善公子
卬。使人谓公子卬曰："凡所为游而欲贵者，以公子之故也。今秦令鞅将，魏令
公子当之，岂且忍相与战哉？公子言之公子之主，鞅请亦言之主，而皆罢军。"
于是将归矣，使人谓公子曰："归未有时相见，愿与公子坐而相去别也。"公子
曰："诺。"魏吏争之曰："不可。"公子不听，遂相与坐。公孙鞅因伏卒与车骑
以取公子卬。秦孝公薨，惠王立，以此疑公孙鞅之行，欲加罪焉。公孙鞅以其私
属与母归魏，襄疵⑤不受，曰："以君之反公子卬也，吾无道知君。"故士自行不
可不审也。

【注释】

①故：旧交。②埋：塞。③以：此处指所用的方法。④当：抵御。⑤襄疵：
魏国人，曾为邺令。

【译文】

公孙鞅对于秦王来说，既不是他同宗的亲属，也不是他的老朋友旧相识，只

是凭借自己的才能而被任用的。他想要对秦国尽忠职守，除了进攻别的国家没有其他办法。于是公孙鞅就为秦国率军去攻打魏国。魏国派公子卬率兵抵御他。公孙鞅在魏国时，原本和公子卬的交情非常好。于是，他派人对公子卬说："我之所以出游并希望显贵的原因全是为了公子您啊。如今秦国让我率领军队，魏国派公子您带兵抵抗，我们怎么忍心互相交战呢？请公子向您的君主禀报，我也向我的君主禀报，让双方都停止交战。"双方都准备回师的时候，公孙鞅又派人对公子卬说："回去以后不知道什么时候还能与公子您相见，希望同公子聚一聚再离别。"公子卬说："好。"魏国的军校们谏诤说："不能这样做。"公子卬没有听取他们的意见。于是两人相聚叙旧。公孙鞅乘机埋伏下步卒、车骑俘虏了公子卬。秦孝公去世之后，秦惠王即位，因为这件事而怀疑公孙鞅的品行，想治他的罪。公孙鞅只好带着自己的家众与母亲回魏国去，魏国大臣襄疵拒绝接纳他们，说："因为您对公子卬背信弃义，我没有办法再信任你。"所以，士人对自己的行为不可不审慎。

【原典】

郑平①于秦王，臣也；其于应侯②，交也。欺交反主③，为利故也。方其为秦将也，天下所贵之无不以者，重也。重以得之，轻必失之。去秦将，入赵、魏，天下所贱之无不以也，所可羞无不以也。行方可贱可羞，而无秦将之重，不穷奚待？

【注释】

①郑平：即郑安平，战国时期魏国人。秦王：指秦昭王。②应侯：即范雎，魏国人，后担任秦国宰相，因封地在应城（今山西临猗），所以又称为"应侯"。③欺交反主：指郑平愿为秦国国相范雎保举为将军，在秦国与赵、魏、楚联军之间展开的邯郸之战中，被赵军包围投降赵国。

【译文】

郑平对于秦王来说是臣子，对于应侯来说是朋友。他欺骗朋友，背叛君主，是因为追求私利的缘故。当他担任秦国将军一职时，天下认为尊贵显耀的事情没有一件不能做，这是因为他位尊权重。凭借位尊权重所得到的一切，权去身轻时一定要丧失。郑平离开秦国将军的职位，进入赵和魏国以后，天下认为轻贱的事情没有一件不做，天下认为羞耻的事情没有一件不做，行为降至可贱可耻一流，又没有担任秦国将军位尊权重，不穷困潦倒还能怎么样呢？

【原典】

赵急求李欬。李言、续经与之俱如卫，抵①公孙与。公孙与见而与入②。续经因告卫吏使捕之。续经以仕赵五大夫③。人莫与同朝，子孙不可以交友。

【注释】

①抵：归。②与：同意。入：接纳。③五大夫：爵位名。

【译文】

赵国紧急搜捕李欬，李言、续经跟他一起去卫国投奔公孙与。公孙与会见并答应接纳他们。续经乘机向卫国官员告发了李欬被赵国紧急搜捕一事，让他们逮捕了李欬。续经凭借这个当上了赵国的五大夫。但臣子们没有谁愿意与他同朝为官，就连他的子孙也交不到朋友。

【原典】

公孙竭与阴君之事①，而反告之樗里相国②，以仕秦五大夫。功非不大也，然而不得入三都③，又况乎无此其功而有行乎④！

【注释】

①与：参与。阴君之事：事未详。②樗（chū）里相国：即樗里疾，战国

时期秦惠王异母弟，在秦武王、昭王在位期间担任宰相一职。③三都：即赵、卫、魏三国的都城。④无此其功而有行：当作"无此功而有其行"。

【译文】

公孙竭参与阴君之事，却又反过来向相国樗里疾告发，凭借这个当上了秦国的五大夫。他的功劳并不是不大，但却为人们所鄙夷，不能进入赵、卫、魏三国国都。公孙竭告密立功尚且如此，更何况没有这样的功劳却有背信弃义之行为的人呢！

求人

【原典】

五曰：

身定、国安、天下治，必贤人①。古之有天下也者七十一圣，观于《春秋》，自鲁隐公以至哀公十有二世，其所以得之，所以失之，其术一也：得贤人，国无不安，名无不荣；失贤人，国无不危，名无不辱。

【注释】

①必贤人：一定要依赖贤人。

【译文】

第五：

要使自身安定，国家安宁、天下太平，就一定要得力于贤明之人。古代治理天下的共有七十一位圣王，从《春秋》看，自鲁隐公到鲁哀公共十二代，在这二百多年的时间里，诸侯获得君位和失去君位，其道理是一样的：求得贤明之人，国家没有不安定的，名声没有不显荣的；丧失贤明之人，国家没有不危险的，名声没有不遭受羞辱的。

【原典】

先王之索贤人，无不以也。极卑极贱，极远极劳。虞用宫之奇、吴用伍子胥之言①，此二国者，虽至于今存可也。则是国可寿也。有能益人之寿者，则人莫不愿之；今寿国有道，而君人者而不求，过矣。

【注释】

①虞用宫之奇、吴用伍子胥之言：这是假设之辞。春秋时期，虞国国君没有听从宫之奇的劝谏，吴国国君没有听从伍子胥的劝谏，最终都导致了灭亡。

【译文】

先王为了寻求贤人，是无所不做的。他们可以对贤人极其谦卑，可以举用极为卑贱的人，可以到极远的地方去，可以付出极大的辛劳。倘若虞国采纳宫之奇的言论，吴国采纳伍子胥的言论，那么虞、吴两国保存至今也是可能的。由此看来，国家的命数是可以延续的。如果有人能延长人的寿命，那么人们没有人不愿意；如今有办法延续国家的命数，而做君主的却不去努力寻求，这就错了。

【原典】

尧传天下于舜，礼之诸侯，妻以二女，臣以十子，身请北面朝之：至卑也。伊尹，庖厨之臣也；傅说，殷之胥靡①也，皆上相天子：至贱也。禹东至榑木②之地，日出九津③，青羌之野④，攒⑤树之所，㨉⑥天之山，鸟谷、青丘⑦之乡，黑齿⑧之国；南至交趾、孙朴续樠之国⑨，丹粟、漆树、沸水、漂漂、九阳之山⑩，羽人、裸民之处⑪，不死之乡⑫；西至三危之国，巫山之下⑬，饮露吸气之民⑭，积金之山⑮，其肱、一臂、三面之乡⑯；北至人正之国⑰，夏海⑱之穷，衡山之上⑲，犬戎之国⑳，夸父之野，禺强㉑之所，积水、积石之山㉒。不有懈堕㉓，忧其黔首，颜色黎黑，窍藏不通，步不相过，以求贤人，欲尽地利：至劳也。得陶㉔、化益、真窥、横革、之交五人佐禹，故功绩铭乎金㉕石，著于盘盂㉖。

【注释】

①胥靡：刑徒，受刑后被惩罚做劳役的人。②榑（fú）木：即扶桑。③九津：当为山名，太阳升起的地方。④青羌之野：东方的原野。⑤攒：聚集。⑥㨉（注：见中华书局版本《吕氏春秋》p841正文第一行）：抚。⑦青丘：传说中东方海外之国，产九尾狐。⑧黑齿：相传为东方国家名，该国人牙齿全为黑色，故称"黑齿之国"⑨交趾：南方国名，在五岭以南，今广东、广西一带。孙朴续樠（注：转化为简体字。见中华书局版本《吕氏春秋》p841正文第二行）：未详，或为二国名。⑩丹粟：丹砂，因为形状如粟，故称"丹粟"。⑪羽人、裸

民：传说中的南方国家，据说羽人长着翅膀，裸民没有穿衣服。⑫不死之乡：不死国。传说中的国家，据说那里的人长生不老。⑬巫山：山名，在四川巫山县东，属巴山山脉。⑭饮露吸气之民：以清虚之道养生的仙人，此处指其居住的地方。⑮积金之山：西方山名。西方属金，故有此称。⑯奇肱、一臂、三面：均为传说中的西方国家。其肱：即"奇（jī）肱"。奇肱国的人"一臂三目"，一臂国的人"一臂一目一鼻孔"，三面国人则生着三张脸。⑰人正：北方地名，据说位于北海。⑱夏海：大海，传说中的北海。夏：大。⑲衡山：传说中位于最北端的山。⑳犬戎：传说中的北方国家。㉑禺强：北海之神，据说为人面鸟身。㉒积水、积石：均为山名。积水：位置不详。积石：分大、小二积石山。大积石山在今青海南部；小积石山在今甘肃宁夏西北。㉓懈堕：懈怠。堕：通"惰"。㉔陶（yáo）：指皋陶。化益：指伯益。真窥、横革、之交：禹的辅佐之臣。㉕金：钟鼎等铜器。石：碑碣等。㉖盘盂：两种器皿，用于盛物，古时也用于在上面刻文记功。

【译文】

尧把天下传给舜，在诸侯面前对他以礼相待，把两个女儿嫁给他，让自己的十个儿子给他做臣子，自己要求以臣子身份朝拜他，态度谦卑到了极点。伊尹是在厨房中服役的奴隶，传说是殷商受刑的罪犯，二人都担任了相来辅佐天子：这是举用最卑贱的人了。禹东行到扶桑，太阳升起的九津山、东方的原野，林木茂密的处所，耸入云天的高山，以及鸟谷国、青丘国、黑齿国等地；南行到达交趾，孙朴国、续檽国，盛产丹砂、生长漆树、泉水喷涌的九阳山，以及羽人、裸民、不死国等地；西行到达三危国，巫山下，仙人的住处，积金山国，以及奇肱国、一臂国、三面国等地；北行到人正国，北海的尽头，断山上，犬戎国，夸父逐日的地方，禺强的住所，以及积水山、积石山等地。他四处奔走，毫不懈怠，为百姓忧虑，面色黧黑，全身不舒服，步履艰难，去探求贤明之人，想要充分发挥土地的效益，这是辛劳到极点了。终于求得皋陶、伯益、直窥、横革、之交五位贤士来辅佐自己，所以他的功绩被刻在金石上，被书写在盘盂上，从而流传后世。

【原典】

昔者尧朝许由于沛泽①之中，曰："十日出而焦火②不息，不亦劳乎？夫子为天子，而天下已治矣，请属③天下于夫子。”许由辞曰：“为天下之不治与？而既已治矣。自为与？啁噍④巢于林，不过一枝；偃鼠饮于河，不过满腹。归已，君乎！恶用天下？”遂之箕山之下，颍水⑤之阳，耕而食，终身无经天下之色。故贤主之于贤者也，物莫之妨，戚爱习故不以害之，故贤者聚焉。贤者所聚，天地不坏，鬼神不害，人事不谋，此五常之本事也。

【注释】

①沛泽：水草丰茂的大泽。②焦火：炬火。焦：通"爝"。火炬。③属：通"嘱"，委托。④啁噍：鸟名。即鹪鹩。⑤颍水：即颍河。源于河南登封县西南，相传因纪念春秋郑人颍考叔而得名。

【译文】

从前，尧到大泽之中拜见许由，说："假如出来了十个太阳，而火把却还没有熄灭，这不是白费心力吗？您来做天子，天下一定能够得到非常好的治理，我愿把天下交给您治理。"许由推辞说："这是什么原因呢？要说是因为天下还不太平吧，可如今天下已经太平了；说是为了自己吧，要知道鹪鹩在树林中筑巢，树木再多，自己也只不过占据一根树枝而已；偃鼠到河里喝水，河水再多，自己也只不过喝饱肚皮而已。您回去吧！我哪里用得着天下？"说罢，就到箕山脚下、颍水北岸自己亲自耕种田地为生，终生也没有治理天下的表示。因此贤明的君主任用那些贤良、有道德修养的人，不因外界事物使它受到妨害，不因亲人、爱幸、近习、故旧使之受到破坏，因而贤良、有道德修养的人聚集到他这里来。贤良、有道德修养的人所聚集的地方，天地不会降灾，鬼神不会作祟，人们不去谋算。这是五教的根本。

【原典】

皋子①，众疑取国，召南宫虔、孔伯产而众口止②。

【注释】

①皋子：当时贤德之人，其事未详。②南宫虔、孔伯产：根据文义，当是皋子门下的贤德之人，其事未详。

【译文】

人们怀疑皋子要窃取国家大权，皋子把贤德之人南宫虔、孔伯产召来，人们就停止了议论。

【原典】

晋人欲攻郑，令叔向聘焉，视其有人与无人。子产为之诗曰①："子惠思我，褰裳涉洧②，子不我思，岂无他士③！"叔向归曰："郑有人，子产在焉，不可攻也。秦、荆近，其诗有异心，不可攻也。"晋人乃辍攻郑。孔子曰："《诗》云：'无竞惟人④。'子产一称而郑国免。"

【注释】

①子产为之诗曰：所引诗文见《诗经·郑风·褰裳》。②褰（qiān）：把衣服提起来。洧（wěi）：水名，源自河南登封县东阳城山，春秋时为郑国所有。③士：未婚的男子。④无竞惟人：国家强大完全在于有贤人。诗句见《诗经·大雅·抑》。

【译文】

晋君想要攻打郑国，于是派叔向为使者前往郑国访问，以此来观察郑国还有没有贤明的士人。子产对叔向诵诗说："如果你心里思念我，就请提起衣裳涉过洧河；如果你不再把我思念，难道我没有其他伴侣可选？"叔向回到晋国，说："郑国有贤明的士人，那里有子产在，不能攻打它。郑国靠近秦、楚两国，子产赋的诗又流露出二心，不能攻打郑国。"晋国于是取消了攻打郑国的想法。孔子说："《诗经·大雅·抑》说：'国家强大完全在于有贤人'，子产只是诵诗一首，郑国就免遭灾难！"

贵直论第三

贵直

【原典】

一曰：

贤主所贵莫如士。所以贵士，为其直言也。言直则枉^①者见矣。人主之患，欲闻枉而恶直言。是障其源而欲其水也，水奚自至？是贱其所欲而贵其所恶也^②，所欲奚自来？

【注释】

①枉：邪曲。②所欲：指"闻枉"。所恶：指"直言"。

【译文】

第一：

贤明的君主所推崇的莫过于士人。推崇士人的原因，是因为他们言谈正直，言谈正直，邪曲就会显现出来了。君主的弊病，在于想闻知邪曲却又厌恶正直之言，这就等于阻塞水源又想得到水，可水又从何而来呢？这就等于轻贱自己想要得到的而尊尚自己所厌恶的，想要得到的又从何而来呢？

【原典】

能意^①见齐宣王。宣王曰："寡人闻子好直，有之乎？"对曰："意恶能直？意闻好直之士，家不处乱国，身不见污君。身今得见王^②，而家宅乎齐，意恶能直？"宣王怒曰："野士也！"将罪之。能意曰："臣少而好事，长而行之，王胡不能与野士乎，将以彰其所好耶？"王乃舍之。能意者^③，使谨乎论于主之侧，

亦必不阿主。不阿④，主之所得岂少哉？此贤主之所求，而不肖主之所恶也。

【注释】

①能意：人名，姓能，名意。战国时期齐国人。②身今得见王：当作"今身得见王"。③能意者：当作"若能意者"。④不阿：当作"不阿主"。

【译文】

能意拜见齐宣王。宣王说："我听说你喜好正直，有这回事吗？"能意回答说："我哪能做到这样正直呢？我听说，喜好正直的士人，家不住在政治混乱的国家，自己不见德行污浊的君主。现在我得以拜见您，而举家又住在齐国，我哪里能算得上正直呢？"宣王生气地说："真是一个卑鄙粗野的家伙！"于是想要治他的罪。能意说："我年轻时最好直言争辩，成年以后一直这样做，您为什么不能听取粗野之人的言论，来彰明他们的爱好呢？"宣王于是赦免了他。像能意这样的人，如果能够在君王的身边谨慎地论说自己的意见，就一定不会曲意逢迎君主。不曲意逢迎君主，君主能够得到的教益哪里会少呢？这正是贤明的君主所追求的，又正是庸俗无道的君王所厌恶的。

【原典】

狐援①说齐湣王曰："殷之鼎陈于周之廷，其社盖于周之屏②，其干戚之音③在人之游。亡国之音不得至于庙，亡国之社不得见于天，亡国之器陈于廷，所以为戒。王必勉之！其无使齐之大吕陈之廷，无使太公之社盖之屏，无使齐音④充人之游。"齐王不受。狐援出而哭国三日，其辞曰："先出也，衣绤纻⑤；后出也，满囹圄。吾今见民之洋洋然⑥东走而不知所处。”齐王问吏曰：“哭国之法若何？”吏曰：“斮⑦。”王曰：“行法！”吏陈斧质于东闾⑧，不欲杀之，而欲去之。狐援闻而蹶往过之。吏曰：“哭国之法斮，先生之老欤？昏欤？”狐援曰：“曷为昏哉？”于是乃言曰：“有人自南方来，鲋入而鲵居⑨，使人之朝为草⑩而国为墟。殷有比干，吴有子胥，齐有狐援。已不用若⑪言，又斮之东闾，每斮者以吾参夫二子者乎⑫！”狐援非乐斮也，国已乱矣，上已悖矣，哀社稷与民人，故出若言。出若言非平论也，将以救败也，固嫌于危⑬。此触子之所以去之也⑭，达子之所以死之也。

【注释】

①狐援：战国时期齐国大臣。②社：祭祀土神的地方，是国家政权的象征。屏：此处指遮盖神社的棚屋之类。③干戚之音：舞蹈的音乐，此处代指殷朝的宫廷音乐。④齐音：指齐国的宫廷音乐。⑤衣绤（chī）纻（zhù）：穿上细布或粗布制作的衣服，生活可得温饱。⑥洋洋然：形容心神不定、没有依靠和归宿的样子。⑦斮（zhuó）：古同“斫”，斩断。⑧东闾：齐国都城的东门。⑨鲋（fù）：鲫鱼，体型小，此处形容恭谨谦卑。鲵，雌鲸，体型大，吞食小鱼，此处形容凶残。⑩为草：变为草莽。⑪若：其。⑫每：当。参（sān）夫：使并列为三。⑬嫌：近。危：言语惊人，危言耸听。⑭触子：与下句的“达子”均为齐湣王的臣子。

【译文】

狐援劝齐湣王说：“殷商的大鼎陈列在周的朝廷之上，它的神社被周罩盖上庐棚，它的舞乐被人们用在游乐中。亡国的音乐不准进入宗庙，亡国的神社不准见到天日，亡国的乐器不准摆放在朝廷，这些都是用来警诫后人的。大王您一定要自我勉励啊！千万不要让齐国的大吕摆在别国的朝廷，不要让太公建起的神社被人罩盖上庐棚，不要让齐国的音乐充斥在别人的游乐之中。”齐王没有采纳狐援的劝谏。狐援离开朝廷以后，为国家即将到来的灾难哭了三天，他哀悼说：“先离开齐国的人，还能够穿上细布或粗布制作的衣服，生活可得温饱；后离开齐国的人，将要遭到灾难而被关满监狱了。我马上就会看到百姓仓惶向东逃走，而不知到哪里去安定地居住下去。”齐王问狱官说：“国家太平无事却给它哭丧的，按法令该治什么罪？"狱官回答说："当斩。"齐王说："那就按法令执行！"狱官把刑具摆在国都东门，不忍心杀死狐援，反而是想放他逃走。狐援听到这个消息，反倒自己跌跌撞撞地去见狱官。狱官说："为国事痛哭的按法令规定是要斩首的，先生您不知道吗？您这样做，是老糊涂了呢，还是头脑发昏了呢？"狐援说："怎么是发昏呢！"于是进一步说道："有一个人从南方来到这里，进来时像鲫鱼那样恭顺谦卑，住下以后却像鲸那样凶狠残暴，使别人朝廷变为草莽，国都变为废墟。殷朝有比干，吴国有伍子胥，齐国有我狐援。大王既然不采用我的劝说，又要在东门把我杀掉，这是要把我同比干、伍子胥比并为三吧！"狐援并不是乐于被杀，是因为国家已经混乱不堪了，君主昏聩到极点了，他为社稷和百姓感到悲哀，所以才发出这样的言语。发出这样的言语并不是凭空而论，而是想以此挽救国家的危亡，所以必定近于危言耸听。齐王不纳忠言却屠戮、侮辱敢于直言劝谏的士人。这正是触子之所以弃之而去、达子战败而死于齐难的原因。

【原典】

赵简子攻卫，附①郭。自将兵，及战，且远立，又居于屏蔽犀橹②之下。鼓之而士不起。简子投桴③而叹曰："呜呼！士之速弊一若此乎！"行人④烛过免胄横戈而进曰："亦有君不能耳，士何弊之有？"简子艴然作色曰⑤："寡人之无使，而身自将是众也，子亲谓寡人之无能，有说则可，无说则死！"对曰："昔吾先君献公即位五年，兼国十九，用此士也。惠公即位二年，淫色暴慢，身好玉女，秦人袭我，逊去绛七十⑥，用此士也。文公即位二年，底之以勇⑦，故三年而士尽果敢；城濮之战，五败荆人，围卫取曹，拔石社，定天子之位，成尊名于天下，用此士也。亦有君不能耳，士何弊之有？"简子乃去屏蔽犀橹，而立于矢石之所及，一鼓而士毕乘之。简子曰："与吾得革车千乘也，不如闻行人烛过之一言。"行人烛过可谓能谏其君矣。战斗之上，桴鼓方用，赏不加厚，罚不加重，一言而士皆乐为其上死。

【注释】

①附：逼近。②犀蔽屏橹：当作"犀蔽犀橹"。犀蔽：用犀牛皮做的屏障。犀橹：用犀牛皮蒙的大盾牌。③桴（fú）：鼓槌。④行人：负责外交事务的官。免胄：摘下头盔。"免胄横戈"为头戴盔、手拿武器的臣子拜见君主时的一种礼

节，表恭敬。⑤艴（bó）然作色：因盛怒而面变色。艴然：形容盛怒的样子。⑥逊：逃遁。去：距离。绛：地名，即新绛，晋国国都，在今山西曲沃西南。⑦厎：通"砥"，磨砺。乘：登，指登上敌城。

【译文】

　　赵简子进攻卫国，逼近外城。他亲自领兵出战，可是到了交战的时候，他却站在离战场远远的地方，躲在屏障和盾牌后面。简子击鼓，士兵都不肯冲锋上阵。简子扔下鼓槌感叹道："哎！士兵们竟然这么快就变坏到了这种地步！"官居行人之职的烛过摘下头盔，横拿着戈走到他面前说："只不过是您有些地方没能做到罢了，士兵这样又怎么能算是不好的呢？"简子勃然大怒，脸色都变了，说："我不委派他人，而是自己亲自率领大军，你却当面说我有些地方没能做到。你的话有理便罢，没理就治你死罪！"烛过回答说："从前我们先君献公，即位五年就兼并了十九个国家，用的就是这些士兵。惠公在位两年，纵情声色，残暴傲慢，喜好美女，秦国的军队来袭击我们，我军退却到离绛七十里的地方，用的也是这些士兵。文公即位两年，以勇武砥砺士兵，所以三年后士兵们全都变得果敢勇猛，城濮之战，五次打败楚国的军队，围困卫国，夺取曹国，攻占石社，安定天子的王位，显赫的名声扬于天下，用的还是这些士兵。所以说只不过是您有些地方没能做对罢了，士兵有什么不好呢？"简子于是离开屏障和盾牌，站到弓箭石磬的射程以内，只击鼓一次士卒就全都登上了城墙。简子说："与其让我获得兵车千辆，不如听到行人烛过一句话！"行人烛过可以称得上是善于劝谏他的君主了。正当击鼓酣战之时，赏赐不增多，刑罚不加重，只说了一句话，就可以令士兵都乐于为他们的君主去拼命了。

知化

【原典】

三曰：

　　夫以勇事人者，以死也。未死而言死，不论①。以②虽知之，与勿知同。凡智之贵也，贵知化也。人主之惑者则不然。化未至则不知；化已至，虽知之，与勿知一贯③也。

【译文】

第三：

以勇力侍奉别人的人，将为别人而死。勇士没有死的时候谈论以死侍奉别人，人们不会了解，等到勇士真的死了以后，人们虽然已经了解了他，但已经来不及了，这和不了解是一样的。大凡智慧的可贵，就贵在能够预知事物发展变化的趋势。君主中的糊涂人却不是这样，变化没有到来时茫然无知，变化出现后，虽然知道了但已经来不及了，这和不知道是一样的。

【原典】

事有可以过者，有不可以过者。而身死国亡，则胡可以过①？此贤主之所重，惑主之所轻也。所轻，国恶得不危？身恶得不困？危困之道，身死国亡，在于不先知化也。吴王夫差是也。子胥非不先知化也，谏而不听，故吴为丘墟，祸及阖庐②。

【注释】

①过：错，失误。②祸及阖庐：指吴王夫差国破身死，先王阖庐不得享受祭祀一事。

【译文】

事情有些是可以有失误的，有些是不可以有失误的。对于会导致身死国亡的大事，怎能有失误呢？这是贤明的君主所重视的，是糊涂的君主所轻视的。轻视这一点，国家怎能不危险，自身怎能不艰难窘迫呢？行走在危险而艰难窘迫的道路上，招致身死国亡，在于不能够预知事物发展变化的趋势。吴王夫差就是这样。伍子胥并不是没有预知事物发展变化的趋势，但他劝谏夫差而夫差不听从，所以吴国成为废墟，殃及先君阖庐。

【原典】

吴王夫差将伐齐，子胥曰："不可。夫齐之与吴也，习俗不同，言语不通，我得其地不能处，得其民不得使①。夫吴之与越也，接土邻境，壤交通属②，习俗同，言语通，我得其地能处之，得其民能使之，越于我亦然。夫吴、越之势不两立。越之于吴也，譬若心腹之疾也，虽无作，其伤深而在内也。夫齐之于吴也，疥癣之病也，不苦其已也③，且其无伤也。今释越而伐齐，譬之犹惧虎而刺猯④，虽胜之，其后患未央⑤。"太宰嚭曰："不可。君王之令所以不行于上国者，齐、晋也。君王若伐齐而胜之，徙其兵以临晋，晋必听命矣。是君王一举而服两国也，君王之令必行于上国。"夫差以为然，不听子胥之言，而用太宰嚭之谋。子胥曰："天将亡吴矣，则使君王战而胜；天将不亡吴矣，则使君王战而不胜。"夫差不听。子胥两袪高蹶而出于廷⑥，曰："嗟乎！吴朝必生荆棘矣！"夫差兴师伐齐，战于艾陵⑦，大败齐师，反而诛子胥。子胥将死，曰："与吾安得一目以视越人之入吴也？"乃自杀。夫差乃取其身而流之江⑧，抉其目⑨，著之东门，曰："女胡视越人之入我也？"居数年，越报吴，残其国，绝其世，灭其社稷，夷其宗庙。夫差身为擒。夫差将死，曰："死者如有知也，吾何面以见子胥于地下？"乃为幎

以冒面死⑩。夫患未至，则不可告也；患既至，虽知之无及矣。故夫差之知惭于子胥也，不若勿知。

【注释】

①不得使：当作“不能使”。②属（zhǔ）：连。③已：治愈。④猏（jiān）：同“豣”。三岁的猪。⑤央：尽。⑥袪（qū）：举，此处指提起衣服。高蹶：高蹈，把脚抬得高高地走路。⑦艾陵：春秋齐地，在今山东省莱芜县东（依沈钦韩《春秋地名补注》说，见杨伯峻《春秋左传注》哀公十一年引）。⑧身：指尸体。⑨抉（jué）：挖。⑩幎（mì）：这里指幎目，覆盖死者面部的巾。

【译文】

吴王夫差要征伐齐国，伍子胥说：“不可以。齐、吴两国风俗习惯不一样，言语不相通，我们即使得到齐国的土地也不能居住，得到齐国的百姓也不能役使。而吴国和越国疆土毗邻，田地交错，道路相连，风俗习惯相同，言语相通。我们得到越国的土地可以居住，得到越国的百姓能够役使。越国对于我国也是如此。吴、越两国从情势上看是不可以同时存在的。越国对于吴国如同心腹之患，即使目前还没有发作，但它造成的伤害深重并且存位于身体内部。而齐国对于吴国只是癣疥之疾，不愁治不好，再说治不好也没什么妨害。现在舍弃征伐越国的策略而去征伐齐国，这就如同担心虎患却去猎杀野猪一样，虽然可能获胜，但后患无穷。”太宰嚭说：“不可听信伍子胥的话。君王您的命令之所以无法在中原各国推行，正是因为齐、晋两国。如果君王您征伐齐国并打败它，然后移兵，以大军压晋国国境，晋国一定会俯首听命。这是君王一举降服两个国家啊！从此，君王您的命令就能够推行到中原各国了。”夫差认为太宰嚭说得对。因此他没有听从子胥的劝谏，而采用了太宰嚭的计谋。伍子胥说：“老天如果想让吴国灭亡，就会让君王打胜仗；老天如果不想让吴国灭亡，就让君王打败仗。”夫差没有听。伍子胥提起衣服，迈着大步从朝廷中走了出去，说：“唉！吴国的朝廷一定要生荆棘了！”夫差起兵征伐齐国，在艾陵和齐国的军队交战，把齐国的军队打得大败。回来以后就杀伍子胥。伍子胥说：“我怎样才能留下一只眼睛看着越国的军队侵入吴国呢？”说完就自杀了。夫差把他的尸体投到江中冲走，把他的眼睛挖出来挂在国都的东门，说：“你怎么能看到越国的军队侵入我吴国呢？”过了几年，越国报复吴国，攻破了吴国的国都，灭绝了吴国的世系，毁灭了吴国的江山，夷平了吴国的宗庙，夫差本人也被活捉。夫差临死时说："死人如果有知的话，我还有何脸面在地下去见子胥呢？"于是用巾盖上脸自杀了。糊涂的君主，祸患还没有到来时无法使他明白；祸患到来以后，他们虽然明白过来也来不及了。所以夫差死到临头才知道愧对伍子胥，这时候才知道就不如不知道。

原乱

【原典】

六曰：

乱必有弟①，大乱五，小乱三，训乱三②。故《诗》曰"毋过乱门"。所以远之也③。虑福未及④，虑祸之，所以兒之也。武王以武得之，以文持之，倒戈弛弓，示天下不用兵，所以守之也。

【注释】

①弟：次序，此处指发展过程的意思。②训：当作"讨"。③所引用的诗句在《诗经》中未见记载，当为逸诗。④及：指达到实际程度。

【译文】

第六：

祸乱的发生一定有其发展、变化的过程。大乱多次发生以后，还会有数次小乱，然后经过数次讨伐祸乱，祸乱才能平息。所以古诗中说"不要从制造祸乱之人的门前经过"，这是远离祸乱的方法。对福祉，宁可考虑不周；对灾祸，宁可考虑周全，这是保全自身的方法。武王借助武力取得天下，借助文德治理天下，将戈矛弓箭搁置起来，以此来向天下人表示不再用兵，这是保有天下的方法。

【原典】

晋献公立骊姬以为夫人，以奚齐为太子①。里克率国人以攻杀之②。荀息立其弟公子卓③。已葬，里克又率国人攻杀之。于是晋无君。公子夷吾重赂秦以地而求入⑤，秦缪公率师以纳之。晋人立以为君，是为惠公。惠公既定于晋，背秦德而不予地。秦缪公率师攻晋，晋惠公逆之⑥，与秦人战于韩原⑦。晋师大败，秦获惠公以归，囚之于灵台⑧。十月，乃与晋成，归惠公而质太子圉⑨。太子圉逃归也。惠公死，圉立为君，是为怀公。秦缪公怒其逃归也，起奉公子重耳以攻怀公，杀之于高梁⑩，而立重耳，是为文公。文公施舍，振废滞⑪，匡乏困，救灾患，禁淫慝⑫，薄赋敛，宥罪戾⑬，节器用，用民以时，败荆人于城濮，定襄王⑭，释宋，出穀戍⑮，外内皆服，而后晋乱止。故献公听骊姬，近梁五、优施⑯，杀太子申生，而大难随之者五⑰，三君死，一君虏，大臣卿士之死者以百数，离咎二十年⑱。

【注释】

①奚齐：晋献公之子，为骊姬所生。②里克：晋国大夫。③荀息：晋国大夫，奚齐的老师。晋献公在临终前曾托孤于他。公子卓：晋献公之子，为骊姬的妹妹所生。④已葬：指葬晋献公以后。里克杀奚齐在晋献公死而未葬的时候，葬晋献公之后又杀公子卓。⑤赂：赠送财物。"赂秦以地"一事见《左传·僖公三十五年》。⑥逆：迎。⑦韩原：晋国地名。⑧灵台：高台名。⑨圉（yǔ）：晋惠公太子的名字。⑩高梁：晋国地名，故址在今山西省临汾县东北。⑪振：举，指起用。废：被废弃罢黜的人。滞：沉滞于下不得升迁的人。⑫淫慝（tè）：邪恶。⑬宥：赦免。⑭定襄王：指安定周襄王的王位。出谷戍：使驻守谷邑的楚军撤离。杀太子申生：献公二十一年（公元前656年），听信骊姬谗言，逼太子申生自杀。三君：指奚齐、卓子、怀公。⑮穀：春秋时齐国地名。故址在今山东东阿。⑯梁五、优施：均为晋献公的宠臣。⑰大难随之者五：指下文"三君死""一君虏"以及惠公入晋为君主后杀掉其大夫里克等事。"三君死"，依毕沅的说法，当指奚齐、公子卓、怀公死事。"一君虏"指晋惠公被秦国俘虏，囚禁在灵台事。⑱离：通"罹（lí）"，遭受。

【译文】

晋献公立骊姬为夫人，以奚齐为太子。献公刚去世，里克就率领国人杀了奚齐。荀息又立奚齐的弟弟公子卓为晋国国君。安葬献公以后，里克又率领国人杀了公子卓。这时晋国没有君主，公子夷吾把土地作为厚礼进献给秦国，以借助秦国的力量送他回国成为晋国国君。秦穆公带领军队把他送入晋国。晋国人于是就立夷吾为国君，即为晋惠公。晋惠公在晋国安定下来以后，背弃了秦国的恩义，拒绝进献给秦国土地。秦穆公率领军队进攻晋国，晋惠公迎敌，与秦军在韩原开战。晋军大败，秦国将晋惠公俘获带回到秦国，囚禁在灵台。到了十月，才同晋缔结和约，释放晋惠公回国，而以他的太子圉为人质。后来太子圉逃回晋国。晋惠公去世之后，太子圉被立为国君，即晋怀公。秦穆公对太子圉逃跑回国一事怀恨在心，就扶植公子重耳，帮助他进攻晋怀公，在高梁将他杀死，立公子重耳为国君，即晋文公。晋文公施布德惠，重新提拔任用被罢黜的旧臣和长期未能得到升迁的人，救助钱财匮乏、生活困难的人，赈济遭受灾荒祸患的人，严禁邪恶之事的发生，减轻赋税，赦免有罪之人，节省各项开支费用，按一定时令役使民众，于是在城濮打败了楚国的军队，安定周襄王的王位，为宋国解围，使戍守谷邑的楚国军队撤离，由此，国外、国内的人都非常敬佩、信服晋文公，晋国的祸乱这才得以停息。因此，晋献公听信骊姬，宠幸梁五、优施，杀害太子申生，带来大的灾难有五起，三个国君被杀害，一个国君被俘虏，大臣卿士死于祸乱的数以百计，使晋国遭受灾祸长达二十年之久。

【原典】

自上世以来，乱未尝一。而乱人之患也，皆曰一而已，此事虑不同情也。事虑不同情者，心异也。故凡作乱之人，祸希不及身。

【译文】

自上古以来，祸乱从来没有只发生一次就会停息的。而作乱的人的弊病，正在于全都认为祸乱只发生一次就会停息。这种想法和实际情况是不一致的。想法和实际情况不一致，是思想不符合实际的缘故。所以凡是作乱的人，灾祸很少不降到自己身上。

不苟论第四

不苟

【原典】

一曰：

贤者之事也，虽贵不苟为，虽听不自阿，必中①理然后动，必当义然后举。此忠臣之行也，贤主之所说，而不肖主之所不说。非恶其声也。人主虽不肖，其说忠臣之声与贤主同，行其实则与贤主有异。异，故其功名祸福亦异。异，故子胥见说于阖闾，而恶乎夫差；比干生而恶于商，死而见说乎周②。

【注释】

①中（zhòng）：符合。②死而见说乎周：周武王灭商之后，曾封比干之墓，以表彰他的忠义。

【译文】

第一：

贤明的人做事，即使地位尊贵也不苟且行事，即使君主听取他的言论也不借以谋私，一定要合于事理才行动，一定要符合道义才去做。这是忠臣的德行，是贤明的君主所赏识的，不肖的君主所厌恶的。不肖的君主所厌恶的并非忠诚的名声，他们即使不肖，而赏识忠臣的名声和贤明的君主还是相同的，但实际的行动却和贤明的君主有所区别。实际的行动有所区别，所以他们的功名祸福也就不同。实际的行动有所区别，所以伍子胥被阖闾赏识，却被夫差厌恶；比干活着时被商厌恶，死后却受到周的赞赏。

【原典】

武王至殷郊，系①堕。五人②御于前，莫肯之为，曰："吾所以事君者，非系也。"武王左释白羽，右释黄钺③，勉而自为系。孔子闻之曰："此五人者之所以为王者佐也，不肖主之所弗安也。"故天子有不胜细民者，天下有不胜千乘者。

【注释】

①系：带子，此处指袜带。②五人：周武王的五位辅佐大臣，即周公旦、召公奭、太公望、毕公高、苏公忿生。③黄钺：用黄金作装饰的大斧。白羽、黄钺都是古代的仪仗。

【译文】

周武王率军征伐商纣，到了殷都郊外，袜带掉了下来。当时他的五个辅臣都在身边陪侍，但没有谁肯帮他系上袜子带，他们说："我们侍奉君主并非帮他来系带子的。"武王左手放下用白色羽毛装饰的旗帜，右手放下用黄金作装饰的大斧，自己费力地把带子系上了。后来孔子听到这件事，说："这正是五个人可以成为君王之辅佐大臣的原因，也正是不肖的君主所不能容忍的。"所以天子有时不能胜过小民，拥有天下有时不能战胜只有千辆兵车的诸侯国。

【原典】

秦穆公见戎由余①，说而欲留之，由余不肯。穆公以告蹇叔。蹇叔曰："君以告内史廖。"内史廖对曰："戎人不达②于五音与五味，君不若遗之。"穆公以女乐二八人与良宰遗之③。戎王喜，迷惑大乱，饮酒昼夜不休。由余骤④谏而不

听，因怒而归穆公也。蹇叔非不能为内史廖之所为也，其义不行也⑤。穆公能令人臣时立其正义，故雪殽之耻⑥，而西至河雍也。

【注释】

①由余：春秋时齐国大夫，其祖先为晋国人，流亡进入西戎，后归附秦穆公，受到秦穆公礼待，辅佐穆公霸西戎。②达：通晓。③人：当为衍字。④骤：数次。⑤其义不行：遗女乐良宰使戎王迷乱，并使其君臣不和，这是不遵守道义的行为，因此遭到蹇叔的拒绝。"其义不行"即指此事。⑥雪殽之耻：秦穆公三十六年（公元前624年），秦国征伐晋国，攻取晋地，并埋葬死于殽（即殽山，今河南陕县东）的秦军尸骨。"雪殽之耻"即指此事。雪：洗刷。

【译文】

秦穆公见到戎国的由余，非常赏识他，就想让他留在身边。由余不答应。秦穆公将这件事告诉了蹇叔。蹇叔说："您可以将此事告诉内史廖。"内史廖听了，回答说："戎人不懂得音乐和美味，您不如赠送一些给他们。"秦穆公就把两队女乐十六人和高明的厨师送给了戎人。戎王十分高兴，神魂颠倒，饮酒昼夜不停。由余多次劝谏不听，因此非常愤怒地离开了戎王去归附秦穆公。蹇叔并不是不通晓内史廖所做之事，而是他所遵守的道义不允许这洋做。秦穆公能让臣子时时坚持自己应遵守的道义，所以能洗刷殽之战的耻辱，把疆土向西开拓到雍州。

【原典】

秦缪公相百里奚。晋使叔虎、齐使东郭蹇如秦①，公孙枝请见之。公曰："请见客，子之事欤？"对曰："非也。""相国使子乎？"对曰："不也。"公曰："然则子事非子之事也②。秦国僻陋戎夷③，事服其任④，人事其事，犹惧为诸侯笑，今子为非子之事！退！将论而罪。"公孙枝出，自敷⑤于百里氏。百里奚请之。公曰："此所闻于相国欤？枝无罪，奚请？有罪，奚请焉？"百里奚归，辞公孙枝。公孙枝徙⑥，自敷于街。百里奚令吏行其罪⑦。定分官⑧，此古人之所以为法也。今缪公乡之矣。其霸西戎，岂不宜哉？

【注释】

①叔虎：即下文的"郤子虎"。晋国大夫，姓郤，名豹，字叔虎。东郭蹇：齐国大夫，复姓东郭，名蹇。②子事非子之事：前一个"事"字作动词用，做；

后一个"事"字作名词用，指按职分应做之事。③僻陋戎夷：指处于戎夷所居住的僻陋之地。僻陋：偏僻简陋，即指地处偏僻荒远，风俗粗野的意思。④其任：指适于担任各种政事的人。⑤敷：陈说。⑥徙：指离开百里奚处。⑦行：施行。罪：惩罚。⑧分官：名分职守。

【译文】

秦穆公让百里奚担任相国。这时，晋国派叔虎，齐国派东郭蹇出使秦国，公孙枝请求会见他们。秦穆公说："请求会见客人，这是你分内之事吗？"公孙枝回答说："不是。"秦穆公说："是相国委派你的吗？"公孙枝回答说："没有。"秦穆公说："既然这样，你是要做不该你做的事。秦国位于戎夷所居住的偏僻荒远、风俗粗野的地方，即使是事事都有专职，人人备守其责，仍担心为诸侯所耻笑，而现在你竟然要做不该你做的事！下去吧！我要审理惩治你的罪过！"公孙枝出来后，到百里奚那里陈述事情的原委。百里奚请求秦穆公赦免公孙枝的罪。穆公说："这样的事是相国该过问的吗？公孙枝没有罪的话，还有必要请求我赦免他的罪吗？要是有罪的话，请求赦免他的罪又有什么用呢？"百里奚回来，回绝了公孙枝。公孙枝转而又到闹市中去陈诉原委。百里奚就命令官吏对公孙枝论罪行罚。确定官员的名分职守，这是古人实行法治的方法。现在秦穆公向往这种做法。他称霸西戎，难道不是情理之中的吗？

【原典】

晋文公将伐邺，赵衰①言所以胜邺之术。文公用之，果胜。还，将行赏。衰曰："君将赏其本乎？赏其末乎②？赏其末，则骑乘者存；赏其本，则臣闻之郤子虎。"文公召郤子虎曰："衰言所以胜邺，邺既胜，将赏之，曰'盖闻之于子虎，请赏子虎。'"子虎曰："言之易，行之难，臣言之者也。"公曰："子无辞。"郤子虎不敢固辞，乃受矣。凡行赏欲其博也，博则多助。今虎非亲言者也，而赏犹及之，此疏远者之所以尽能竭智者也。晋文公亡久矣，归而因③大乱之余，犹能以霸，其由此欤？

【注释】

①赵衰：晋国大夫，曾从晋文公出亡，谥成子。②末：末节，此处指遵照命令去实施的人。③因：承袭。

晋文公将要去征伐卫国的邺这个地方，赵衰向晋文公提出了能够击败邺的方法。晋文公听取了他的意见，果然取得了胜利，征伐邺回来之后，晋文公想要赏赐他。赵衰说："您是要赏赐根本呢，还是要赏赐末节呢？如果赏赐末节，那么有参战的将士在；如果赏赐根本，那么我的意见是从邻子虎那里听来的。"文公召见邻子虎，说："赵衰提出了能够击败邺的方法，如今邺已经被击败，我要赏赐他，他说：'我是从邻子虎那里听来的，请赏赐邻子虎。'"邻子虎说："事情说起来容易，真正落实起来就难了，可我只不过是说了几句话而已。"文公说："你就不要推辞了。"邻子虎不好再三推辞，这才接受了赏赐。凡是行赏，赏赐的范围应该越大越好，范围越大，帮助自己的人就越多。如今邻子虎并不是直接进言的人，而仍然赏赐他，这正是被疏远的人竭尽心智为君主出谋划策的原因。晋文公在外流亡很久，回国后继承的又是大乱以后的残破局面，但仍能凭这种条件成就霸业，恐怕就是这个原因吧！

博志

【原典】

五曰：

先王有大务^①，去其害之者，故所欲以必得，所恶以必除，此功名之所以立也。俗主则不然，有大务而不能去其害之者，此所以无能成也。夫去害务与不能去害务，此贤不肖之所以分也。

【注释】

①务：事。

【译文】

第五：

先王有重大的事务，就要消除妨害它的因素，因此他想要得到的就必定可以得到，他所憎恶的一定能除掉，这就是功名之所以能够成立的原因，平庸的君主却不是这样，有了大事却不能消除妨害它的因素，这是他之所以无法取得成功的原因。能不能消除妨害事务的因素，这是贤和不肖之所以不同的原因。

【原典】

使獐疾走，马弗及至，已而得者，其时顾也①。骥一日千里，车轻也；以重载则不能数里，任重也。贤者之举事也，不闻无功，然而名不大立、利不及世者，愚不肖为之任也②。

【注释】

①顾：回头看。獐性多疑善顾，故在此处作比喻。②为之任：成为他的负担。

【译文】

假使獐飞快地奔逃，马是追不上它的。但是不久就被捕获，这是它总时不时地回过头来张望的缘故。良马一日可行千里，是车载轻的缘故；拉重载就一天走不了几里，是负担太重的缘故。贤明的人做事，绝不是没有成效，但是名声不能显赫、福泽不能传及后世，是因为受到愚昧不肖之人的拖累啊。

【原典】

冬与夏不能两刑①，草与稼不能两成，新谷熟而陈谷亏，凡有角者无上齿②，果实繁者木必庳，用智褊③者无遂功，天之数也。故天子不处全，不处极，不处盈。全则必缺，极则必反，盈则必亏。先王知物之不可两大，故择务，当而处之④。

【注释】

①刑：通"形"，成，至。②凡有角者无上齿：指有些长角的动物如牛、羊等上颚缺门齿及犬齿。③褊：狭窄。④处（chù）：做。当（dàng）：适宜。

【译文】

冬、夏两季不可能同时而至，野草与庄稼不能够一起成长，新谷成熟了，陈谷就一定会有亏缺，大凡长角的动物就没有门齿和犬齿，果实繁多的树木一定长得低矮，思想偏狭的人做事就不会成功，这些都是自然界既有的规律。所以天子做事，不做得很完美，不做得很极端，不做得很圆满。完美就会转向缺损，极端就会转向反面，满盈就会转向亏失。先王通晓事物不可以两个方面都同时发展壮

大，所以对于事务要加以选择，适宜做的才去做。

【原典】

孔、墨、宁越①，皆布衣之士也，虑于天下，以为无若先王之术者，故日夜学之。有便于学者，无不为也；有不便于学者，无肯为也。盖闻孔丘、墨翟，昼日讽诵习业，夜亲见文王、周公旦而问焉。用志如此其精也，何事而不达？何为而不成？故曰："精而熟之，鬼将告之。"非鬼告之也，精而熟之也。今有宝剑良马于此，玩之不厌，视之无倦；宝行②良道，一而弗复③。欲身之安也，名之章也，不亦难乎！

【注释】

①宁越：战国时期赵国人，曾为周威王师。②宝行：可贵的行为。③一：做一次。复：再次。

【译文】

孔丘、墨翟、宁越，都是身份低微的读书人。他们考虑天下的事物，认为没有比先王治理天下的方法更重要的了，因此夜以继日地研习。据说孔丘、墨翟白天背诵经典研习学业，夜里就亲眼见到了文王和周公，并当面向他们请教。他们用心是如此精深专一，还有什么做不到的呢？还有什么办不成的呢？所以说："精思而又熟虑，鬼神都可以告知他们。"并不是真的有鬼神告知他们，是精思熟虑的缘故啊！假如有宝剑、良马在此，人们一定会把玩起来不知满足，观赏起来不觉疲倦。而对于有益的言论和高尚的行为，却稍加尝试就不再钻研实行。这样做，还想使自身平安，名声显扬，不是太困难了吗？

【原典】

宁越，中牟①之鄙人也。苦耕稼之劳，谓其友曰："何为而可以免此苦也？"其友曰："莫如学。学三十岁则可以达矣。"宁越曰："请以十五岁。人将休，吾将不敢休；人将卧，吾将不敢卧。"十五岁而周威公②师之。矢之速也，而不过二里，止也；步之迟也，而百舍，不止也。今以宁越之材而久不止，其为诸侯师，岂不宜哉？

【注释】

①中牟：战国时期赵地，在今河南汤阴西。②周威公：战国西周国君。

【译文】

宁越是赵国中牟这个地方的一个平民百姓，苦于耕作的辛劳，对他的友人说："怎样做才能免除这种痛苦呢？"他的友人说："没有比学习更好的办法了。学习三十年就可以显达了。"宁越说："让我用十五年来实现。别人休息时，我不敢休息；别人睡觉时，我不敢睡觉。"学了十五年，周威公拜他做了老师。箭的速度虽然非常快，但其射程却不超过二里，这是它飞一段就会停下来的缘故；步行速度虽然非常慢，但却可以走到几百里之外，这是脚步没有停的缘故。如果凭宁越的才干，又长久不停地努力，他成为诸侯的老师，难道不是应该的吗？

【原典】

养由基、尹儒①，皆文艺之人也。荆廷尝有神白猿，荆之善射者莫之能中，荆王请养由基射之。养由基矫②弓操矢而往，未之射而括中之矣，发③之则猿应矢而下，则养由基有先中中之者矣。尹儒学御，三年而不得焉，苦痛④之，夜梦受秋驾⑤于其师。明日往朝其师。望而谓之曰："吾非爱道也，恐子之未可与也。今日将教子以秋驾。"尹儒反走，北面再拜曰："今昔⑥臣梦受之。"先为其师言所梦，所梦固秋驾已。上二士者，可谓能学矣，可谓无害之矣，此其所以观⑦后世已。

①养由基：春秋楚人，以善射著称。尹儒：人名，善驾车。②矫：举。③发：射出箭。④痛：忧伤。⑤秋驾：一种驾驭马车的高超技术。⑥今昔：指昨夜。昔，通"夕"。⑦观：显示。

【译文】

养由基和尹儒都是精通技艺的人。楚国朝廷中曾有一只神奇的白猿，楚国善射的人之中找不出一个可以射中它，楚王就请养由基来射它。养由基拿着弓箭去了。还没开弓，实际上就把白猿射中了，箭一射出那白猿就应声而落。由此看来，养由基具有在射中目标以前就能从精神上把它射中的技艺。尹儒学习驾车，学了三年还是没有学会，他因此非常苦闷。有一次夜里，他梦见自己从老师那儿学习了飞车驾驶的技艺。第二天去拜见老师。老师看见他，就说："我从前并不是吝惜这种技艺舍不得教你，是怕你还不可教授。现在我就将飞车驾驶的技艺传授给你。"尹儒转身后退几步，向北拜了两拜，说："这种技艺我昨天夜里在梦中已经学了。"他先向老师叙述自己所梦到的，梦到的正是飞车驾驶的技艺。以上两位士人，可称得上善于学习了，可以说没有什么东西能妨害他们了，这正是他们之所以能够扬名于后世的原因啊！

贵当

【原典】

六曰：

名号大显，不可强求，必缘其道。治物者，不于物于人。治人者，不于事①于君。治君者，不于君于天子。治天子者，不于天子于欲。治欲者，不于欲于性。性者，万物之本也，不可长，不可短，因其固然而然之，此天地之数②也。窥赤肉而乌鹊聚，狸③处堂而众鼠散，衰绖④陈而民知丧，竽瑟陈而民知乐，汤武修其行而天下从，桀纣慢其行而天下畔⑤，岂待其言哉？君子审在己者而已矣。

【注释】

①事：当作"人"。君：此处指诸侯。②数：规律。③狸：猫。④衰绖（cuī

dié）：丧服。绖：服丧的人头上或腰间系的麻带。⑤慢：简慢，轻忽。畔：通"叛"。

【译文】

第六：

名声显赫是不可以强求的，必定要遵循合理的途径才能够实现。整治器物，不在于器物本身而在于人；治理人民，不在于人民本身而在于诸侯；辖制诸侯，不在于诸侯本身而在于天子；制约天子，不在于天子本身而在于他的欲望；节制欲望，不在于欲望本身而在于天性。天性是万物的根本，它不能增益，不能减损，只能顺应它本来的天性而加以引导，这就是天地自然的法则。发现鲜红的血肉，乌鹊就会聚拢而来；猫在堂上，众多老鼠就会逃散；穿着丧服出门，人们就知道有了丧事；乐器陈列出来，人们就知道有了喜事；商汤、周武王修养自己的德行，天下的人民就归顺他们；夏桀、商纣轻忽自己的道德修养，天下的人民就背弃他们，这些难道还用说吗？所以君子只要详察存在于自身的因素就可以了。

【原典】

荆有善相人者，所言无遗策①，闻于国。庄王见而问焉。对曰："臣非能相人也，能观人之友也。观布衣也，其友皆孝悌纯谨畏令，如此者，其家必日益②，身必日荣矣，此所谓吉人也③。观事君者也，其友皆诚信有行好善，如此者，事君日益，官职日进，此所谓吉臣也。观人主也，其朝臣多贤，左右多忠，主有失，皆交争证谏④，如此者，国日安，主日尊，天下日服。此所谓吉主也。臣非能相人也，能观人之友也。"庆王善之，于是疾收士⑤，日夜不懈，遂霸天下。故贤主之时见文艺之人也，非特具之⑥而已也，所以就大务也。夫事无大小，固相与通。田猎驰骋弋射⑦走狗，贤者非不为也，为之而智日得焉，不肖主为之而智日惑焉。志曰："骄惑之事，不亡奚待？"

【注释】

①遗策：失策，指谋划考虑不周全的地方。②益：增益，此处指富足的意思。③吉人：善良或贤明的人。④证：谏。⑤疾：大力。收：聚集。⑥具之：拿它来做样子。⑦弋（yì）射：用带丝绳的箭射猎。

【译文】

楚国有个善于给人看相的人，他看相时作出的判断未曾出现过失误，在全国

有着非常高的知名度。楚庄王召见他，并向他请教此事。他回答说："我并不是能给人看相，而是善于观察他的朋友们。观察平民百姓的时候，如果他的朋友都非常孝顺和敬爱兄长，又忠厚恭谨、敬畏王命，像这样的平民百姓，他家里一定会日益富足，自身一定会日益显荣，这就是所说的善良的人；观察侍奉君主的臣子，如果他的朋友都很忠诚可靠，又品德高尚，喜欢行善，像这样的臣子，侍奉君主就会日益长进，官职也会日益升迁，这就是所说的贤臣；观察君主，如果他的朝臣大多贤德，侍从大多忠良，君主有过失都争相劝谏，像这样的君主，他的国家就会日益安定，自身就会日益尊贵，天下就会日益归附，这就是所说的明君。我并不是能给人看相，而是善于观察他的朋友们啊！"庄王觉得他说的非常有道理，于是大力收罗贤士，日夜坚持不懈，从而称霸于天下。因此贤明的君主时时召见擅长各种技艺的人，并不是拿他们做做样子而已，而是要借助他们的力量来成就大业的。事情不论大小，道理本来都是彼此相通的。鹰飞犬逐，驰骋射猎，这些事贤明的君主不是不能做，而是通过这些活动能使自己在思想上日有所得；不肖的君主通过这些活动却使思想越发昏惑。古书上说："做事骄慢昏惑，除了灭亡还能指望什么呢？"

【原典】

齐人有好猎者，旷日持久而不得兽，入则愧其家室，出则愧其知友州里。惟①其所以不得之故，则狗恶也。欲得良狗，则家贫无以②。于是还疾耕③。疾耕则家富，家富则有以求良狗，狗良则数得兽矣，田猎之获常过人矣。非独猎也，百事也尽然。霸王有不先耕而成霸王者，古今无有。此贤者不肖之所以殊也。贤不肖之所欲与人同，尧、桀、幽、厉皆然，所以为之异。故^④贤主察之，以为不可，弗为；以为可，故为之。为之必繇其道，物莫之能害，此功之所以相万也。

【注释】

①惟：思考。②无以：没有用来买狗的钱。③耕：此处是承上文而言，比喻成功前的艰苦劳动。④故：则。

【译文】

　　齐国有个好打猎的人，花了很长时间也没能打到一只野兽，在家愧对家人，在外愧对邻里朋友。他反复思考自己没能打到野兽的原因，发现是猎狗不好的缘故。于是，他就想着弄到一条好的猎狗，可家中贫寒没有钱去买。于是他就回家奋力耕作。奋力耕作，家里就富足了；家里富足了，就有钱买好猎狗了；好猎狗买来了，就可以常常打到野兽了；这样，打措的收获就经常超过别人了。不只是打猎，各种事情都是如此。成就王霸之业的人，不经过如同这个打猎的齐国人一样的努力，就能够取得成功的，古往今来未曾有过。这是贤明的君主和不肖的君主之所以不同的原因。贤明的君主和不肖的君主，他们的欲望与常人是一样的，尧这样的圣王和夏桀、周幽王、周厉王这样的昏君都是如此，只是他们实现自己欲望的做法不同罢了。贤明的君主对事情加以审察，认为不可以做的，就不去做；认为可以做的，就去做。如果要做就必定遵循合理的途径，所以外界没有什么东西能够妨害他们，这就是他们的功业之所以能够远远超过不肖君主的原因。

似顺论第五

似顺

【原典】

一曰：

事多似倒①而顺，多似顺而倒。有知顺之为倒、倒之为顺者，则可与言化②矣。至长反短，至短反长，天之道也。

【注释】

①倒：逆，指违背事理。顺：一致，指合于事理。②化：事物发展变化的趋势。

【译文】

第一：

事物有很多看似违背事理而实际合于事理，有很多看似合于事理而实际违背事理。如果有人知道表面看似合于事理而实际违背事理、看似违背事理而实际合于事理的道理，就可以跟他谈论事物的发展变化了。白天到了最长的时候就要反过来变短，到了最短的时候就要反过来变长，这是自然的规律。

【原典】

荆庄王欲伐陈，使人视之。使者曰："陈不可伐也。"庄王曰："何故？"对曰："城郭高，沟洫①深，蓄积多也。"宁国②曰："陈可伐也。夫陈，小国也，而蓄积多，赋敛重也，则民怨上矣。城郭高，沟洫深，则民力罢矣。兴兵伐之，陈可取也。"庄王听之，遂取陈焉。

【注释】

①沟洫（xù）：指护城河。洫，沟渠。②宁国：楚国臣子。

【译文】

楚庄王计划要征伐陈国，派人去察看陈国的情况。派去的人回来说："不可以征伐陈国。"庄王说："为什么？"派去的人回答说："因为陈国城墙非常高，护城河非常深，蓄积的粮食和财物非常富足。"宁国说："照这样说，是可以征伐陈国的。陈国是个小国，蓄积的粮食和财物却非常富足，说明它的赋税繁重，那么人民就会怨恨君主了；城墙高，护城河深，那么民力就凋敝了。兴兵征伐它，陈国是可以攻取的。"庄王听从了宁国的意见，于是攻取了陈国。

【原典】

田成子之所以得有国至今者，有兄曰完子，仁且有勇。越人兴师诛①田成子，曰："奚故杀君②而取国？"田成子患之。完子请率士大夫以逆越师，请必战，战请必败，败请必死。田成子曰："夫必与越战可也，战必败，败必死，寡人疑焉。"完子曰："君之有国也，百姓怨上，贤良又有死之臣蒙耻。以完观之也，国已惧③矣。今越人起师，臣与之战，战而败，贤良尽死，不死者不敢入于国。君与诸孤④处于国，以臣观之，国必安矣。"完子行，田成子泣而遣之。夫死败，人之所恶也，而反以为安，岂一道哉？故人主之听者与士之学者，不可不博。

【注释】

①诛：讨伐。②君：指齐简公，后被田成子杀死。③惧：值得忧惧。④孤：此处指战死者的后代。

【译文】

田成子所以能够享有齐国直至今天，是因为他有一位名叫完子的兄长，不仅仁爱，而且勇敢。越国起兵讨伐田成子，说："你为何要杀死齐简公而窃取他的国家呢？"田成子为此非常忧虑。完子请求率领士大夫迎击越国的军队，并且要求准许自己一定同越国军队交战，交战一定得战败，战败后一定得战死。田成子说："一定要与越国交战是可以的，交战一定得战败，战败一定得战死，这我就疑惑不解了。"完子说："你占有了齐国，百姓怨恨您，贤良之中敢于冒死作战

的那部分臣子认为蒙受了耻辱。据我看来，国家已经令人忧惧了。如今越国起兵，我去同他们交战，如果交战失败，跟随我前去的贤良之人就全都战死了，即使没有死的人也不敢再回国。你和这些死者的后代居住在齐国，据我看来，国家一定会安定了。"完子出发的时候，田成子哭着为他送别。死亡和失败，这是人们所厌恶的，而完子反通过这种方式使齐国得到安定。做事情岂止有一种方法呢！所以听取意见的君主和学习道术的士人，所听所学不可不广博。

【原典】

尹铎为晋阳^①，下^②，有请于赵简子。简子曰："往而夷夫垒^③。我将往，往而见垒，是见中行寅与范吉射也。"铎往而增之。简子上之晋阳，望见垒而怒曰："嘻！铎也欺我！"于是乃舍于郊^④，将使人诛铎也。孙明进谏曰^⑤："以臣私之，铎可赏也。铎之言固曰：见乐则淫侈，见忧则诤治，此人之道也。今君见垒念忧患，而况群臣与民乎？夫便国而利于主，虽兼于罪^⑥，铎为之。夫顺令以取容者，众能之，而况铎欤？君其图之^⑦！"简子曰："微子之言^⑧，寡人几过。"于是乃以免难之赏赏尹铎^⑨。人主太上^⑩喜怒必循理，其次不循理，必数更，虽未至大贤，犹足以盖浊世矣。简子当此。世主之患，耻不知而矜自用，好愎过而恶听谏，以至于危。耻无大乎危者。

【注释】

①尹铎：赵简子的家臣。②下：指由晋阳来到晋国国都新绛（今山西曲沃县）。晋阳和新绛分别处于汾水上、下游，其中晋阳的地势较高，而新绛地势较低，故有此称。③夷：平。垒：军营的墙壁。晋卿中行寅（荀寅）与范吉射曾率军在晋阳围困赵简子，这些营垒即中行氏与范氏所筑。④舍：驻扎。⑤孙明：赵简子的家臣。⑥兼：加倍。⑦图：识。⑧微：没有。⑨免难之赏：使君主免于患难的赏赐。尹铎增高营垒，使简子警惧戒备，如此，方可免于患难。⑩太上：德行最高的。

【译文】

尹铎治理晋阳时，由于有件事情需要解决，便到新绛向赵简子请示。赵简子说："去把军营的那些城墙拆除。我将到晋阳去，如果去了看见军营的城墙，那么就如同见到中行寅和范吉射一样。"尹铎回去以后，反而将军营的城墙加高了。赵简子到晋阳后，望见军营的城墙，生气地说："哼！尹铎欺骗了我！"于是就在城郊外驻扎，想要派人杀掉尹铎。孙明进谏说："据我私下考虑，认为尹铎是应该受到奖赏的。尹铎的意思本来是说：遇见享乐之事就会恣意放纵，遇见忧患之事就会励精图治，这是人之常情。如今君主看见这些军营的城墙就会想到忧患，又何况群臣和百姓呢！能够使国家和君主获得利益的事，即使加倍获罪，尹铎也宁愿去做。顺从命令以取悦于君主之事，常人都可以做到，又何况尹铎呢！希望您好好考虑一下。"赵简子说："假如没有听到你的这一番话，我差点就犯错误了。"于是就按使君主免于患难的奖赏来赏赐了尹铎。德行最高的君主，喜怒必定遵循事理；次一等的，虽然有时不合事理，但必定会经常加以改正。这样的君主虽尚未达到圣贤的境界，但已足以超过乱世的君主了。赵简子正是这样一种人。当今君主的弊病，在于把不知当作羞耻，把自行其是当作荣耀，他们喜欢坚持错误而厌恶听到规劝的言论，以至于陷入危险的境地。耻辱之中没有比使自己陷入危险更大的了。

别类

吕氏春秋全鉴

【原典】

二曰：

知不知，上①矣。过者之患，不知而自以为知。物多类然而不然，故亡国僇②民无已。夫草有莘有藟③，独食之则杀人，合而食之则益寿。万堇不杀④，漆淖水淖，合两淖则为蹇⑤，湿之则为干。金⑥柔锡柔，合两柔则为刚，燔⑦之则为淖。或湿而干，或燔而淖，类固不必⑧，可推知也？小方，大方之类也；小马，大马之类也；小智⑨，非大智之类也。

【注释】

①上：高明。②僇：通"戮"。③莘、藟：均为有毒的草药。④万（chài）："虿"的古字。虿，蝎子，可供作药物使用。⑤蹇（jiǎn）：凝固，变硬。漆遇到水气容易干燥。⑥金：铜。⑦燔（fán）：烧。⑧必：固定不变。⑨小智：指孤立地、片面地看待问题的思想方法。

【译文】

第二：

知道自己有所不知，就可说是高明了。犯错误之人的弊病在于不知却自以为知。这个世界上，有很多事物都是貌似是这样的而事实并非如此，因此国破家亡、百姓遭受屠戮的事件才屡屡发生；莘、藟这一类的药草，单独服用会致死，但若将它们配合在一起服用却能够起到延年益寿的功效；蝎子和紫堇都是毒药，配在一起反而对人体没有毒性了；漆是液体，水也是液体，这两者相遇却会发生凝固的现象，越是潮湿的环境，漆就干得越快；铜非常柔软，锡也非常柔软，二者熔合起来却会变硬，而用火焚烧又会变成液体；有的东西，在将它们弄湿时反而会变得干燥；有的东西，在将它们焚烧时反而变成液体，物类本来就不是固定不变的，怎么能够推知呢？小的方形跟大的方形是同类的，小马跟大马是同类的，小聪明跟大聪明却不是同类的。

【原典】

鲁人有公孙绰者，告人曰："我能起①死人。"人问其故，对曰："我固能治偏枯②，今吾倍③所以为偏枯之药，则可以起死人矣。"物固有可以为小，不可以为大，可以为半，不可以为全者也。

【注释】

①起：治活。②偏枯：半身不遂。③倍：加倍。为：治。

【译文】

鲁国有个人叫做公孙绰，告诉别人说："我能将死人医活。"别人问他其中的原因，他回答说："我本来就能治愈半身不遂的病疾，现在我把治疗半身不遂病疾的药加倍，就能将死人医活了。"公孙绰并不懂得，有的事物本来就只能在小处起作用却不能在大处起作用，只能对局部起作用却不能对全局起作用。

【原典】

相剑者曰："白所以为坚也①，黄所以为牣也②，黄白杂则坚且牣，良剑也。"难者曰："白所以为不牣也，黄所以为不坚也，黄白杂则不坚且不牣也。又柔则锩③，坚则折。剑折且锩，焉得为利剑？"剑之情未革，而或以为良，或以为恶，说使之也。故有以聪明听说，则妄说者止；无以聪明听说，则尧、桀无别矣。此忠臣之所患也，贤者之所以废也④。

【注释】

①白所以为坚：锡所表现出的颜色。②黄：铜所表现出的颜色。牣：通"韧"。③锩（juǎn）：刀剑的刃卷曲。④废：废弃，不被任用。

【译文】

相剑的人说："白色表示剑坚硬，黄色是表示剑柔韧，黄白相杂，就表示既坚硬又柔韧，就是好剑。"刁难的人反驳说："白色表示剑不柔韧，黄色表示剑不坚硬，黄白相杂，就表示既不坚硬又不柔韧。而且柔韧就会卷刃，坚硬就会折断，剑既易折又卷刃，怎能称得上是锋利的好剑呢？"剑本身没有发生变化，但是有的人认为好，有的人认为不好，这种情形是由人为的议论造成的。因此，如果能凭耳聪目明来听取议论，那么胡乱议论的人就得住口；不能凭耳聪目明听取议论，就会连议论的人是尧是桀也分辨不清了。这正是忠臣对君主感到忧虑的地

方，也是贤明之人之所以遭弃置而
不予以任用的原因。

【原典】

义，小为之则小有福，大为之
则大有福。于祸则不然，小有之不
若其亡也①。射招②者欲其中小也，
射兽者欲其中大也。物固不必，安
可推也？

【注释】

①亡：通"五"。②招：射箭
的目标，箭靶。欲其中小：射箭时
射中的目标越小越能显示技艺高超，
故有"欲其中小"之说。

【译文】

符合道义的事，付出得少所获
得的福就少，付出得多获得的福就
多。灾祸却不是这样的，有灾祸就
不如没有的好。射靶子的人希望射
中的目标越小越好，射野兽的人则
希望射中的野兽越大越好。事物本
来就不是固定不变的，怎么能够推
知呢？

【原典】

高阳应将为室家，匠①对曰：
"未可也。木尚生，加涂②其上，必
将挠。以生为室，今虽善，后将必
败。"高阳应曰："缘③子之言，则
室不败也。木枯则益劲，途干则益

轻，以益劲任④益轻，则不败。"匠人无辞而对。受令而为之。室之始成也善，其后果败。高阳应好小察，而不通乎大理也。

【注释】

①匠：木匠。②涂：泥。③缘：顺着，按照。④任：承担。

【译文】

高阳应准备要建造房舍，木匠回答说："现在还不行。木材还是湿的，如果上面再加上泥，就必定要被压弯。用湿的木材建造房舍，目前看起来虽然很好，以后一定要倒塌啊。"高阳应说："照你所说，房舍反而不会倒塌。木材越干就会变得越结实有力，泥土越干就会变得越轻，用越来越结实的木材承担越来越轻的泥土，是一定不会倒塌的。"木匠无话可答，只好接受了高阳应的命令去建造房舍。房子刚落成时很好，后来果然倒塌了。高阳应是喜好在小处明察，却未能通晓大道理啊！

【原典】

骥、骜①、绿耳背日而西走，至乎夕则日在其前矣。目固有不见也，智固有不知也，数固有不及也。不知其说所以然而然，圣人因而兴制，不事心②焉。

【注释】

①骥、骜（ào）：千里马。绿耳：良马名，传为周穆王八骏之一。②事心：用心，指凭主观臆断。

【译文】

骥、骜、绿耳等良马背朝太阳向西奔跑，到了傍晚，太阳仍在它们的前方。眼睛本来就有看不到的东西，智慧本来就有不通晓的道理，道术本来就有达不到的地方。有些事理人们不能解释为什么会是这样，但它确实就是这样。圣人就顺应自然创制制度，不会在一时不明白的地方去主观臆断。

分职

四曰：

先王用非其有①如己有之，通乎君道者也。夫君也者，处虚素服②而无智，故能使众智也。智反无能，故能使众能也。能执无为，故能使众为也。无智无能无为，此君之所执也。人主之所惑者则不然。以其智强智，以其能强能，以其为强为。此处人臣之职也。处人臣之职，而欲无壅塞③，虽舜不能为。

【注释】

①非其有：非自己所有。及指下文"众智""众能""众为"。②素服：当作"服素"执守朴素，即返璞归真的意思。③壅塞：上下意见不相通。

【译文】

第四：

先代的帝王使用的并不是他自己所拥有的，但却像他自己拥有的一样去对待，这是因为他们通晓为君之道。君主这种人，居于清虚，返璞归真，看来没有什么智慧，所以能使用众人的智慧；智慧回归到无所能的境地，所以能使用众人的才能；能坚守无所作为的原则，所以能使用众人的有所作为；无智、无能、无为，这正是君主所坚守的。那些糊涂的君主却不是这样的。他们硬凭自己有限的智慧逞聪明，硬凭自己有限的才能逞能干，硬凭自己有限的作为做事情。这样做是使自己处在臣子的位置。使自己处在臣子的位置，又想不闭塞视听，即使是舜也不可以做到。

【原典】

武王之佐五人，武王之于五人者之事无能也，然而世皆曰取天下者武王也。故武王取非其有如己有之，通乎君道也。通乎君道，则能令智者谋矣，能令勇者怒①矣，能令辩者语矣。夫马者，伯乐相之，造父御之，贤主乘之，一日千里。无御相之劳而有其功，则知所乘②矣。今召客者，酒酣，歌舞鼓瑟吹竽，明日不拜乐己者，而拜主人，主人使之也。先王之立功名有似于此。使众能与众贤，功名大立于世，不予佐之者，而予其主，其主使之也。譬之若为宫室，奚故？曰：匠不巧则宫室不善。夫国，重物也，其不善也岂特宫室哉！巧匠为宫室，为圆必以规，为方必以矩，为平直必以准绳。功已就，不知规矩绳墨，而赏匠巧匠之。宫室已成，不知巧匠，而皆曰："善，此某君、某王之宫室也。"此不可不察也。人主之不通主道者则不然。自为人③则不能，任贤者则恶之，与不肖者议之。此功名之所以伤，国家之所以危。

【注释】

①怒：振奋。②所乘：乘车的原则。③人：当作"之"。

【译文】

周武王有五位辅佐大臣，对于这五个人所做过的事，武王一样也做不来，但世上都说取得天下的是武王。武王取用的虽然不是自己所有的东西，但就如同是自己所有的东西一样，这是因为武王通晓为君之道的缘故啊！通晓为君之道，就可以使聪明的人为他出谋划策了，就可以使勇武的人为他振奋御敌了，就可以让能言善辩的人为他说话了。譬如马，由伯乐来相它，由造父来驱使它，由贤能的君主来乘坐它，一天就可以跑千里的路程。没有驾驭和相马的辛劳，却有一日千里的功效，这就是知道乘马之道了。譬如召请客人，饮酒酣畅之际，倡优歌舞弹唱。到了第二天，客人们都不拜谢为自己作乐的倡优，而去拜谢主人，因为是主人命他们这样做的。先王建立功名与这种情况类似，他使各位有才能的人和贤士各尽其能，在世上功名卓著，人们不把功名归于辅佐他的人，而归于君主，因为是君主使辅臣这样做的。这就好比建造一座宫室，一定要让灵巧的工匠来担任一样，为什么呢？回答是：工匠不灵巧，宫室就造不好。国家是极重要的东西，如果治理不好，所带来的危害岂止像宫室建造不好那样呢！灵巧的工匠建造宫室时，造圆形的就一定要用圆规，造方形的就一定要用矩尺，取平直一定要用水准墨线。宫室建造成功之后，主人不知圆规、矩尺和水准墨线，只是奖赏灵巧的工匠。宫室建成之后，人们都不会知道灵巧的工匠，而都说："造得好，这是某某君主、某某帝王的官室。"这种道理不可以不察明。君主中不通晓为君之道的人则不是这样。他们要去做别人的事情但是不能胜任，任用贤者又对他们不放心，跟不肖的人议论他们。这是功名之所以毁败、国家之所以倾危的原因啊。

【原典】

枣，棘之有；裘，狐之有也。食棘之枣，衣狐之皮，先王固用非其有而已有之。汤武一日而①尽有夏商之民，尽有夏商之地，尽有夏商之财。以其民安，而天下莫敢之危；以其地封，而天下莫敢不说；以其财赏，而天下皆竞②。无费乎郐与岐周，而天下称大仁，称大义，通乎用非其有。

【注释】

①而：如。②竞：进，奋发有力。

【译文】

枣子是酸枣树结的，皮裘是狐皮做的。而人们吃酸枣树结的枣子，穿狐皮做的皮裘，先王本来使用的就不是他自己所有的东西，但是他把它们作为自己有的一样去使用。商汤、周武王在短短的时间内就使夏、商两朝的百姓都全部服从他，完全占有了夏、商的土地和财富。他们凭借夏、商的百姓安定自身，天下没有人敢对他们加以危害；他们利用夏、商的土地分封诸侯，天下没有人敢表示不高兴；他们利用夏商的财富赏赐臣子，天下都争相为其效力。没有耗费自己一点东西，但天下的人都称赞他们大仁大义，这是因为他们通晓使用不是自身所有东西的道理。

【原典】

白公胜①得荆国，不能以其府库分人。七日，石乞曰："患至矣，不能分人则焚之，毋令人以害我。"白公又不能。九日，叶公②入，乃发太府③之货予众，出高库④之兵以赋民，因攻之。十有九日而白公死。国非其有也，而欲有之，可谓至贪矣。不能为人，又不能自为，可谓至愚矣。譬白公之啬，若枭⑤之爱其子也。

【注释】

①白公胜：春秋楚平王太子建的儿子，被封在白地。②叶公：春秋末楚国大夫。③太府：国家藏财物的地方。④高库：国家藏兵器的地方。⑤枭（xiāo）：俗称猫头鹰，相传猫头鹰会吃自己的母亲，所以用它来比喻恶人，其实它是益鸟。

【译文】

白公胜作乱，控制了楚国，不愿意把楚国府库里的财物分给别人。事发七天后，石乞说："祸患就要来临了。不愿意分给别人就把它烧掉，不要让敌人借这些东西来加害我们。"白公胜又舍不得这样做。到了第九天，叶公进入国都，就发放财库里的财物给予百姓，拿出兵库里的兵器分配给百姓，趁机攻打白公胜。十九天之后，白公就失败而死。国家不是自己所有的，却想占有它，可以说是贪婪到极点了。占有了国家，不能用来为别人谋利，又不能用来为自己谋利，可以说是愚蠢到极点了。给白公的客啬打个比喻，就好比猫头鹰疼爱自己的子女最后却反被子女吃掉一样。

【原典】

卫灵公天寒凿池，宛春谏曰："天寒起役①，恐伤民。"公曰："天寒乎？"宛春曰："公衣狐裘，坐熊席，陬隅②有灶，是以不寒。今民衣弊不补，履决③不组，君则不寒矣，民则寒矣。"公曰："善。"令罢役。左右以谏曰："君凿池，不知天之寒也，而春也知之。以春之知之也而令罢之，福将归于春也，而怨将归于君。"公曰："不然。夫春也，鲁国之匹夫也，而我举之，夫民未有见焉。今将令民以此见之。曰④春也有善于寡人有也，春之善非寡人之善欤？"灵公之论宛春，可谓知君道矣。

①起役：兴工。②陬、隅：均指角落的意思。③决：裂开。④曰：当作"日"。

【译文】

卫灵公在天寒地冻的时候让民众开凿水池。宛春劝谏说："天寒地冻的时候来征调百姓兴办工程，我担心会对百姓造成伤害。"灵公说："天寒地冻吗？"宛春说："您穿着狐皮裘，坐在熊皮铺的席子上，屋角又有火灶，所以不觉得冷。如今百姓衣服破旧不得缝补，鞋子坏了不得编织，君主不觉得寒冷，百姓却觉得很寒冷了。"灵公说："你说得好。"于是命令停止将要兴办的工程。侍从们劝谏说："君王开凿水池，不知道天气寒冷，宛春却知道。因为宛春知道就下令停止工程，那么百姓的感恩将归于宛春了，但百姓的怨恨却在君王身上。"灵公说："不是这样的。宛春只是鲁国的一个平民，我举用了他，百姓对他还没有什么了解。现在要让百姓通过这件事了解他。而且宛春有善行就如同我有一样，宛春的善行不就是我的善行吗？"卫灵公对于宛春如此评价，可称得上是通晓为君之道了。

【原典】

君者固无任，而以职受任。工拙①，下也②；赏罚，法也；君奚事哉？若是则受赏者无德，而抵诛③者无怨矣，人自反④而已。此治之至也。

【注释】

①工拙：优劣、好坏。②下：臣下。③抵诛：因犯罪而被处死。④自反：自我反省。

【译文】

作为君主，本来就没有具体的职责，而是要根据臣下的职位授予他们责任。事情做得好坏，由臣下负责；该赏该罚，由法律规定。君主何必亲自去做呢？只要规定臣下的职分就够了。像这样，受赏的人就无须感激谁，被处死的人也无须怨恨谁，人人都自我进行反省就足够了。这便是治理国家的最高境界。

士容论第六

上农

【原典】

三曰：

古先圣王之所以导其民者，先务于农。民农非徒为地利也，贵其志也。民农①则朴，朴则易用，易用则边境安，主位尊。民农则重②，重则少私义③，少私义则公法立，力专一。民农则其产复④，其产复则重徙，重徙则死处而无二虑。民舍本而事末则不令⑤，不令则不可以守，不可以战。民舍本而事末则其产约⑥，其产约则轻迁徙，轻迁徙则国家有患皆有远志⑦，无有居心。民舍本而事末则好智，好智则多诈，多诈则巧法令，以是为非，以非为是。

【注释】

①农：作动词用，务农。②重：持重，稳重。③义：通"议"。④复：繁多。⑤本：指农业。末：指工商。⑥约：少，指农产品减少。⑦远志：迁徙他处的想法。

【译文】

第三：

古代圣王之所以能够教导百姓，是因为他们首先致力于农业。使百姓从事农业，不仅是为了土地生产之利，而且是为了陶冶他们的心志。百姓务农就会质朴，质朴就容易役使；容易使用则边境安宁，君主的地位也就尊贵；百姓务农，行为就稳重，持重就会很少私下发表议论，很少私下发表议论，国家的法制就能确立，精力也就专注在农事上了。百姓从事农业家产就繁多，家产繁多，就不轻易迁徙，不轻易迁徙就会老死故乡而没有别的考虑。百姓舍弃农业而从事工商就会不听从命令，不听从命令就不能依靠他们守卫国土，也不能依靠他们与敌作战。百姓舍弃农业从事工商家产就简单，家产简单就会轻易迁徙，轻易迁徙，那么国家有了灾难，他们就会存心避而远之，没有安居之心。百姓舍弃农业从事工商，就会喜好耍弄智谋，喜好耍弄智谋就会行为奸诈，行为奸诈就会钻法令的空子，把对的说成错的，把错的说成对的。

【原典】

后稷曰[1]："所以务耕织者，以为本教也[2]。"是故天子亲率诸侯耕帝籍田[3]，大夫士皆有功业[4]。是故当时之务，农不见于国[5]，以教民尊地产也，后妃率九嫔蚕于郊，桑于公田，是以春秋冬夏皆有麻枲[6]丝茧之功，以力妇教也。是故丈夫不织而衣，妇人不耕而食，男女贸[7]功以长生，此圣人之制也。故敬时爱日，非老不休，非疾不息，非死不舍。

【注释】

①后稷曰：引文当出自上古之书，为古农家的假托。后稷：相传是周族的始祖。②本教：根本的教化。③籍田：古代天子、诸侯征用民力耕种的田地，天子千亩，诸侯百亩。④功业：职事。此处指士大夫在举行籍田之礼时所要完成的劳动。⑤国：此处指城邑。⑥枲（xǐ）：麻的雄株。⑦贸：交换。

【译文】

后稷说："古代圣王之所以从事耕作和纺织，是因为要以此作为根本的教化。"因此，天子亲自率领诸侯耕种帝王的祭祀用田，大夫和士人也都有在举行籍田之礼时所要完成的劳动。正当农事大忙的时候，农民不得在都邑出现，以此来教导百姓重视田地的生产；后妃率领后宫九嫔到郊外养蚕，到公田采桑，因而一年四季都有绩麻缫丝等事情要做，以致力于对妇女的教化。所以男子不从事纺织却有衣穿，女子不从事耕作却有饭吃，男女交换劳动所得以维持生活。这是圣人的法度。因此，人们重视时令、爱惜光阴，不是年老不得停止劳作，不是患病不得休息，不到死日不得弃舍农事。

【原典】

上田[1]夫食九人，下田夫食五人，可以益，不可以损。一人治之，十人食之，六畜皆在其中矣。此大任地②之道也。

【注释】

①上田：上等的土地。夫：指一个男劳动力所耕种的田地。食：供养。②任地：使用土地。

【译文】

种上等田地，每个农夫要供养九个人；种下等田地，每个农夫要供养五个人，供养的人数只能增加，不能减少。总之，一个人种田，要供十个人消费，饲养的各种家畜都包括在这一要求之内，可以折合计算。这是充分利用土地的方法。

【原典】

故当时之务，不兴土功，不作师徒①，庶人不冠弁②、娶妻、嫁女、享祀，不酒醴③聚众，农不上闻④，不敢私籍于庸⑤，为害于时也，然后制野禁。苟非同姓，农不出御⑥，女不外嫁，以安农也。野禁有五：地未辟易⑦，不操麻，不出粪；齿年⑧未长，不敢为园囿；量力不足，不敢渠⑨地而耕；农不敢行贾；不敢为异事：为害于时也。然后制四时之禁：山不敢伐材下木，泽人不敢灰僇⑩，缳⑪网罝罦不敢出于门，罛罟不敢入于渊⑫，泽非舟虞⑬不敢缘名：为害

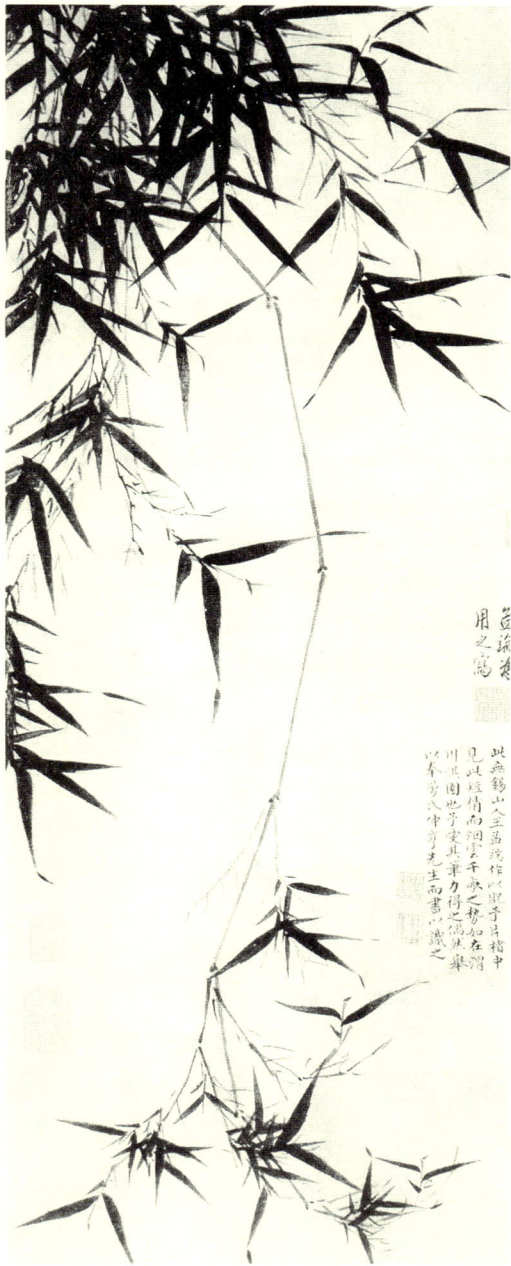

301

其时也。若民不力田，墨^⑭乃家畜。国家难治，三疑^⑮乃极，是谓背本反则，失毁其国。

【注释】

①作：兴。师徒：指军队。②冠弁（guàn biàn）：指举行冠礼。古代男子二十岁时就要举行冠礼，以示成年。③酒醴：作动词用，置酒。④上闻：古赐爵名，得此爵则名字可通于官府。⑤籍：通"藉"，借，代。庸：通"傭"，雇工。⑥出御：从外地娶妻。⑦辟易：整治。⑧齿年：年龄。⑨渠：大，扩大。⑩灰僇（lù）：杀草烧灰。僇，通"戮"。⑪缳（huán）：捕兽之具，与罗网同类。罦（fú）：捕鸟网。⑫罛（gū）、罟（gǔ）：大渔网。⑬舟虞：管理舟船的官。⑭墨：通"没"。⑮三：指农、工、商三类人。疑：通"拟"，仿效。

【译文】

因此，正当农忙时节，不得大兴土木，不得动员征兵。平民不得举行加冠礼及娶妻嫁女、祭祀，不得聚众请酒；农民如果不是名字通于官府，就不得私自雇人代耕。因为这样会妨害农时。如果不是因为避免同姓婚嫁，男子就不得从外地娶妻，女子也不得出嫁到外地，以便使农民安居一地。然后要规定关于乡野的禁令。乡野的禁令有五条：土地尚未整治，不得搓麻织布，不得扫除污秽；未上年纪，不得从事园圃中的劳动；劳力不够的，不得扩大耕地；农民不得经商，不得去做其他事情。因为这样会妨害农时。还要规定各个季节的禁令：不到适当季节，山中不得伐木取材，水泽地区不得烧灰割草，捕取鸟兽的罗网不得带出门外，渔网不得下水，若不是管理舟船的官员不得借口行船。因为这样会妨害农时。如果百姓不致力于农耕，就没收他们的家产。因为不这样做，农、工、商就会互相仿效，国家难于治理就会达到极点。这就叫做背弃了根本，违反了法则，就会使国家招致损失和破坏。

【原典】

凡民自七尺^①以上，属诸三官^②：农攻粟，工攻器，贾攻货。时事不共，是谓大凶。夺之以土功，是谓稽^③，不绝忧唯^④，必丧其杣。夺之以水事，是谓籥^⑤，丧以继乐，四邻来虚；夺之以兵事，是谓厉^⑥，祸因胥岁^⑦，不举铚艾^⑧。数夺民时，大饥乃来。野有寝耒^⑨，或谈或歌，且则有昏，丧粟甚多。皆知其末，莫知其本真。

【注释】

①七尺：指成年。②三官：指农、工、商三种职业。③稽：迟，指延误农时。④唯：通"惟"，思虑。⑤籥（yuè）：通"跃"，冒进。上文"水事"指治理水患之事，治水应该在农闲时，如果夺取农时去治理水患就叫作冒进。⑥厉：祸害。⑦胥岁：全年，这里是整年连续不断的意思。胥，皆、尽。⑧铚（zhì）艾：镰刀之类的农具。艾（yì）：通"刈"，收割。⑨寝耒：把农具放在一边，即闲置不用的农具。

【译文】

凡是百姓，自成年以上，就分别归属于农、工、商三种职业。农民种植庄稼，工匠制作器物，商人经营货物。若农时与农事不能统一，这叫作不祥之至；以大兴土木而占用农时，这叫作延误农时，百姓就会忧思不断，其结果是颗粒不收；以治理水患侵夺农时，这叫作冒进，悲丧就会继欢乐之后来到，四方邻国就会来侵害；因为战事而占用农时，这叫作凶厉，灾祸就会终年不断，根本不用开镰收割；屡屡侵占农时，严重的饥荒就会发生；田中到处是闲置的农具，农民有的闲谈，有的唱歌，日夜不知停息。农民人人无心劳动，损失的粮食必定很多。人们看到了这种现象，却没有谁知道重农这个根本。

审时

【原典】

六曰：

凡农之道，厚①之为宝。斩木不时，不折必穗；稼就而不获，必遇天菑②。夫稼，为之者人也，生之者地也，养之者天也。是以人稼之容足，耨之容耨，据之容手。此之谓耕道。

【注释】

①厚：重视。之：当作"时"字之讹。②天菑：指风雨等。菑，同"灾"。

第六：

从事农业耕作的原则，以重视时令为贵，伐木不顺应天时，木材不是折断就是弯曲；庄稼成熟了而未能及时收割，一定会遭到天灾。种庄稼的是人，生长庄稼的是土地，供养庄稼的是天时。因此，播种要使田间放得下脚，锄地要使田间伸得进锄，收摘要使田间插得进手。这就是所说的耕作之道。

【原典】

是以得时之禾，长桐①长穗，大本而茎杀，疏穖②而穗大，其粟圆而薄糠，其米多沃而食之强。如此者不风③。先时者，茎叶带④芒以短衡，穗钜而芳夺⑤，秕米而不香。后时者，茎叶带芒而末衡，穗阅而青零⑥，多秕而不满。

【注释】

①桐（tóng）：禾穗的总梗。②穖（jǐ）：组成总穗的小穗。③风：指籽实被风吹落。④带：围绕。⑤钜：大。芳：通"房"，草木结果实的子房。夺：脱失。⑥阅：通"锐"，指穗端尖细。青零：青色，指后时不熟。

【译文】

因此，在适合的时令种植的禾苗，穗的总梗长，穗子也长，根系庞大，茎部较矮小，禾穗又大又多；谷粒圆而皮薄；谷粒多油性并且吃起来很劲道，这样的谷子，籽粒不因刮风而散落。在适合的时令之前种的禾苗，茎叶长有芒刺且叶柄短小，穗大但子房易于脱落，谷粒黑而没有香气。在适合的时令之后种植的禾苗，茎叶带有芒刺且叶柄小而下垂，总梗短，谷穗尖而颜色发青，秕子多，籽粒不饱满。

【原典】

得时之黍，芒茎而徼下，穗芒以长，抟米①而薄糠，舂之易，而食之不嚘②而香。如此者不饴③。先时者，大本而华④，茎杀而不遂，叶膏⑤短穗。后时者，小茎而麻长。短穗而厚糠，小米钳⑥而不香。

【注释】

①抟米：圆米。②嚘（yuán）：过分甘甜。③饴：食物经久而变味。④华：枝叶繁盛。⑤膏：肥。⑥小米：米小。钳：通"黔"，黄黑色。

【译文】

在适合的时令种植的黍子，茎部长有芒刺，而茎下部又无叶歧出，谷粒圆而外皮薄，舂起来容易，吃起来香而不腻。像这样的黍子，经久不会变味。在适合的时令之前种植的黍子，根部发达，植株阔大，茎低矮而不荣畅，叶子肥厚，穗子短小。在适合的时令之后种植的黍子，茎又细又小，穗子短，棘皮厚，谷粒小而颜色发黑，又没有香气。

【原典】

得时之稻，大本而茎葆①，长秱疏穖。穗如马尾，大粒无芒，抟米而薄糠，舂之易而食之香。如此者不益②。先时者，本大而茎叶格对③，短秱短穗，多秕厚糠，薄米多芒。后时者，纤茎而不滋④，厚糠多秕，庭辟⑤米，不得恃定熟⑥，卬⑦天而死。

【注释】

①葆：草木丛生。"茎葆"是由于分蘖多。②益：通"嗌"，噎。③格对：此处指互相迫近。④滋：繁衍，此处指分蘖。⑤庭：当为衍字。辟：半，指谷粒小而内壳不实。⑥恃：当作"待"。定熟：成熟。⑦卬：通"仰"。

【译文】

在适合的时令种植稻子，根部发达，茎秆丛生，总梗长，谷粒排列稀疏，穗子如同马尾一样，谷粒大而芒刺少，谷粒圆

而糠皮薄，舂起来容易，吃起来香。像这样的稻子，吃起来适口。在适合的时令之前种植的稻子，根部发达，茎叶挤在一起，总梗和穗均比较短，秕子多，糠皮厚，谷粒较少而芒刺多。在适合的时令之后种植的稻子，茎部细长而又不分蘖，糠皮厚，秕子多。籽粒不实，等不到成熟，就仰首朝天枯死。

【原典】

得时之麻，必芒以长，疏节而色阳，小本而茎坚，厚枲^①以均，后熟多荣，日夜分复生。如此者不蝗。

【注释】

①枲（xǐ）：这里指麻秆的外皮，即麻的纤维。

【译文】

在适合的时令种植的麻，一定会生有芒刺，茎节稀疏，色泽鲜亮，根部小但茎秆坚实，纤维又厚又均匀，成熟晚的开花多，到了秋分麻果累累。这样的麻不招蝗虫的危害。

【原典】

得时之菽，长茎^①而短足，其荚二七以为族，多枝数节，竟叶蕃实，大菽则圆，小菽则抟以芳，称之重，食之息以香，如此者不虫。先时者，必长以蔓，浮叶疏节，小荚不实。后时者，短茎疏节，本虚不实。

【注释】

①茎：指上部的分枝。足：指植株下部近地的总干。

【译文】

在适合的时令种植的豆子，分枝长而总干短，一簇有十四个豆荚，共分作两排，每排七个。分枝多，枝节密，叶子繁茂，籽实盛多，大豆籽粒滚圆，小豆籽粒鼓胀，而且有香气，称起来重，吃起来劲道而且很香。像这样的豆子不会发生虫害。在适合的时令之前种植的豆子，一定长得过长而且四处蔓延，叶片漂浮，茎节稀疏，豆荚小又不长粒。在适合的时令之后种植的豆子，分枝短，茎节稀，根虚，不长粒。

【原典】

得时之麦，秱长而颈黑^①，二七以为行，而服薄穬^②而赤色，称之重，食之致香以息③，使人肌泽且有力。如此者不蚼蛆④。先时者，暑雨未至，胕动蚼蛆而多疾⑤，其次羊以节。后时者，弱苗而穗苍狼⑥，薄色⑦而美芒。

【注释】

①颈：当作"颖"，穗。黑：指深绿色。②穟：本指禾茎的外皮，此处指麦粒的外壳。③致：至，极。④蚼蛆：一种害禾稼的昆虫。⑤胕动：生病。⑥苍狼：青色。⑦薄色：颜色暗淡无光。

【译文】

在适合的时令种植的小麦，总梗长，麦穗呈深绿色，麦粒以十四粒排成一行，分为两排，每排有七颗麦粒，麦壳薄，麦粒颜色发红，称起来重，吃起来特别香而且劲道，使人肌肤润泽而且有力。像这样的小麦不会遭受虫害。在适合的时令之前种植的麦子，夏雨没到就发生病虫害，麦粒又瘦又小。在适合的时令之后种植的麦子，麦苗弱，穗子发青，颜色暗，只是麦芒长得好。

【原典】

是故得时之稼兴，失时之稼约①。茎②相若，称之，得时者重，粟之多。量粟相若而舂之，得时者多米。量米相若而食之，得时者忍饥。是故得时之稼，其臭③香，其味甘，其气④章，百日食之，耳目聪明，心意睿⑤智，四卫变强，殈⑥气不入，身无苛殃⑦。黄帝曰："四时之不正也，正五谷而已矣。"

【注释】

①约：衰。②茎：此处指带着穗子的秸秆。③臭：气味。④气：力。⑤睿：有远见。⑥殈（xiōng）：恶。⑦苛：通"疴"，病。

【译文】

因此，适合时令的庄稼能够增产，种植不适合时令的庄稼就会减产。种法不同，茎秆数量相等，称一称，种植适合时令的分量重；脱粒后，种植适合时令收获的粮食多。同样多的粮食，舂出米来，种植适合时令的出米多；同样多的米，做出饭来，种植适合时令的吃了比较耐饥饿。所以，种植适合时令的庄稼，它的气味香，它的味道美，它吃起来也比较劲道。吃上一百天，就能耳聪目明，心神清爽，四肢强健，邪气不入，不生灾病。黄帝说："四时之气不正，只要使所吃五谷纯正就可以了。"

参考文献

［1］饶宗颐. 吕氏春秋［M］. 北京：中信出版社，2014.

［2］纪丹阳. 吕氏春秋译注［M］. 上海：上海三联文化出版社，2014.

［3］许富宏. 吕氏春秋鉴赏辞典［M］. 上海：上海辞书出版社，2012.

［4］吕不韦. 吕氏春秋［M］. 昆明：云南人民出版社，2011.

［5］张双棣. 吕氏春秋译注－修订本［M］. 北京：北京大学出版社，2011.